Inhalt

Das sehr nützliche Berlin-Brevier

Vorwort

Damals vor zwei Jahren war ich noch ganz neu in unserer großen Stadt. Ich wußte möglicherweise noch gar nicht wirklich, was es bedeutet, in einer richtigen Hauptstadt zu leben, in einer gewaltigen, anonymen Metropole mit dreieinhalb Millionen Einwohnern, die sich in Ost und West so vollkommen fremd geworden waren.

Im Bistro Friedrich's am Checkpoint Charlie erklärte ich eines Tages im Dezember einem Kollegen von der ›Süddeutschen Zeitung‹ mit großer Begeisterung, warum die SZ jetzt unbedingt einmal in der Woche eine Berlin-Seite haben müsse: für die Leser, die schon oder demnächst in Berlin leben, für alle, die jetzt immer wieder nach Berlin reisen und natürlich auch für diejenigen, die sich ganz einfach für ihre neue Hauptstadt interessieren. Sie sollen merken, daß wir schon da sind, daß wir für sie neugierig sind, daß ihre SZ auch aus der Hauptstadt etwas zu bieten hat, daß man möglicherweise sogar nach Berlin ziehen kann, ohne deswegen gleich die Zeitung wechseln zu müssen. Wir würden die ersten sein, die so etwas versuchen. Und die Konkurrenz würde sich bestimmt ein wenig erschrecken.

Von so etwas handelte unsere Unterhaltung. Sie geriet wahrscheinlich auch etwas ins Schwärmerische darüber, daß der einzig wahre Journalismus über das neue Deutschland, über die zusammenwachsende Republik wohl nur jetzt und hier, aus dieser großen, brodelnden, schmutzigen, aufgeregten, aufregenden und ungewissen Stadt denkbar sei. Wir würden Geschichten und Berichte schreiben in Sichtweite zu einem ehemaligen systemteilenden Todesstreifen, der sich vor unseren Augen in die gigantische Regierungsviertel-Architektur einer besseren Zukunft verwandeln sollte. Von Seismograph war da möglicherweise ziemlich viel die Rede und von Meinungsführerschaft, wohl auch von Rubriken und Serien, die »Stadtführer« heißen müßten, »Im Namen des Volkes« und »Berliner Republik« oder eben »Ecke Friedrichstraße«, wie dieses Buch, weil die SZ-Redaktion nun einmal am Gendarmenmarkt und damit mitten in der alten neuen Mitte an der Ecke Französische- zur Friedrichstraße liege. Vor allem aber, darüber war man sich bei Dessert und Espresso schließlich einig, müsse das alles bis zum Erscheinen der ersten Seite ganz fürchterlich geheim bleiben. Mit keiner Menschenseele dürfe man auch nur ein einziges Wort darüber sprechen.

Das Fax lag schon auf dem Tisch, als ich in die Redaktion zurückkam: »Guten Tag, Frau Nachbarin«, stand da, »Friedrich hat Ohren. So isses in unserer kleinen Stadt. Aber schön, Ihre Pläne kennengelernt zu haben. Gruß ojweis.« Ojweis bedeutet Otto-Jörg Weiß. Otto-Jörg Weiß ist zum Glück ein witziger und netter Mensch, aber er ist Korrespondent der ›Frankfurter Rundschau‹. War wohl vielleicht doch nichts mit der Anonymität der Millionen-Stadt.

Die Geschichte geht noch weiter. Alle Geschichten in Berlin gehen immer noch etwas weiter: Am nächsten Tag rief der Sprecher des Berliner Senats an. Ob man sich nicht bald einmal kennenlernen könne, fragte er, bei einem Mittagessen vielleicht, am besten im Friedrich's? »Ach wissen Sie, das Friedrich's ...«, sagte ich, »das Friedrich's hat ja nun einmal Ohren, wie jedermann weiß. Soll ich Ihnen erzählen, was mir erst gestern dort passiert ist, als ...« »Nein, das brauchen Sie mir nicht zu erklären«, sagte der Senatssprecher, »ich hatte das Vergnügen, mit Otto-Jörg Weiß an Ihrem Nachbartisch zu sitzen.«

Ja, Berlin ist eben auch ein Dorf. Aber die Berlin-Seite haben wir trotzdem gemacht. Sie hat inzwischen viele Leser und Fans in Bonn, am Tegernsee, in Düsseldorf, sogar in Berlin. Wir erzählen ihnen die kleinen Geschichten und die große Geschichte vom Zusammenwachsen, vom Umzug und von der Berliner Republik. Wir beschreiben die kleinen und die großen Leute dieser Stadt, Menschen von ganz oben und von ganz unten. Und natürlich sind wir dabei immer ein bißchen streng und ungeduldig mit dem regierenden Personal und der Großen Koalition, weil uns vieles zu bürokratisch, zu kleinkariert und viel zu westberlinisch geht. Wir versuchen uns selbst und unseren Lesern begreiflich zu machen, wie diese Stadt, in der so ungeheure Baumassen verschoben werden, einmal aussehen und funktionieren soll. Wir überlegen, ob die Politik besser wird, wenn sie in diese Stadt kommt, und umgekehrt, ob Berlin besser wird, wenn es bald wirklich Hauptstadt ist. Und immer wieder handeln unsere Berichte und Reportagen vom Osten und vom Westen und davon, daß die Fremdheit zwischen den Menschen in beiden Teilen Berlins, wie im ganzen Land, nicht sanfter geworden ist mit den Jahren seit dem Fall der Mauer, sondern im Gegenteil.

Wir versuchen aufzuschreiben und festzuhalten, was sich in diesen Jahren in Berlin mit atemberaubendem Tempo verändert. Nichts ist heute hier mehr so, wie es vor acht Jahren war. Und in acht Jahren wird nichts mehr so sein, wie es jetzt ist. Das geschieht nur in Berlin in diesem unglaublichen Tempo, das macht Berlin und die Berliner so unsicher und so größenwahnsinnig zur gleichen Zeit.

In der Sylvesternacht zum Jahr 1997 wurde in der Info-Box auf dem Potsdamer Platz eine Party gefeiert. Der Potsdamer Platz ist Europas größte Baustelle, und die Info-Box ist eine moderne, dreistöckige Architektur, rot, mit viel Glas und auf Stelzen. Sie sieht so aus wie das Kulturhaus, mit dem sich der Bürgermeister einer mittelgroßen Stadt ein modernes Denkmal gesetzt hat. Aber sie ist nur ein mittelgroßes Gebäude, das später, wenn alles fertig ist, längst wieder abgerissen sein wird. Um Mitternacht gab es auf dem Dach dieser Info-Box Champagner und Händels Feuerwerksmusik aus gewaltigen Lautsprechern. Und als das Feuerwerk die Berliner Nacht sezierte, konnte man von oben nicht nur über die gigantische Baustelle hinüber zu den vierzigtausend Menschen am Brandenburger Tor sehen. Man sah plötzlich auch so viel Vergangenheit und Zukunft zur gleichen Zeit, daß niemand wußte, ob es wirklich nur der Frost war, der uns alle schaudern machte.

Vor acht Jahren teilte hier unter uns, genau an der Stelle, wo wir jetzt standen, noch die Mauer, der Todesstreifen mit Stacheldraht, Minenfeld, Selbstschußanlagen und Hundelaufstrecken die Stadt und damit auch das Land und die Welt in Ost und West. Und in noch einmal acht Jahren wird hier ein kompletter neuer Stadtteil fertiggestellt sein. Die Menschen werden Schwierigkeiten haben, sich an die Mauer zu erinnern oder an die Info-Box, auf der man in den Umbruchjahren – man muß sich das einmal vorstellen – Sylvesterparties feiern konnte.

Wir versuchen, diese schnellen Veränderungen schreibend zu bannen, festzuhalten, wie es jetzt und hier in dieser Stadt ist. Viele unserer Reportagen handeln von Architektur, von den Baustellen und davon, wie die Menschen mit den Veränderungen leben.

Und dann fand eines Tages der Deutsche Taschenbuch Verlag, man müsse aus den besten Stücken der Berlin-Seite und aus einigen zusätzlich geschriebenen Aufsätzen und Reportagen ein Buch machen. Hier ist es.

Evelyn Roll

Novemburger

Sie kamen über Venedig und wollten noch bis Lissabon. Einen Tag Schweiz. Einen Flieger nach London. Einen Kurzstop in Paris. Summa summarum zwei Wochen hätten sie Zeit für Europa und dazwischen zwei Tage Berlin. Ja, Berlin, das wollten sie langsam angehen.

Mir wären die liebenswerten Kunstfreunde aus Birmingham, Alabama nie und nimmer aufgefallen. Sie zogen so durch den Prenzlauer Berg. Wie alle. Sie hatten einen Touristenbus, Videorecorder und Sonnenbrille. Wie alle. Sie plapperten sich laut und gemächlich durch die Trödel-Geschäfte in der Husemannstraße, staunten sich mit weit offenen Augen über die engen Hinterhöfe, fragten immer mal wieder, ob hier noch der Osten sei, und trugen feste Schuhe. Wie alle und jeder. Aber alle und jeden hätte ja nicht ausgerechnet ich durch die Gegend führen müssen. Da war der Unterschied. Es handelte sich um die Freunde von John aus Cheekwood, und der wieder ist ein dicker Freund von Matthias aus München, und Matthias rief mich an, als mir gerade die Photos des letzten Films meiner Lomo-Kamera, für meinen Geschmack viel zu viele ... irgendwie führt das zu weit.

Dabei wollten alle zufrieden sein. Die Atelierbesucher hatten echte Pinsel gesehen, echte Acrylfarbe gerochen und frisch getünchte Leinwand berührt. Die Atelierbesitzer hatten diese und jene Kleinigkeit echt verkauft. Mir waren wieder ein paar echte Fragen an die heutige Kunst eingefallen. Und nur die Lomo, meine simple Kleinbildkamera am Ledergurt, hätte sich auch gern ein paar echte Raritäten gepflückt. Endlich mal Gelegenheit für solche Leute-Photos mit Sinn. Weil man sich kennt oder noch nicht kennt (yeah, this was John at the Wasserturm, great) und stilvolle Szenen-Landschaft erlebt (weißer Rolls-Royce parkt neben Bauschuttcontainer vor der Kneipe »Pasternak«) oder zumindest eine süße Abschiedsszene im Café November feiert (Küßchen hier, Küßchen da). Wäre alles zu machen gewesen. Aber ich wollte nicht immer. Ich konnte nicht immer. Umschart von John Birmingham, Alabama fühlte ich mich schon selbst wie ein Tourist auf Pirschgang. Klick. Nur, daß ich hier lebe. Klick.

Anfangs, um den Appetit anzuregen, waren wir erst ein paar Schleifen und Schnörkel durch das Bauchaos in Mitte gegangen; vermieden die Kaufhaus-Langeweile am Alexanderplatz, streiften die Galerie-Geschäftigkeit in der Auguststraße und spielten dann eine vorsorglich telephonisch präparierte Atelier-Runde durch. Alles kam gut. Bis schließlich die Augen kunstsatt waren, die Beine pflastermüde und der Magen leer. Der Touristenbus bremste vor dem Café November.

Ja, dachte ich, gut, glaubte ich, in dieser Eckkneipe hält man noch Distanz zum Gepflegten-Gelackten mancher Kollwitzplatz-Restauration, gleich in der Nähe. Es gibt Laufkundschaft und Stammgäste, und die handgemachten Wareniki (Teigtaschen mit Kartoffelfüllung) der guten alten Alla sind sensationell. Die Tageskarte steht für gewöhnlich rechts an der Tafel; der Immerda-Imbiß auf dünnem Ökopapier, und hinter dem Tresen steht manchmal Christine. Sie hatte letztens grüne Haare, neuerdings ist sie wieder brünett, sie kommt echt aus New York, aber schert sich nicht drum. Das Problem war ein anderes.

Acht Hamburger wurden bestellt. Aber Hamburger waren nicht da. Hatte es hier nie, und wird es vielleicht auch nie geben. Nur ein »Wie wäre es denn mit warmen Baguettes, gut belegt?« wehte herüber. Und während ich noch grübelte, wie man »gut belegt« übersetzt, fiel der ganze Troß in ein gemeinsames Yes! Und war enttäuscht, unrettbar enttäuscht von Berlin. Letztendlich kamen acht warme Wurstkäseschrippen mit Salatrüschenrand zu uns auf den Tisch und dampften irgendwie mühsam. Klick.

Als einziges Photo dieses bildvollen Tages kam das auf den Film, etwas finster und konturenschwach. Vielleicht hatte sich in der Wärme die Linse beschlagen. Oder ich stand einfach zu nah.

Es bleibt mir ein Rätsel, dieses Ringen um Nähe oder Distanz zu Berlin. Da kommt alle Welt her, um die Nase reinzustecken. Will es ganz straight! Will es ganz genau wissen, will sehen, was sich tut. Will Szene-Lagepläne und Erlebnis! Nächte, Stadtrundfahrten und Milieu, echtes Miljöh! Und dann sehen sie kurz her, sehen das eine, sehen das andere, und alles ist irgendwie anders beim Hinsehen, als man es sich beim Herkommen dachte. Und so fahren sie dann wieder. Aber wenn es nun so ähnlich ist wie beim Essen? Wie bei einem ganz besonderen Gericht, das man einfach selbst essen muß, um zu wissen, wie es in Wirklichkeit schmeckt? Wer würde es wagen, den wahren Geschmack vom lackierten Bild einer Feinschmecker-Schwarte herunterzulecken oder ein Urteil abzugeben schon nach dem Besichtigen der Küche? Gibt es etwa Cocktail-Rezepte für Berliner Wahnsinn? Verkauft schon irgendwer überzuckerten Sandkuchen als »Torte Prenzlberg mit Szenerand«?

Dann soll's doch so kommen: Weiber bei Freßorgie rund ums Walpurgisnachtfeuer auf dem Kollwitzplatz – Tortenschlacht daselbst zwischen Autonomen und Polizei – photographierende Touristen von Anwohnern mit Bouletten und Currywurst verjagt ...

Abends fliegt die Lomo fast achtlos in die Ecke. Sie wollte so viel, und zuletzt kriegte der Film nur ein Bild: Johns Tafelrunde auf der Suche nach den Novemburgern. Ich war müde, machte das Licht aus, sah durchs Fenster über die Dächer und auf die Lichter am Wasserturm und merkte noch, irgendwer fühlte sich beschissen.

Thea Herold

Die Quoten-Ossi

von Evelyn Roll

Sie kommt natürlich nicht nur in der Berliner CDU vor. Weil es auch in anderen gesamtdeutschen Vorständen, Gremien und Chefetagen so geht wie bei der Vorbereitung von Talk-Shows, Aufsatzsammlungen und Podiumsdiskussionen. Wenn alles schön perfekt und fertig ist, schaut einer der Herren in die Runde und sagt: Au Backe, Eberhard, jetzt haben wir ja überhaupt keine Frau dabei. Neuerdings kontert ein anderer meistens: Stimmt, Klaus-Rüdiger, aber einen Ossi haben wir auch nicht. Und weil man auf dem Altar der Quote ganz unmöglich zwei der begehrten Posten opfern kann, wird dann eilig nach der Doppellösung »Zwei in Einer« gefahndet.

So kam die Quoten-Ossi ins Land und in die Regierungen. Und so kam auch die Ärztin Beate Hübner aus Marzahn in den Berliner Senat. Die Quoten-Ossi wird in der Regel erst vierundzwanzig Stunden vor der Regierungsumbildung mit der Frage überfallen, ob sie bereit sei, Senatorin für Soziales und Gesundheit werden zu wollen. Zur Strafe stillt sie ihren Jüngsten gerne öffentlich im Abgeordnetenhaus und sagt in allen Interviews, daß sie natürlich weder als Frau, noch als Ostler, sondern als ausgewiesene Politikerin in das Amt gewählt worden sei. In seltenen Fällen rächt sie sich aber auch wirklich, entpuppt sich als starke, mutige Fachfrau und macht den schlauen West-Männern auch einmal nicht die Nolte.

Eben typisch

Als ich neulich mal wieder im fernen Westen war – es kann auch im fernen Süden gewesen sein, denn für uns ist ja überall Westen, wo nicht Osten ist – sagte mir eine freundliche Dame nach kurzem Gespräch: »Ach, Sie kommen aus dem Osten? Das sieht man Ihnen aber gar nicht mehr an.« Und dann wunderte sie sich, daß ich das nicht als Kompliment verstand. Ich bat die Dame, mir doch mal zu sagen, woran sie den typischen Ossi denn so erkenne. Nun sprach sie zwar nicht direkt vom Ring in der typischen Ostnase, aber insgesamt war es doch eher ein prähumanes Wesen, das sie mir da mit ihrem postmodernen Blick schilderte. Das sollte ich nun um Himmels willen nicht persönlich nehmen. Ich sei ja ganz offensichtlich eine ganz und gar untypische Ausnahme.

Als ich dann hier im Osten von dieser Dame im Westen erzählte, meinten meine lieben Mitossis übereinstimmend: »Typisch Wessi.« Als ich einwandte, daß ich viele Wessis kenne, die nicht typisch seien, sagten meine Freunde: »Na ja, es gibt natürlich auch Ausnahmen.« Das fand ich tröstlich. Es gibt also nicht nur Ausnahme-Ossis, es gibt auch Ausnahme-Wessis, Ausnahme-Bayern und Ausnahme-Preußen, kurz, Ausnahme-Deutsche, die nicht so typisch sind wie unser Bild von ihnen. »Du sollst Dir kein Bild machen.« Diesen Bibelsatz lese ich seit der deutschen Wiederverfeindung anders als vorher. So mancher, den ich nach kurzer Bekanntschaft als typischen Wessi ausgemacht hatte, stellte sich als echter Halberstädter heraus. Drei Jahre Düsseldorf prägen eben, und man will ja nicht ewig als dummer Ossi herumlaufen.

Ich habe mich früher geschämt, aus einer Kleinstadt – ausgerechnet Finsterwalde – zu stammen, und mußte viel in der Welt herumkommen, um das nicht mehr als Makel zu empfinden. Heute brauche ich mir nicht dauernd zu sagen: Es war nicht alles schlecht an Finsterwalde. Es ist ja auch nicht alles gut an Berlin, wo ich jetzt ganz gern wohne. Wir Ostberliner haben natürlich auch unser Bild vom Westberliner und umgekehrt. Da man sich hier aber nicht aus dem Weg gehen kann, verblassen die Bilder doch schneller als anderswo. Das haben wir dem Rest der Bundesrepublik voraus. Aber daß die Berliner ihrer Zeit immer ein bißchen voraus sind – das ist eben typisch Berlin.

Peter Ensikat

Stellungen, Positionen

Beate Uhses Erotikmuseum in Berlin

Beate U. eröffnete im Wunderland zwischen dem Bahnhof Zoo und den umliegenden Quellen beißender Fettschwaden ein Sammelsurium, genannt Erotik-Museum. *World of Erotic Fantasy*. Größte der Hauptstadt, des Landes, des Erdkreises. Der befreite Mensch kommt massenhaft, Gefährte mit Gefährtin. Kleinstkinder auf müden Armen. Kinder desinteressiert an der verzwickten Ursprungshandlung. Japanische, chinesische, archaische Zeichnungen, Leporelli, plastisch gefüllte Döschen, rammelvoll, gleichsam. Schnitzereien, Figürchen, Miniatürchen. Stellungen, Positionen. Hunderte? Tausende? Geht das? Drüber und drunter und wie noch? Erzähl mal. Pah! Heteros, wohin man blickt. Die mächtigen Phalli aus bilderarmen Zeiten, 18. und 19. Jahrhundert, versetzen in Angst und Schrecken. Guck nicht hin, ist übertrieben. Let's do it? Sind wir Artisten?

Fernöstliche Dominanz. Zweifelsfrei Kunst. Malträtierte Kunst. Grausam im Halogenstrahl zarteste Papiere und Farben, damit der Dümmste den Casus begreift. Wer mehr erfahren will, scheitert an flüchtigen, unzulänglichen Beschriftungen, versackt in dem pseudomeditativen Klangteppich, welchen Beates Marketingleiter persönlich geknüpft haben muß. Fünftausend Exponate. Auch Biedermeier, Pin-ups auf frühen Postkarten, Dildos von Beate werweißwoher, prähistorische, illustrierte Ur-Präservative aus Fischblasen und Schafblinddärmen. Kräftig eingekauft. Wir schieben weiter, Seit' an Seit', nebeneinander eingeklinkt, müde und verzagt. Hört das nie auf? Immer nur dies eine. Andererseits: Wie zart, einfallsreich, Konzentration verratend, und ein bißchen anders als jene *Sache selbst*, zu welcher Heinrich Manns ›Untertan‹ Diederich Heßling in der Hochzeitsnacht unbedingt gelangen wollte. Ja früher. Muß schön gewesen sein. Der industrielle Mensch nicht erfunden; Fernsehen auch nicht. Liebling, wie tun wir's heute ...

Nein, nicht, kein noch so kunstreicher Phallus drängt im Erotik-Museum dieser Frage entgegen, gar nichts; es ist kaltgemachte Pracht. Und der schöne kulturelle Schein fällt in sich zusammen wie ein undichtes Gummiliebchen, wenn man mit den eingestreuten Installationen zusammenrasselt, sogenannten Installationen. Rudolph Valentino: Zum Tango hindurch. Heinrich Zille: Der bekannte Pornomaler. Endlich eine wüste Schaufensterpuppe, verkleidet als Marilyn Monroe. Sexsymbol. Stark verkrümmt. Bauchschmerzen? Unter dem angedeuteten Lüftungsschacht ein Windmechanismus, zeitgeschaltet. Er bläht den Fummel, nicht die Phantasie. Niemand Aspirin? Der Schmerz läßt nicht nach. In einem »Erziehungsraum« posieren schwer bewaffnete Ledergirls; doch eigentlich präsentieren sie bloß Ware, Hilfsmittel. Jene knarrend-billigen Accessoires einer wummernden Techno-Sexualität, nebenan erhältlich, in Beates Hauptgeschäft.

Ach, Beate. Was vermag das tausendfach wilde Treiben in Elfenbein, Lack und Ton, auf Bambus und Papier gegen das richtige Leben, gegen die Devotionalien *ihrer* »Story«, eingeklebt als wahres Hauptstück in die teuer zusammengekaufte *erotic fantasy world*. Was ist die kunstfertige und kunstgewerbliche Geilheit der alten Chinesen, beispielsweise, gegen die knisternde Erotik der Deutschmark und des freien Unternehmerinnentums. Hier! Eben noch Baby Beate, schon ein strahlend willensstarkes, strohblondes Kind; später Mädel; später Tat-Frau. Fliegen, fliegen, fliegen wollte sie. Kriegsende im Range eines Hauptmanns. Alles geflogen, auch den phallischen Jäger ME 109, (»die legendäre«) Bücker Jungmann und Bücker Bestmann.

Was dann? Gebildete Deutsche zehrten lange nach der vermeintlichen Stunde Null von Dr. van de Veldes gebundenen Weisungen: ›Vollkommene Ehe‹ respektive ›Vollwertige Gattin‹ respektive ›Erotische Lustvollendung‹ (großes Latinum erforderlich). Das gewöhnliche Volk aber, sollte es im dunkeln tappen, da man doch die Militärstiefel auszog? Dem Volk beizustehen, gründete Frau Beate einen Versandhandel für Ehehygiene. Neutrale Umschläge. Rührend. Inzwischen pinkfarbene Zentrale, hundert Millionen Umsatz, Golf-Handicap um die dreißig.

Bauzaun am Potsdamer Platz

Tieftauchschein, Cessna vor der Tür, Erotik-Museum in Berlin. Das dankbare deutsche Volk stöhnt und windet sich unter der Knute seiner strengen Erzieherin und berichtet, wie es war, auf allen Kanälen, in sämtlichen Talkshows ...

Claus Heinrich Meyer

Wir sind so frei

Erinnerungen an das Privatleben in der DDR

Mann und Frau intim. Gezeichnet waren sie als Pünktchen. Wenn man sich konzentrierte und Pünktchen für Pünktchen zur Linie verband, ergab der durchgehende Strich verschiedene sexuelle Stellungen. Kopfüber, kopfunter: ›Mann und Frau intim‹ hieß das Buch von Siegfried Schnabl mit den Zeichnungen. 1985 erschien die 17. unveränderte Auflage, weitere folgten. Generationen von DDR-Bürgern haben sich entlang dieser Strichellinien ihr sexuelles Rüstzeug erworben.

Schnabels redliches Buch war trotz aller Auflagen immer eine Rarität, ausverkauft wie die bebilderten FKK-Strandführer oder das monatlich erscheinende Magazin mit dem ganzseitigen Aktphoto, seit den fünfziger Jahren alle vier Wochen ein nackter Blickfang und viele Jahre der einzige in der DDR-Öffentlichkeit Wenn jemand in einem Berliner Antiquariat seine Sammlung anbot, dann blätterte die Verkäuferin erst alle Hefte durch, ob die beliebte Seite nicht rausgerissen war – in diesem Fall entfiel der Ankauf. Illustrierte Sittengeschichten aus dem vergangenen Jahrhundert erzielten über Annoncen spektakuläre Liebhaberpreise, das ›Kin Ping Meh‹ und das ›Kamasutra‹ brachten sich die Reisenden aus dem deutschen Bücherladen in Prag mit. An der innerdeutschen Grenze stapelten sich die eingezogenen Playboys – »Führen Sie westliche Druckerzeugnisse mit? Munition oder Schußwaffen?« Aber die, die durchkamen, taugten als verläßliche Handwerkerwährung, auch wenn sie schon ein bißchen abgegriffen waren. Später, das war dann in den achtziger Jahren, packte mein Maurer L. einen kleinen Projektor ein, wenn er beispielsweise eine Autoreparatur brauchte. Er zeigte dem spontan versammelten Kollektiv der Kraftfahrzeugschlosser seine eingeschmuggelten Pornos auf einer einfachen weißen Wand, und im Anschluß wurde sein Auftrag befriedigt erledigt.

Es war ein prüdes und kleinbürgerliches Land. Aber die Leute wußten sich zu helfen. Außerdem hatten sie mehr Zeit. Wenn die repräsentative Umfrage des Hamburger Gewis-Instituts von 1990 stimmt, dann waren achtzig Prozent der Ostdeutschen mit ihrem Sexualleben zufrieden, die Frauen in Sachsen-Anhalt sogar zu neunundachtzig Prozent. Auch wenn den Leuten letzte Finessen wie Gummipuppen nicht zur Verfügung standen, gingen sie gerne miteinander ins Bett, und die Bevorzugung der Missionarsstellung verband sie schon damals mit den Bundesdeutschen. Die meisten machten es so. Mit einfachen Mitteln und systemübergreifend.

Ost- und Westdeutsche haben ihre Erfahrungen mit dem Puritanismus der Nachkriegszeit gemacht, die einen unter Ulbricht, die anderen unter Adenauer. In beiden deutschen Staaten lockerten sich später die sexuellen Normen, wobei ich davon überzeugt bin, daß das jeweils gesellschaftlich Erlaubte und Angebotene nicht mit dem identisch ist, was die Leute in ihren Betten wirklich anstellen: Weder hat sich die Gesellschaft der Bundesrepublik durch die Vermarktung der Sexualität in eine kreischend kopulierende Bevölkerung verwandelt, noch die alte DDR durch offizielle Tabus in eine asketische. Das Privateste wird privat entschieden.

Gegen alle Lächerlichkeiten: Ich wäre noch 1966 fast von der Humboldt-Universität geflogen, weil ich im Ernteeinsatz mit einem Jungen geduscht hatte. Die Verschreibung der Pille war mit einem Sermon der Frauenärztin über die Unwürdigkeit wechselnder Geschlechtspartner verbunden. Es gab Zimmerkontrollen in den Wohnheimen. In den Lobbies der Hotels wachte das Personal über die Aufzüge und schreckte nicht vor Rückführung ungemeldeter Personen noch aus dem Zimmer zurück. Dennoch tat man natürlich, was man wollte. Nur gewitzter.

Weil alle arbeiteten, waren viele Männer und Frauen ganztägig beisammen und wenigstens in den mittleren und unteren Chargen als gleichberechtigte Kollegen. Ich erinnere mich an den lockeren Umgangston, an harmlose Tändeleien, an Anzüglichkeiten, die hin- und hergingen. Nicht rüde, eher gutmütig. Nur rhetorischer Leichtsinn. Die Anmacher mußten keine Männer sein: Als ich in einem Großbetrieb Industrie-Schneiderin lernte, waren die Frauen an den Nähmaschinen in der Überzahl. An ihrem losen Mundwerk schlichen die Bügler still vorbei. Die Frauen lachten mit wackelnden Bäuchen. Es kam vor, daß sich der Chef und die Sekretärin bei der Weihnachtsfeier küßten. Am nächsten Tag arbeiteten sie wie vorher zusammen, bloß daß sie sich jetzt duzten. Alles halb so wild. Gegessen wurde meistens zu Hause.

Daß die offizielle strenge Moral geheuchelt war, ahnten die Leute schon, bevor als letzter Beweis die Pornos in Erich Honeckers Nachtschrank gefunden wurden. Inge von Wangenheim schrieb 1979 beim Mitteldeutschen Verlag den Roman ›Die Entgleisung‹: Sie hatte erfahren, daß die DDR heimlich Pornos für Schweden drucken ließ, um die magere Devisenlage aufzubessern. Die Autorin erfand zu diesem wahren Vorgang eine Zugentgleisung, wodurch die heißen Bücher auf die Gleise purzelten und in einer nahen Kleinstadt in Umlauf gerieten. Das Buch war so ein Erfolg, daß es am Messestand in Leipzig schon geklaut worden war, als der Kulturverantwortliche im ZK, Kurt Hager, darin blättern wollte. Dann kaufte das DDR-Fernsehen ganz schnell die Rechte – natürlich, um das Buch nicht zu verfilmen und dafür zu sorgen, daß es nun auch niemand anders durfte.

Nach der Wende fand ein Journalist Photos und einen Briefwechsel im Müllcontainer des ehemaligen Kulturministeriums in Berlin: Danach hatte die DDR schon 1952 versucht, eine erotische Postkartenserie für den Export herzustellen. Der Deal scheiterte an Geschäftsverbindungen, aber wenn man sich die Photos von der Nackten mit weißen Söckchen in weißen Pumps ansieht, die einmal eine Blumenvase auf der Schulter balanciert, könnte es auch an den Aufnahmen selbst gelegen haben.

Später wurde der Staat toleranter – aus Mangel an Kraft. Die Energie reichte nicht für Nebenkampfplätze. Er sah einfach nicht mehr so genau hin. Amateurstripperinnen zogen, fadenscheinig als Künstlerinnen getarnt, durchs Land, es gab Unterwäschemodeschauen, erotische Bartänze, Travestien, zotige Conferencen. Es stöhnte in frivolen Fernsehfilmen der Reihe

›Erotisches zur Nacht‹. In den sechziger Jahren hatten Besucher noch ihr Theaterglas mitgebracht, um die barbusigen Tänzerinnen afrikanischer Nationalstaaten im Friedrichstadtpalast heranzuzoomen. Jetzt paradierten nackte Brüste auf einem Festwagen zur Berliner 750-Jahr-Feier an Honecker und den Mitgliedern des Politbüros vorbei, denen ein Laisser-faire ins dünne Lächeln geschrieben stand.

Es war ein prüdes Land, aber es war nicht katholisch, es war überhaupt wenig religiös. Vielleicht gingen deshalb viele Menschen privat mit Nacktheit selbstverständlicher um. Zu Hause und auch draußen: Um 1950 ging's los mit illegaler Freikörperkultur an der Ostsee, hinter Ahlbeck bis zur polnischen Grenze. Da lag noch die Sittenpolizei mit Ferngläsern in den Dünen und wurde von den Nackten mit Bikinis als Körperbemalung aus dem Tuschkasten gefoppt. Wenn von See Ruderboote mit Voyeuren nahten, tat der gewählte König dieser freien Gemeinde einen Schrei: »Huuaahuuaa!« Dann kraulten die Nackten los und kippten die Boote um. Nur einer, der König, durfte das Kommando geben.

Es erfüllt mich immer noch mit Stolz, daß dieser König mein Vater war, ein tiefgebräunter, gutgewachsener Mann, der nichts mehr haßte als eine nasse Badehose. Er führte immer einen Spaten bei sich und schaufelte galant Strandburgen für die Damen. Aber weil er außerhalb der Freizeit ein privater Brunnenbaumeister war, grub er, bis Grundwasser kam, weshalb meine andere Erinnerung an diese Zeit ein nasser Kinderhintern im Burgengrund ist.

FKK wurde zur einzigen freiwilligen Massenbewegung der DDR, eine gänzlich unorganisierte Szene, die bis an den letzten Tümpel reichte. In einer Umfrage 1980 bekannten sich drei Viertel zum Nacktbaden. Aber nach der Wende standen Westbesucher im Sand und guckten. Viele reagierten entsetzt. Eine Frau aus dem Schwarzwald sagte im Deutschlandfunk: »Sie sollen sich abgrenzen, die meisten sind wüst und häßlich. Die Freiheit, die die Nackten sich herausnehmen, ist für andere eine Zumutung.«

Die westdeutschen Sensibelchen, inzwischen achtzig Prozent

der zahlenden Gäste an der Ostsee, siegten. Jetzt müssen die FKK-Freunde lange laufen, vorbei an Strandkörben und Rettungsschwimmern noch bis hinter den Hundestrand, bevor sie sich ausziehen dürfen. Das macht den Ostler wütend, und einer schrieb ans Magazin: »Nun kommen die Wessis, bringen uns die Pornohefte, die Peepshows und den Telephonsex und erklären uns, wie unmoralisch, unästhetisch und absolut unpassend FKK ist.«

Aber die sexuellen Sendboten wurden ja mit offenen Armen empfangen. Der Osten meldete japsend Bedarf. Für alle Varianten von Sexualität gab es nun Lehrbücher mit überdeutlichen Illustrationen. Einmal alles probieren, die Pornokassetten nachturnen. Die Berliner strömten zu Beate Uhse an der Budapester Straße, deren Personal in den ersten Wochen nach der Wende ein »Überfüllt«-Schild in die Tür hängen mußte und schnell Dependancen eröffnete.

Zu mir kam Frau Beate nach Hause, genauer zu meiner damals zwölfjährigen Tochter, der sie unaufgefordert ihren Sexkatalog schickte, den das Kind verwundert durchblätterte und fortan wußte, was ein »Muschi-Verwöhn-Set« oder ein »Hoppe-Peter« ist und was so was kostet. Berlins größte Videothek, die kurz vor der Wende einer Pleite entgegendümpelte, strahlte auf, als neue Kundschaft die Regale abschritt. Der Zeitschriftenhandel drapierte Brüste, die der Schwerkraft trotzten. Bereits vier Monate vor der Wende hatte sich in meiner Straße ein bescheidener Autostrich etabliert. Zunächst nur fünf Frauen, die ein seismographisches Gespür gehabt haben müssen, dann bald gestiefelte Huren in Reihen.

Heute klingt das lächerlich, aber damals wußte ich nichts über die Kundschaft. Ich stellte mir vor, diese Männer müßten benachteiligt sein, durch ein kleines Feuermal vielleicht oder ein schleifendes Bein, ein besonders häßliches Gesicht, jedenfalls durch irgend etwas, was sie für Frauen unattraktiv machte, weshalb sie sich Sex kaufen mußten. Ich lauerte vor einem Pornokino, um herauszufinden, wie sie wirklich waren. Der erste Mann, der herauskam, war ein Star des »Deutschen Theaters«, ein Frauenliebling.

Inzwischen hat sich die Lage normalisiert. Der kommerzielle Sex-Boom, der auf einer bis dato ungestillten Neugier gründete, ist vorbei. Zweiundsechzig Prozent der Ostdeutschen wollten 1990 Sexfilme im Fernsehen sehen, 1995 sind es noch siebenundvierzig Prozent. Tendenz weiter fallend. Die meisten Videotheken im Osten machten auf Dauer doch nicht das große Geld. Die Absahner der ersten Stunde zogen wieder weg. Westler verlieben sich im Osten und Ostler im Westen. Wir können noch viel zusammen machen.

Regine Sylvester

Die Datsche

von Elke Schmitter

Sie ist als solche eine Übertreibung. Wer sich aus Berlin heraus ins Umland begibt und an den Augen ganz gesund ist, erkennt zunächst eine ausgedehnte Schuppenbaukultur, die bei empfindsamen Gemütern ein leises, plötzliches Weinen auslöst: So öde muten Blech und Holzbraun an, so traurig faulen die Balken, so unermeßlich ist die Differenz zwischen dem rechten Winkel und seiner Verwirklichung. Erst anhaltende Aufmerksamkeit und persistentes Nachfragen beschwichtigen die Angst, daß es sich hier um Datschen (Datscha, russ. daca, eigentlich eine »vom Fürsten verliehene Schenkung«) handele, in denen Menschen wohnen. Es sind meist nur die Vor- und Aufbereitungslager einer willigen und trotzigen Bevölkerung, die von diesen aus das eigentliche Werk in Angriff nimmt, das nicht selten Lebenswerk war und ist: der Aufbau einer Datsche als Wochenendrefugium, als Sommer- und Jahresendzeitfluchthäuschen.

Eine Datsche ist nie fertig, wie das Leben selbst. Beschaffungsschwierigkeiten, grauer bis schwarzer Handel, gelegentliche Beinbrüche beim Dachdecken hielten ihre Besitzer gut vierzig Jahre beschäftigt und sorgten für einen Besitzerstolz, der dem Westberliner (der nach Sylt oder Mallorca flüchten mußte, um ein Leben anderswo zu führen) fremd ist. Was wird nun aus der Datsche im Zeitalter der Baumärkte und Billigflüge auch für den Osten? Vielleicht werden die Parlamentarier dort künftig Wodka trinken – bis ihnen eine Schindel auf den Kopf fällt, mit Grüßen aus der Vergangenheit.

Ein Gedicht über der Reling

Expedition ins Lymphsystem der Hauptstadt

Die Brücke kommt ganz langsam näher. Und sie sieht immer noch ungewöhnlich niedrig aus. Wirklich sehr niedrig. Genau besehen wird sie sogar immer niedriger mit jedem Meter Annäherung. »Da passen wir nicht durch«, sage ich und nehme den Gashebel ein wenig zurück. »Paßt schon«, sagt der Mann an Bord, »fahr durch, das ist eine optische Täuschung. Die vermieten doch kein Schiff, das nicht unter sämtlichen Berliner Brücken... Stop! Halt! Anhalten! Rückwärtsgang rein! Wir müssen den Toplichtmast legen, wenn wir da überhaupt durch wollen!«

Es ist wahrscheinlich nicht das eleganteste Manöver geworden. Aber es ist auch wirklich nicht ganz einfach, im schmalen Landwehrkanal ein schweres Stahl-Schiff von zehn Metern Länge und dreieinhalb Metern Breite, das mit der Bugspitze schon unter eine Brücke getaucht ist, plötzlich zu stoppen, »auf dem Blatt« zu wenden, wie man sagt, und an einer verbotenen Anlegestelle festzumachen. Zum Auf-der-Stelle-Drehen wird das Ruder hart nach Steuerbord gelegt, in den Leerlauf geschaltet und dann einige Male hin und her zwischen Vorwärtsgang, Leerlauf und kurzen Rückwärtsgangschüben. Fender raus, Leinen über und Kopf einziehen, weil da eine Trauerweide am Ufer steht. Noch ein wenig gemogelt mit dem Bugstrahlruder, Leinen belegen und zweimal schlucken, weil der Mund plötzlich ganz trocken ist. Hat etwa jemand zugeschaut? Ein Glück, daß uns niemand entgegengekommen ist. Wo sind wir überhaupt?

Wie oft in den letzten drei Tagen haben wir uns diese Frage gestellt. Wo sind wir überhaupt? Unser Orientierungssinn funktioniert nach Straßen, Kreuzungen, Gebäuden und Bahnlinien. Auf dem Wasser durch die eigene Stadt, das ist, als ob man ganz weit weg wäre und ganz woanders. Das ist, als habe man jahrelang den Knochenbau, die Nervenbahnen und die wichtigsten

Adern einer Stadt erkundet und unternehme auf einmal eine Expedition ins Lymphsystem.

Nach der Sportschiffahrtskarte Spree-Oder-Wasserstraße liegen wir jetzt im Landwehrkanal an der zweitletzten Brücke vor der Unteren Schleuse. Auf dem regulären Stadtplan, den wir neben diese Spezialkarte für das Lymphsystem Berlins gelegt haben, heißt die Brücke Charlottenbrücke. Es ist nicht zu fassen. Dann liegen wir also direkt unter der Straße des 17. Juni, kurz hinter dem Ernst-Reuter-Platz. Wie auf einen geheimen Befehl stürmen wir plötzlich auf allen vieren die Böschung hoch und stehen dann tatsächlich benommen im dicksten Autoverkehr, links von uns der Große Stern mit der Siegessäule. Immer wenn ich mit dem Auto ins Büro bin, muß ich also zweimal an dieser Stelle über den Landwehrkanal gefahren sein, über die Charlottenbrücke, die nur eine Durchfahrtshöhe von drei Meter dreißig hat.

Acht Prozent der Stadtfläche Berlins bestehen aus Wasser. Keine andere europäische Metropole hat soviel Wasser. Die Stadt ist aufgewachsen an ihren Flüssen, an der Spree, der Havel und der Dahme, an ihren Kanälen und Seen, an achthundert Kilometern Wasserläufen, von denen einhundertzweiundachtzig Kilometer im Stadtgebiet bis heute schiffbar sind. Sechshundertfünfzig Brücken führen über dieses Gewässernetz. Es gibt in Berlin mehr Wasser und mehr Brücken als in Venedig, Amsterdam und Stockholm zusammen. Und weil die Spree sich mit ihren Zuflüssen und Kanälen so tief gelegt hat, weil sie kein Aufhebens von sich macht und auch keine großartigen Promenaden hat, wie zum Beispiel die Seine in Paris, ist das viele Wasser den meisten Berlinern gar nicht ständig bewußt.

Auch nicht der jungen, blonden Frau, die vor zwei Tagen mit dem Fahrrad an unserem Liegeplatz vor der postmodernen Wohnkulisse des Tegeler Hafens vorbeikam und über die Reling anbot, ein Gedicht aufzusagen, wenn wir sie zum Kaffee bäten. Sie fand, daß unsere »Movnor« ein schönes Schiff sei. Wir erklärten, daß eine »Linssen Sturdy« eben ein richtiges Stahlschiff sei und nicht eines dieser daddeligen neumodischen Joghurtbecher. Dann erzählten wir, daß wir das Schiff am Abend zuvor in

Am Landwehrkanal

Nieder Neuendorf beim Havel-Charter Varduhn gemietet hätten, daß man auf ihm bequem schlafen und wohnen und kochen und sogar warm duschen könne, und daß wir nun vier Tage durch Berlin fahren wollten. Ja natürlich, auch am Reichstag vorbei und durch den neuen künstlichen Spreebogen auch und nach Kreuzberg sowieso. »Das ist ja wahnsinnig, daß man das überhaupt kann«, sagte die junge Frau. Leider hatten wir keinen Kaffee an Bord. »Für Tee gibt es aber nur Hölderlin«, sagte die junge Frau lachend und dann feierlich: »An Heidelberg. – Lange lieb ich dich schon, möchte dich, mir zur Lust, Mutter nennen und dir schenken ein kunstlos Lied ...«

Die Spandauer Schleuse muß renoviert werden und ist geschlossen. Wir müssen also an diesem Morgen vom schönen dunklen Tegeler See mit seinen Sandbuchten, Inseln und Fahrgastschiffen einen großen Umweg fahren über den Hohenzollernkanal, den Westhafen und die Spree, wenn wir in den Wannsee wollen. Langsam – mehr als zwölf Stundenkilometer sind nicht erlaubt – geht es also vorbei an einsamen Anglern und an Kindern, die im Uferwasser spielen.

Später erscheinen gewaltige Silos, Ziegel-Speicherhäuser und die Großmarkthalle. Zwischen riesigen Frachtschiffen fahren wir durch den Westhafen. »Heimatland« heißt einer der Frachter. Und er hat eine Heimat an Bord: Frau und Kinder, Hund, Fahrrad und Auto, die Wäsche auf der Leine, Antennenschüssel auf dem Dach und rote Geranien vor frischen Fenstergardinen.

Nicht immer ist gleich zu erkennen, was der Kapitän so einer riesigen Schubheimat eigentlich vorhat. Man weiß nur sehr genau, daß man denen nicht in die Quere kommen darf, daß sie ein kleines Schiff überhaupt nicht sehen können, wenn es erst zu nah gekommen ist. Außerdem muß man sich hüten, in den Sog und die Welle der gewaltigen Schiffsschrauben zu geraten, weil man dann nicht mehr manövrieren kann und sich wie ein Tischtennisball fühlt in einer Badewanne, in der das Wasser abläuft.

Hinter Spandau und dem Pichelsee mit seinen ungezählten Stegen und Liegeplätzen öffnet sich, schon im Spätnachmittagslicht, die Havel in Richtung Wannsee, und man möchte Segel haben oder fliegen können, weil ein so herrlicher Wind weht. In den Kanälen Berlins ist das Segeln verboten. Ein Motorschiff ist für einen Rundtörn durch die Stadt also geeigneter. An der Insel Lindwerder kann man anlegen. Es gibt Weißbier und einen Blick über das Wasser und die Segelboote wie von der Fraueninsel nach Gstadt. Nur liegenbleiben dürfen wir nicht, »weil nachts die Hunde kommen«. Also ankern? Es sieht ein wenig nach Gewitter aus.

Am Großen Fenster des Wannsees kreuzen unter dem Grunewaldturm die kleinen, gelben Jollen der »Segelschule Hering«. Hier haben wir vor einem Jahr unsere Prüfung zum Sportbootführerschein Binnen abgelegt, ohne den man im Land Berlin überhaupt nicht auf das Wasser darf. Souverän und Chiemsee-erprobt im Segeln waren wir, aber schlecht auf dem Motorboot. Nach Auskunft des Prüfers habe ich die theoretische Prüfung überhaupt nur »mit der Hilfe aller Beteiligten« bestanden. Segellehrer Günther hat uns oft erklärt, wie ungemütlich es werden kann, bei Gewitter in einer Wannseebucht zu ankern. Also nicht ankern. Der Motorboot Club Berlin in Wannsee hat einen Gästesteg mit Strom und Wasser und einem sehr hilfsbereiten Stegwart. Und wieder fühlen wir uns beim Landgang wie am anderen Ende der Welt, meilenweit entfernt von Berlin. Dabei steht nebenan schaurig-vertraut die Wannseevilla, in der einmal die »Endlösung« der »Judenfrage« beschlossen wurde. Unten am Strand in Bolles Bootshaus gibt es Havel-Zander mit Salzkartoffeln.

Wir stehen früh auf am nächsten Morgen. Vorbei geht es an den Pack-die-Badehose-ein-Strandkörben und an den vom Land aus sorgfältig verborgenen Villen von Schwanenwerder. Zur Pfaueninsel geht es mit ihrem prachtvollen Bootshaus, das Schinkel für den königlichen Dampfer »Royal Luise« gebaut hat, vorbei dann an der Sacrower Heilandskirche und dem Glienicker Schloßpark. Wir fahren jetzt genau auf der Wasserlinie, die Grenze gewesen ist zwischen Ost und West: die Mauer, das Ende der Welt. Und deswegen hat man große historische Gefühle, wenn es unter der Glienicker Brücke hindurchgeht, vorbei am Jagdschloß Glienicke und am Babelsberger Schloß in Richtung Teltowkanal und Stadtmitte.

Auch der Teltowkanal führt noch eine ganze Weile über den ehemaligen Todesstreifen. Die Maueranlagen sind verschwunden. Ein Wachturm steht noch. Er ist lustig bemalt, hat rote Markisen über den Fenstern und heißt heute »Café Caravan«. Der Teltowkanal liegt in einem tiefen Graben. Die Fahrt könnte deswegen nach der Schleuse Kleinmachnow langweilig werden, weil man zwar mitten durch die Großstadt fährt, aber doch nichts anderes sieht von Teltow und Lichterfelde, Steglitz, Tempelhof und Neukölln als eine dichte Uferböschung und Brükken, immer wieder Brücken. Langweilig ist es aber überhaupt nicht, weil wir in der Höhe vom Zehlendorfer Stichkanal von einem Gewitter eingeholt werden.

Wir schalten um auf den Steuerstand unter Deck. Draußen blitzt und hagelt und donnert es. Der Mann an Bord behauptet, ein Stahlschiff sei ein Faradayscher Käfig, und deswegen hätte ich unrecht, mich zu fürchten oder gar zu weigern weiterzufahren. Noch gefährlicher muß es vor neunzig Jahren gewesen sein, als der Teltowkanal im Beisein des Kaisers eröffnet wurde. Auf den alten Bildern sieht man, daß die Herren an Deck der kaiserlichen Yacht allesamt Pickelhauben trugen, fabelhafte Blitzableiter.

Durch den Britzer Zweigkanal fahren wir bei Oberschöneweide in die Spree und erlauben uns einen romantischen Umweg durch die Altstadt von Köpenick in die Dahme, vorbei an den malerischen Ufern von Wendenschloß und Grünau bis in den Langen See, wo wir am Steg des Gasthauses Marienlust festmachen. Wie soll man Menschen, die so etwas nie erlebt haben, die Verlockungen und Schönheiten der Seen, Kanäle und Flüsse erklären, die ein wohltätiger Gott in allen Himmelsrichtungen um Berlin angeordnet hat? Es ist, als wären Chiemsee, Tegernsee, Ammersee und Starnberger See durch die Isar und durch Kanäle miteinander verbunden. Und wenn man durchgefahren wäre, begänne es wieder von vorne: Chiemsee, Tegernsee, Ammersee und Starnberger See. Und noch einmal und noch einmal, ohne Gebirge, aber mit sandigen, unbewohnten Kiefernhöhen, mit weißen Stränden, begleitet von Graureihern. Ab und zu trifft man ein Fahrgastschiff oder am Ufer einen Angler. Hier und da auf den Inseln oder am Ufer gibt es gemütliche Gastwirtschaften mit Anlegesteg, freundlichen Menschen und frischem Fisch.

Wir schwimmen und kochen und erleben dann auf unserer schwimmenden Insel einen großen, einsamen Sonnenuntergang, während der Mond sich schon blaß und voll für die Nacht bereithält. Ganz in der Nähe am Ufer steht bis spät in den Abend ein nicht ganz stummer Angler. Er flucht, als ein Riesenhecht ihm nach kurzem Kampf die Leine zerrissen hat. Viel später hat er eine stattliche Plötze gefangen, die er uns gerne schenken möchte.

Am nächsten Tag sind wir ungeduldig gespannt auf die Fahrt durch die Innenstadt und fahren deswegen möglicherweise etwas schneller als erlaubt über den Langen See, den Seddinsee, Gosener Kanal, Dämeritzsee, Müggelspree und Müggelsee zurück in die Spree. In der Müggelspree beschließen wir, mit einem kleineren Boot noch einmal herzukommen und die flachen Kanäle zwischen den bebauten Wassergrundstücken von Klein-Venedig zu besichtigen.

Und dann geht alles sehr schnell. Vorbei am Treptower Park durch die renovierte Oberbaumbrücke zwischen Kreuzberg und Friedrichshain geradewegs auf die Innenstadt zu. Vor der Mühlendammschleuse im Nikolaiviertel warten vier gewaltige Schubverbände. Berufsschiffahrt hat Vorrang. Wir machen vor der Schleuse im Historischen Hafen fest und besichtigen die alten Dampfer. Eine Trauerweide läßt ihre Äste sehr dekorativ in den alten Kohlenkahn hängen, wird so zum Teil des Bühnenbildes.

Der Biergarten auf dem Schlepper »Jeseniki« hat schon geöffnet. Der neue Wirt hat so seine Erfahrung mit der Tanzkunst von nebenan. Neulich ist er am Tanzschiff »Anna« vorbeigegangen und hat einen furchtbaren Schrei gehört. Den Schrei einer Frau, die verbrennt oder verblutet und die er glaubte, retten zu müssen. »Und dann lag die da, und es war alles nur Tanztheater. Klar, so muß man auch erst einmal schreien können. Aber so eine Kunst verstehe ich nicht.« Der Wirt schaut noch eine Weile mit uns hinüber zur Schleuse, zum Roten Rathaus, zum Fernsehturm und dem »Forum-Hotel« auf dem Alexanderplatz. Was für eine Kulisse.

Auch der Schleusenwart weiß schöne Geschichten. Sie handeln zum Beispiel von Sportschiffern, die nicht wissen, daß man in der Schleuse die Leinen lieber nicht fest belegt. Wie oft mußte er schon so ein Schiff, das an der Schleusenwand hing, mit dem Messer abschneiden.

Hinter der Mühlendammschleuse kommen wir aus dem Staunen nicht mehr heraus: Der Palast der Republik, das Nicolaiviertel, der Dom, die Museumsinsel, das Berliner Ensemble. Links das Brandenburger Tor und die Kräne vom Potsdamer Platz. Vor uns eine wüste, gewaltige Sanddünenlandschaft und eine Ampel. Sie haben die Spree auf einem zweihundert Meter langen Abschnitt gegenüber dem Reichstag um siebzig Meter nach Norden gelegt. Das alte Spreebett ist jetzt eine Baugrube für den Tiergartentunnel. Hundertzehntausend Kubikmeter Sandboden wurden dafür ausgebaggert und zu Sandbergen links und rechts des Flußlaufes aufgetürmt. Das neue Spreebett kann nur in einer Richtung befahren werden. Wir müssen vorsichtig zwischen Lastkähnen und Fahrgastschiffen dümpeln. Die Gesichter der Berufsschiffer zeigen deutlich, wie überflüssig sie es finden, daß in diesem Chaos auch noch Sportschiffer herumwuseln.

Plötzlich sagt eine Lautsprecherstimme: »Das Sportschiff bitte noch die ›Marlene‹ abwarten und dann nicht in den Humboldthafen einfahren.« Das Sportschiff sind wir. Der Humboldthafen ist nur für die großen Frachter, für die der neue Spreebogen zu eng geraten ist. Wir aber wollen anlegen an der alten Kongreßhalle und Landratten aufnehmen, weil die Durchfahrt durch die Innenstadt und die umgeleitete Spree etwas ist, das man gar nicht oft genug erleben kann.

An der Terrasse vom Haus der Kulturen der Welt aber ist Anlegen verboten, etwas weiter vorne darf man festmachen, aber nicht ans Ufer gehen, weil dort ein großer Bauzaun steht und Wachleute mit Schäferhunden patrouillieren. Der erste Wachmann ist sehr streng und läßt uns nicht von Bord. Der zweite erzählt uns von der Kampfmittelräumung hinter dem Bauzaun und nimmt sogar ein Bier an. »Und der Hund, mag der auch etwas?« – »Danke, einer von uns beiden muß ja nüchtern bleiben.«

Die Nacht dieses aufregenden Tages verbringen wir, nach einer Fahrt vorbei an den Tiergehegen und Flamingovolieren des Tierparks in Kreuzberg, im Urbanhafen. Und weil allerlei finstere Gestalten im Park sitzen und neugierig auf die »Movnor« schauen, verabschieden wir uns zu einer Kreuzberger Nacht mit einem, beherzten: »Tschüs Christoph, in einer Stunde sind wir wieder da«, von einem Christoph, den es gar nicht gibt.

Am nächsten Tag fahren wir mit wechselnder, aber immer begeisterter Besatzung noch zweimal durch den künstlichen Spreearm. In der futuristischen Architektur von Moabit, wo die neuen Glaspaläste die alten Bürgerhäuser und Trauerweiden vom anderen Ufer widerspiegeln, setzen wir die letzten Gäste am Sorat-Hotel ab. Fünf Brücken später taucht links das Schloß Charlottenburg auf. Die Bundesflagge auf dem Dach zeigt an, daß Herzogs zu Hause sind. Den Schloßpark haben sie neuerdings zur Uferseite hin mit gelben Klinkersteinen eingemauert.

Ganz ohne Mauer geht es in Berlin eben nicht. Während der Fahrt durch den Hohenzollernkanal beschließen wir, das Schiff noch nicht heute abend in den Heimathafen zu fahren. Wir ankern im Tegeler See. Die Abendlektüre ist ein schlaues Buch mit dem Titel ›Richtig ankern‹. Die ersten beiden Sätze sind vielversprechend: »Der Anker soll ein Schiff sicher am Grund festhalten. Nicht immer entspricht er dieser Erwartung.«

Vom Ufer gegenüber, wo bunte Strandkörbe im weißen Sand stehen, kommen viel später an diesem Abend zwei Havelschwäne zu uns. Sie halten sich genau auf der rotglühenden Glitzerbahn, die die untergehende Sonne auf den schwarzen See spiegelt. Wir sind jetzt das letzte Boot auf diesem See. Nichts als Ruhe und Wasser und Natur um uns herum. Ob man nicht einfach viel länger auf so einem Schiff bleiben und so zwar immer in Berlin, aber gleichzeitig auch viel weiter weg von allem sein könnte, als auf einer Weltreise? In diesem Augenblick steigt mit aufwendigem Getöse eine Lufthansa-Maschine vor uns in den Abendhimmel, als wollte sie uns daran erinnern, daß wir mitten in einer Dreieinhalb-Millionenstadt, nur tausendfünfhundert Meter Luftlinie vom Flughafen Tegel entfernt, vor Anker liegen.

Evelyn Roll

Weiße mit Schuß

von Evelyn Roll

Wer, weil der plötzliche Frühling Durst und Heimweh macht, ins Telephon sagt: »Und eine halbe Kiste Weißbier«, und wer dann, weil Hauptstadtpatriotismus gut gegen Heimweh ist, die Nachfrage des Getränkehändlers mit »Ja« beantwortet, »warum nicht einmal Berliner Weiße?«, der hat schon wieder einen großen Fehler gemacht. Die Berliner Weiße kommt in kurzen, knubbeligen Flaschen, die gleich nichts Gutes verheißen und von denen man zwei öffnen muß, um das Weißbierglas zu füllen. Mmmm. Ein Bier wie unsere Stadt. Die Ernüchterung ist überwältigend. Berliner Weiße schmeckt wie ... wie ein Mißverständnis, wie sauer gewordenes Helles. Das Verfallsdatum aber heißt 08.98, und auf dem Etikett steht: prickelnd säuerlich«, also absichtlich sauer. Brockhaus sagt, weil die Berliner Weiße »einer alkoholischen und einer Milchsäuregärung unterliegt.« Im Brockhaus steht auch das Gegenmittel: »Zum Genuß wird häufig Himbeer- oder Waldmeistersirup zugegeben.«

Wir hatten Heimweh und Durst dann schon eine ganze Weile mit Erdinger Kristallklar gelindert und die Milchsäuregärung in den niedlichen Flaschen hinten im Kühlschrank fast vergessen, als wir bei Bolle jüngst zu Ostern »Göbbers Grundstoff mit Waldmeistergeschmack« entdeckten. Auf dem Etikett stand: »Berliner Weiße bekommt mit diesem Sirup den richtigen Schuß.« Wenn wir seither großen Durst haben und einen Zorn auf München oder Gäste aus Frankfurt, trinken wir Berliner Weiße. Jawoll. Mit Schuß. Weil wir uns auskennen, nie ohne Strohhalm. Und Montag probieren wir's mal mit Himbeergrundstoff.

Ein Currywurstkönig in Steglitz

Hier geht es jetzt um Currywurst und Ketchup und darum, wie man König wird, Currywurst-König. Vor allem aber geht es um Harald Köhring, der aus Wittenberg stammt. Als er siebzehn war, ist er abgehauen aus der DDR, »aus Erlebnisdrang«, wie er sagt, »und weil ich mir im Westen eine bessere Zukunft erwartete. Außerdem konnte ich mich politisch nicht arrangieren.« Immer hatte er in Russisch eine Fünf, zum Beispiel. Sein Vater war im Krieg in der Sowjetunion umgekommen, und der Sohn hatte einen Widerwillen, Russisch zu lernen, »den habe ich mir auch nicht nehmen lassen.« Köhring arbeitete in Süddeutschland als Zeitschriftendrücker, bevor er in Düsseldorf eine Fleischerlehre machte. Als er zur Bundeswehr sollte, flüchtete er nach Westberlin – und da hat sie irgendwann begonnen, die bessere Zukunft, nach sehr viel harter Arbeit allerdings. Heute ist Köhring siebenundfünfzig, und er ist »ein Currywurst-König, der ein Stück Berliner Currywurstgeschichte geschrieben hat.«

So steht es in einem jüngst erschienenen Buch mit dem Titel ›Currywurst‹, geschrieben von Gerd Rüdiger, welches man in Buchläden, aber auch an Köhrings Wurstbude erwerben kann, für 19,80 Mark, ohne Ketchup. Dieser Laden befindet sich am Steglitzer Damm, links »Bolle«, rechts »Reichelt«, dazwischen sechs Quadratmeter Köhring, das heißt: Die Bude heißt »Krasselts Imbiss«. Aber sie gehört Köhring, der sie Herrn Krasselt vor zehn Jahren abgekauft hat, samt Ketchuprezept. Dieses Rezept ist hochgeheim, aber bevor wir darauf zurückkommen, erzählen wir noch aus Köhrings Leben.

Der junge Mann fing 1960 in einer Wurstfabrik an, in jener, die ihm heute Würste liefert. Dort arbeitete er von sechs bis vierzehn Uhr, für sechsundziebzig Mark pro Woche. Weil ihm das zu wenig Geld war, stand er von siebzehn bis dreiundzwanzig Uhr noch als Verkäufer in einem Imbiß, machte dann die erste eigene Bude auf, immer noch im Nebenjob, schließlich eine zweite – und kündigte in der Fabrik. Seitdem hat Harald Köhring nach und nach an die zwanzig Stände überall in Berlin gekauft, verkauft, verpachtet, vermietet. Meistens übernahm er sie günstig, steigerte mit Fleiß, Sorgfalt und Freundlichkeit den Umsatz und stieß sie zu einem besseren Preis wieder ab – worauf der Umsatz in der Regel wieder fiel. Das war Köhring aber wurscht.

So ist er wohlhabend geworden, ein ungemein freundlicher Mann mit wenig Haaren auf dem Kopf, ein bißchen abstehenden Ohren und einem leise melancholischen Zug um die Augen, wie man ihn in Gesichtern von Fleischern manchmal findet. Seit er eine Tochter hat, sie ist elf, nimmt er sich viel Zeit für die Familie und bewirtschaftet nur noch die Bude in Steglitz – aber die hat es in sich. Köhring sagt, er würde sie nicht für eine Million Mark verkaufen. Wieviel Umsatz er macht, verrät er nicht, auch nicht, wie viele Würste er jeden Tag verkauft. Er sagt bloß, daß es sich um einen mittelständischen Betrieb handele, und erwähnt, ein Betrieb gelte als mittelständisch, wenn er mehr als 1,1 Millionen im Jahr umsetze.

Vor »Krasselts« steht immer mindestens eine kleine Schlange von Leuten, die gerne Currywurst essen, und fragt man Köhring, warum der Zuspruch so groß sei, hält er eine Vorlesung über Appetit und Eßgewohnheiten des Berliners, über Würste und Ketchup. »Der Ketchup«, sagt er, »ist das A und O. Die Leute wollen *viel* Ketchup.« Bei ihm liegt die Wurst deshalb unter einer dicken roten Decke, und fünf Autominuten weiter, in der Pichelsdorfer Straße, hat er eine Ketchupküche, in der er alle zwei Wochen Sauce produziert, immer hundertfünfzig Eimer auf einmal: Zehn Eimer pro Tag werden in der Wurstbude verbraucht. Das sind hundert Liter, mithin dreißig Hektoliter pro Monat.

In einem kleinen, mit einem Holztürchen verschlossenen Kabuff verbirgt Köhring die Gewürze für sein Geheimrezept, von welchem es zwei Exemplare gibt, eines in seinem Kopf, ein anderes im Banksafe, beide unverkäuflich. Diese Gewürze rührt er allein an, bei den restlichen Arbeiten hilft ein junger Mann: Daß zu gutem Ketchup Tomaten- und Apfelmark gehören, kann ja ruhig jeder wissen. Übrigens bestellt er pro Jahr über zwanzig Tonnen Tomatenmark, meistens aus Portugal, und bevor er ordert, läßt er sich Proben schicken. Gutes Mark müsse eine leichte Säure haben, sagt er, und es dürfe nicht, wie oft der Fall, mit zuviel Salz gebunden sein.

Die Wurst selbst ist bei »Krasselt« eine feine, ausschließlich aus Fleisch gefertigte Bratwurst ohne Haut, gepudert mit Curry- und Paprikapulver, begossen mit einem Schuß Worcestersauce sowie eben Ketchup. Sie darf nur einmal in der Mitte durchgeschnitten sein, und in jedem Ende soll ein splitterfreier Buchenholzspieß stecken, als wär's ein Lutscher. Köhring haßt es, wenn der Verkäufer die Wurst kleinschnippelt »wie Hundefutter« und Plastikgabeln zum Verzehr ausgibt. Abscheu wandert wie ein Regenschauer über sein Gesicht, als er berichtet, daß man »in Westdeutschland« nicht selten Würste aus dem Kessel als Currywürste verkaufe – Beweise dafür, daß man nur in Berlin wisse, wie Currywurst aussehe und schmecke: Hier werden pro Jahr siebzig Millionen verzehrt, und hier ist die Currywurst ja auch erfunden worden, von der Standbesitzerin Herta Heuwer am Stuttgarter Platz, die, über achtzig Jahre alt, in Charlottenburg lebt und ihr Saucenrezept heute noch hütet, obwohl sie seit Jahrzehnten im Ruhestand ist.

»Der Berliner«, sagt Köhring, »will einfach auf der Straße essen. Wenn er in einen Laden oder ein Lokal gehen muß, hat er schon Angst, daß er Zeit verplempert. Er ist grundsätzlich ein eiliger Mensch. Alles muß schnell gehen, die Wurst muß fertig sein, wenn er kommt. Aber er will auch seinen Geschmack haben, und deshalb kommen die Leute von weither zu uns, wegen dem Ketchup, zu neunzig Prozent Stammkunden. Manche nehmen bis zu sechs Würste auf einmal, und zwei ist eigentlich das Minimum.« Currywurst werde »zusätzlich gegessen«, sagt er, zwischen den Mahlzeiten, von manchen Leuten täglich, ihm selbst übrigens auch, seit fünfunddreißig Jahren: »Ich kann's einfach nicht lassen.« Übrigens trinkt er Kakao dazu, »im Winter warmen«, weil er findet, »das Milchige und das Süße« passe am besten zum Ketchup. »Cola geht auch, aber ich bin nun mal kein Cola-Trinker.« Als Beilage sei Kartoffelsalat zu empfehlen, auch wenn es mancher nicht glauben wolle, sonst ein weiches Milchbrötchen zum Auftunken.

Bei »Krasselts« werden die Brötchen vom Vortag an die Schulkinder verschenkt, mit Ketchup drauf natürlich, sagt Köhring, und er fügt lächelnd hinzu: »So gewöhnen sie sich schon dran, und wenn sie später Geld haben, kommen sie Currywurst kaufen.«

Axel Hacke

Die Bulette

von Renée Zucker

Zuerst nannte der Berliner einen fetttriefenden, plattgeklopften Fleischklops Bulette, danach ein Nilpferd im Zoo und zu guter Letzt rief man weibliche Polizisten mit diesem Namen. Die Reihenfolge mag auf den gesellschaftlichen Abstieg hinweisen, den die Volksspeise im Laufe ihres Daseins erleben mußte. Wenn in einer Ruhrgebietsfrikadelle mehr eingeweichte Brötchenbröckchen als durchgedrehtes Fleisch drin waren, nannte man es resigniert »Frikabrötchen«. Der Berliner hingegen, stolz auf seine Fähigkeit, aus der Not eine Tugend zu machen und in Ermangelung anderer Magie, verlieh den Ehrentitel »Verzauberte Schrippe«. Bösartig könnte man diese Schönrederei als Hinweis darauf verstehen, daß man sich hier nicht gerade im Gourmet-Paradies befindet, andererseits ist der Inhalt der Bulette tatsächlich mit einem Mysterium zu vergleichen: Man weiß nie so ganz genau, woraus sie besteht. Zu erkennen ist es in den seltensten Fällen.

Der ideologische Streit wird ausgefochten, solange es den Hackfleischkloß gibt: Rind und Schwein gemischt oder nur Rind, das ist hier die Frage. Die Charlottenburger Kiezmetzgerin gesteht: »Bei uns im Laden isse gemischt, ssu Hause nehm ick nur Rind.« Ssu Hause oder im Jrünen, dort wird die Bulette genossen, ob eigenhändig zubereitet oder im vertrauenswürdigen Laden gekauft. Seit der Berliner sich an die Multikultur gewöhnen mußte, tut mancher mittlerweile sogar heimlich schon mal ein bißchen Schafskäse und Petersilie dazu. Auch wenn es so scheint, als ob die schweinerne Currywurst der Bulette inzwischen den Rang abgelaufen hat: kein Picknick auf der Wiese ohne sie und den öligen Kartoffelsalat.

Das Kostbare in unverschämten Mengen

Noch ein Nachruf auf Westberlin

Ach, wo sollen wir den Spargel essen, der so wunderbar in Beelitz wächst? Wir haben einiges versucht in dieser halbfeuchten Maienwoche. Saßen im »Borchardts«, das revolutionäre Lafayette vor Augen, am Nebentisch allerschönste Friseurmodels, Mann und Weib und braun und weiß, rund um uns die neuen Eigentümer der Mitte, Dreitagestoppeln über benutzerfreundlichen Oberflächen (es gibt eine neue Angestelltenkultur der gehärteten Willfährigkeit; Heiliger Kracauer, komm noch einmal und beschreibe auch diese!). Und der Spargel dort? Nun, vor allen Dingen war er bemessen, das Äußere leicht nachgebend, der Schinken dafür an den Rändern leicht gehärtet, die Bedienung semmelweich.

Anderntags hat man uns in die Bergstraße bestellt, zu »Maxwell's«. Draußen die letzten Maschinengewehrgarbennarben in der wundersam wohnlichen, kaputten Ostpflasterstraße, drinnen werden schon beim ersten Gang Verlagsprogramme und Feuilletonchefs und Senatskabalen gereicht. Die Männer im »Maxwell's« rauchen Zigarren, die Frauen haben das geistige Berufsleben im Gesicht, zwischen den Aktienkursen von McDonald's, Halbsätzen über Radunski und neue Formate im Fernsehen weht gelegentlich ein verlorenes Dichterwort durch den Raum, und alle miteinander forschen ständig im Auge des Gegenübers, wie's denn gemeint sei. Deshalb schaut kaum einer auf den Teller. Dort lag ein halbes Dutzend weißer knackiger Stangen artig neben einem soufflézarten Kalbsteak, und die weißliche, kräftige Hollandaise war auf's Molekül genau halbflüssig und heiß. Das war schon mal nicht schlecht. Und doch: Irgend etwas fehlt. Es ist nicht die Soße, es ist nicht die Beilage, was ist es? Wie ißt man Spargel in Berlin? Und wo? Und warum ißt man bei »Arbeitsessen« – vulgo auf fremde Kosten – immer so unaufmerksam? Der Selbstversuch währte eine Woche, es wurde nicht anders. Nun gut, die Haare werden grau und der Herrgott nimmt auch sonst allmählich den Glanz aus der Welt. Aber gilt das nun etwa auch schon für Spargel? Frühling, wo bleibst du? Keine Antwort. Wieder ein Ende.

Dann das Wochenende. Und der Anruf: Hast Du in diesem Jahr schon ...? Wie konnten wir es vergessen? Spargel, das ist, wie die ›taz‹, wie das »Tempodrom«, wie so vieles, das uns groß gemacht hat in Berlin (West), Spargel, das ist ein Projekt. Spargel ist nichts anderes als Konsum, und Spargel ist nicht Besitzindividualismus. Mit dem Spargel kommt die Neue Zeit. Also machen wir's noch einmal. Telefonkette: Einer holt den Spargel vom Winterfeldtmarkt, wo die Kulturkreise Schöneberg und Kreuzberg aufeinanderstoßen, wo Dessousparadiese, Antiquariate mit wohlfeilem 18. Jahrhundert, Rollerbladefahrer und verrauchte Zeitungscafés, Art déco und traditionelle Federbettenläden eine stabile Seitenlage abgeben. Und zwar kalkulieren wir ein Kilogramm Spargel pro Mensch – denn Spargel, das ist Masse, aristokratisch zwar, aber vor allem Masse. Die Schnitzelchen besorgt die Freundin bei Bachhuber in der Güntzelstraße, wo verbeamtete Marxisten und freischaffende Kritiker um artreine Blutwurst und weiche Westfälische anstehen, die Sorge um den Weltmarkt ins Gesicht geklöppelt, Buch- und Fleischpaket gut balanciert.

Und während sie noch alle unterwegs sind nach Kartoffeln und Wein, entrümpelst du den Balkon, findest die Weinkartons von vielen letzten Geburtstagen, und hinter der blätternden weißen Bank die ›Geschichte der Soziologie‹ von Wolf Lepenies. Ach, wie haben wir sie geliebt, die Soziologie. Ungepflegter Schnittlauch ist übriggeblieben, aber wir sollen, sagt man, unseren Garten bestellen. Also Küchenkräuter gepflanzt, bis es wieder wie bei Zwerg Nase riecht, die Fliesen geschrubbt, nach langem Gedenken den zerfetzten Korbstuhl vom Sperrmüll weggeworfen. Ach, wie haben wir sie geliebt die siebziger Jahre, als man die Möbel von der Straße holen konnte, als einmal, wie in der Theorie, der Wohlstand von oben nach unten tröpfelte. Das war die Anarchie, der Senat hat es abgeschafft. Streunende Sammler, Skatspieler an ausrangierten Tischen, fröhliche Menschen in breiten Straßen, das war zu gefährlich.

Viel Arbeit also, den ganzen Samstag. Dann kommen sie, und der Rest ist pure Lust. Vier scharfe Messer, ein Küchenradio – um siebzehn Uhr sendet SFB 3 seit hundert Jahren zuverlässig »Gulliver«, quält die Großen und kämpft für die Kleinen, begleitet den Sozialarbeiter auf seinem schweren Gang und Lummer in dunkle Etablissements in der Kantstraße. Unmengen weißer Späne fallen auf die Küchenfliesen, und ewig nörgelt einer, die Schalen seien zu dick. Wasser sprudelt, und wie seit Generationen wird die Frage konkret gestellt: ob Zucker ins Spargelwasser gehört. Und wiederum nicht beantwortet. Dann sitzen wir im Abendlicht hinter dem Ahorn, der alle Blätter ausgefahren hat nach diesem schlimmen Winter und essen Spargel aus Brandenburg.

Wie haben wir sie geliebt ... Nein, die DDR haben wir nie geliebt, aber Beelitz kannten wir schon vor den zugereisten Neuhauptstädtern, die jetzt den Spargelpreis nach oben treiben. Es ist noch etwas kühl auf dem Balkon, aber die Schnitzel sind heiß, Spargel gibt es zweimal, mit dreierlei Soßen: holländisch, gebuttert und à la Fontenellc. »Wir wissen nicht, woher er kam«, ruft irgendwann ein notorischer Aufklärer ins aufsteigende Dunkel, verschwindet in der Bibliothek, aber die gibt auch nicht viel her zum Asparagus officinalis: Wir begegnen ihm in der Antike, aber woher kam er? Aus dem Orient oder aus Marokko? Oder mit den Zugvögeln aus Riga oder Meppen? Aus Beelitz gar?

Ach, es gibt Geheimnisse, die bleiben. So soll denn wenigstens eines hier enthüllt werden: Das Geheimnis des Berliner Spargels ist der Berliner Balkon. Denn Spargel, das ist Familie. Und Familie in Berlin (West), das war mehr als Vater und Mutter, es war die WG, der Ort, an dem die Wahlverwandtschaft zur materiellen Gewalt wurde. Und WG fand ab Mai auf dem Balkon statt, der hier in den Gründerjahren so geräumig war, daß man behaglich und zu acht auf ihm essen konnte, unter sich die Bäume, von denen es so reichlich gibt in dieser Stadt. Es gibt Genüsse, die von der Wiederkehr leben. Das sind die ewigen Genüsse. Spargel zum Beispiel, den schon Juvenal bejubelte. Oder diese langen Abende auf Westberliner Balkons, an denen wir noch einmal WG spielen, diese alten Abende wiederholen, an denen sich westliche Schärfe mit östlichem Zeitgefühl zu mischen lernten, im Schutze der Mauer und subventionsgestützt: Das war nicht Westbindung, das war nicht Verostung, das war menschliches Maß. Und diese Gespräche auf Westberliner Balkons, in der mentalen Mitte zwischen Paris und Omsk, Kirschgarten und schmutzigen Händen, Habermas und Oblomow – die sind wie guter Spargel. Denn es gibt in der Welt eine Qualität, die rar ist; das Zarte, das nicht weich wird, das Kostbare in unverschämten Mengen. Da kommt die zweite Ladung, und es wird still, denn Spargel fordert Kontemplation, auch wenn genug da ist: Er bleibt aristokratisch. Auch der Meursault ist endlich kalt genug.

Später erst bereden wir den Abfall Brandenburgs, die taz-Krise und die Globalisierung. Unten üben Kinder lachend die türkischen Ü's, ganz leise klingeln die Radglocken, und mit Pullovern und Geheimnis im Gesicht kommt einer vom Plattenspieler. Erzählt, wie Samuel Beckett einmal ein deutsches Wort für »tender« suchte. Und wie ihn ein Freund am Morgen danach gefunden habe, im Schaukelstuhl, die leere Whiskeyflasche am Finger baumelnd. »I got it«, habe er kichernd gejubelt, »it's mo-zart«. Jetzt wird es aber Zeit für die Kerzen, noch einmal zischt die Butter, aus der Wohnung kommt das B-Dur-Klavierkonzert, andante, und bis zu den Erdbeeren ist es noch sehr weit.

Mathias Greffrath

Im Westen nichts Neues

Natürlich ist in Charlottenburg heute überhaupt nichts mehr so, wie es damals war. Denn damals war bekanntermaßen alles besser. Auch in Charlottenburg. Damals jammerte kein Boutiquenbesitzer in der Bleibtreustraße über mangelnde Kundschaft oder überteuerte Mieten. Heute biedern sie sich entweder durch längere Geschäftszeiten an oder ziehen nach Hamburg. Damals stank es nicht so penetrant aus den Gullis und die Penner konnte man in dieser Gegend an zwei Händen abzählen. Heute hat der Bezirk kein Geld mehr fürs Abpumpen der Gülle und die Alkis streiten sich mit den Arbeitslosen um die Bänke in den Grünanlagen. Damals war die jüdische Gemeinde in der Fasanenstraße klein aber fein, heute wird sie von einer russischen Mehrheit bestimmt. Damals brauchte man mit dem Auto gerade mal zwanzig Minuten vom Savignyplatz bis zum Heinrichplatz, auch wenn jemand vom Savignyplatz kaum Sehnsucht nach dem Heinrichplatz verspürte, es sei denn, man hatte Besuch aus Westdeutschland und der blieb trotz aller Ausredungskünste hartnäckig bei seiner Vermutung, das echte Berlin sei nur in Kreuzberg zu finden. Damals waren auch die Besucher bescheidener gewesen. Heute braucht man tagsüber nahezu eine Stunde, und die westdeutschen Besucher müssen unbedingt den Kollwitzplatz und auf jeden Fall die Oranienburger sehen.

Am Savignyplatz hingegen finden sich außer russischen Geschäftsleuten nur noch die ein, die weiterhin darauf beharren, daß sich nichts verändert habe. Ihr Berlin fand schon immer in Charlottenburg statt, wo schließlich vor dreißig Jahren Benno Ohnesorg erschossen wurde, was für sie in gewisser Weise ein ebenso historischer Moment wie der Mauerfall war. Sie bewegen sich immer noch auf der Fußgängerzone der Wilmersdorfer und bei Rogackis Delikatessen, in den, wenn auch schlechten, so doch einigermaßen internationalen Restaurationen im Ägyptischen Museum, auf dem überteuerten Flohmarkt, in Premierenkinos mit Off-Charakter, der Deutschen Oper, dem Schloßpark

Schloß Charlottenburg

und nun auch noch im schön renovierten Stüler-Bau bei der Berggruen-Sammlung. Nicht wie früher die Polen vor Aldi, nein, wie die Pariser vor dem Grand Palais, so stehen wir geduldig Schlange, um Picasso, Klee und van Gogh zu bestaunen, als hätten wir derartiges nicht schon längst in Antibes, New York oder sonstwo gesehen ... Der Charlottenburger steht auf Berggruen, »weilet ihm hebt« und für einen Moment die Illusion schafft, daß die bemerkenswerten kulturellen Sensationen eben doch nicht alle im Osten stattfinden, wie es manche Zeitungen glauben machen wollen, indem sie Kolumnen mit »Ecke Friedrichstraße« oder »Gestern am Kollwitzplatz« überschreiben. Als gäbe es nicht auch aus den westlichen Stadtteilen erstaunliches zu berichten. Gibt es?

Seit nunmehr sechzehn Jahren gehen Herr und Frau Karsunke zwischen Mai und September jeden Morgen um acht Uhr ins Olympiabad. Dort durchpflügen sie gemeinsam mit den Herren Becker, Dolezol und Wirbitzki genau eine halbe Stunde lang die Fünfzig-Meter-Bahnen des Sportbeckens. Meistens nur auf Bahn sieben und acht, weil dort die Sonne zuerst scheint. Etwas unregelmäßig, und deshalb auch hin und wieder diskret gemahnt, gesellt sich noch das Fräulein Reinicke dazu. Bei all diesen vierzig- bis sechzigjährigen Herren und Damen handelt es sich um Charlottenburger Weltbürger, die laut eigenem Selbstverständnis allem Neuen gegenüber immer recht aufgeschlossen sind. Herr und Frau Karsunke haben natürlich sofort nach dem Mauerfall das ganze neuentstandene Natur-, Kultur- und Gastronomieprogramm absolviert – ihre Entdeckerfreude auf die Experimental-Gastronomie des Ostens blieb dabei zuerst auf der Strecke –, »aber die Natur«, zwitschert das Fräulein Reinicke zwischen zwei zierlichen Armstößen, »die Natur ist doch so herrlich!« »Die Natur ist letztendlich auch nur mitteleuropäisch«, rügt Frau Karsunke, »Sie müßten mal, statt immer nur auf ihre therapeutischen Manager-Workshops in die USA, zum Wandern nach Andalusien fahren, da wüßten Sie, was Natur ist – und überhaupt! Wieviel schöner als die ewigen Birkenwälder in Brandenburg ist doch der herbstliche Anblick einer rostroten Sumpfzypresse im Steglitzer Botanischen Garten, ganz abgesehen von der Lärche vor meinem Fenster.«

Geblieben sind den Karsunkes die regelmäßigen Besuche in Museum, Theater und Oper. »Und wenn ich in die Kneipe will«, sagt Frau Karsunke, »dann geh ich lieber um die Ecke in die Damaschkestraße, wo man mich kennt, und fahre nicht 'ne halbe Stunde zwischen Baustellen rum, um dann in fremder Umgebung ein Bier zu trinken.« »Aber die vielen Kurven sind doch aufregend«, japst Fräulein Reinicke, weil sie mangels kontinuierlichem Training mit Frau Karsunkes Tempo kaum mithalten kann, »man weiß um den Potsdamer Platz herum nie genau, in welche Richtung der Pfeil diesmal zeigen wird.« »Im übrigen ist das ein äußerst großstädtisches Verhalten«, fährt Frau Karsunke fort, ohne sich um Fräulein Reinickes kindisches Vergnügen an ständig veränderter Straßenführung zu kümmern. »Ich kenne Pariser, die noch nie in ihrem Leben in einem anderen Arrondissement waren, als in dem, wo sie leben. Der Großstädter ist einfach per se ein Kiezbewohner.« Herr Becker und Herr Dolezol nicken und gestehen schnaufend, daß sie sogar nach einem Besuch im Deutschen Theater ihren Durst bis zum »Zwiebelfisch« aufschieben, woraufhin Fräulein Reinicke beschämt zugibt, daß sie noch nicht einmal weiß, wo das Deutsche Theater ist. Allerdings, fügt sie hinzu, auch im Westen war sie das letzte Mal vor zehn Jahren im Theater gewesen, und da sei sie in der Pause gegangen. »Aber damals ging das ja noch, ohne daß einem in Gesellschaft der Gesprächsstoff ausging«, sagt sie verbittert, »man kannte Bruno Ganz oder Otto Sander schließlich aus der Kneipe, ohne sie jemals auf der Bühne gesehen haben zu müssen. Heute soll man sich ständig über Martin Wuttke, Heiner Müller oder gar seine Witwe unterhalten und darüber, ob der Osten wirklich Botho Strauss inszenieren kann. Wie sollten sie, wo die doch noch nicht mal wissen, was NLP ist, geschweige denn, wie eine Chakrenmassage wirkt ...«

Ihre Lieblingsgeschichte, mit der sie immer wieder beweist, wie inkompatibel die getrennten und wieder vereinten Geschwister sind, erzählt davon, wie sie einst mit einer östlichen Affäre – ein wesentlich jüngerer Mann und ehemaliges Mitglied des Stasi-Wachregiments Feliks Dzierzynski (»aber damals wußte ich ja gar nicht, was das bedeutete«) – ein Bild in einer Kirche betrachtete. Der Herr aus dem Osten fragte interessiert nach, wer die vier Männer waren, die um diesen Jesus rumstanden. »Er wußte tatsächlich nicht, was Apostel sind.« Nicht, daß sie selbst besonders fromm wäre, »aber das gehört doch schließlich zu unserem Kulturgut wie Cola zu Amerika!« »Nichts verstehen die da drüben«, stößt Wirbitzki hervor, der seit Jahren Kraulen übt und deshalb zum Ausatmen immer mit dem Kopf unter Wasser geht, »rein gar nichts«, und taucht wieder unter.

In schweigender Entrüstung setzt die Gruppe ihre wirbelsäulenunterstützende Gymnastik fort, bis Fräulein Reinicke Herrn Karsunkes letztes West-Ost-Sitzungs-Erlebnis mit ihrer letzten Gestaltgruppenerfahrung ergänzt. »Sie sind einfach zu kontrolliert, die Ostler – bis die mal weinen, das dauert.« »Also, da hab' ich allerdings ganz andere Erfahrungen gemacht«, übernimmt Herr Wirbitzki das Wort, während Becker und Dolezol die nächsten fünf Züge tauchend bewältigen, und berichtet von einer ORB-Redakteurin, die regelmäßig bei dem Hinweis, daß es »eben« und nicht »ebend« heiße, flennend aus den Nachrichtenkonferenzen rausrenne und sich auf dem Damenklo einschließe. »Also, ich weiß nicht, ob man die Zivilisiertheit eines Menschen daran messen kann, wie schnell er weint«, gibt der wieder aufgetauchte Herr Dolezol zu bedenken, »abgesehen davon, daß es doch schön ist, wenn sich regionsspezifische Unterschiede in der Sprache zu erkennen geben, Heiner Müller zum Beispiel...« »Ist eigentlich Ihr Besuch aus Schwerin schon wieder weg?« unterbricht Frau Karsunke und winkt grüßend ein paar neu Eingetroffenen am Beckenrand zu, während sie sich für die nächsten fünf Bahnen auf den Rücken dreht. Als Herr Dolezol resigniert nickt – die Abneigung der Karsunkes gegenüber seinem Lieblingsdramatiker Heiner Müller ist ihm hinlänglich bekannt –, hebt Frau Karsunke bauchmuskeltrainierend den Kopf und sagt versöhnlich, daß sie Herrn Dolezol ob seiner Geduld und Gastfreundschaft sehr bewundere. »Daß Sie überhaupt noch jemanden aus dem Osten kennen«, lobt jetzt auch das Fräulein Reinicke, dem unausgesprochene Konflikte eigentlich gegen den Strich gehen, »von all denen, die ich im ersten Jahr nach der Maueröffnung kennengelernt habe, läßt sich niemand mehr blicken, obwohl ich mich nicht erinnern kann, irgendwelche Witze auf ihre Kosten gemacht zu haben. Neue lerne ich privat gar nicht mehr kennen.« »Ich lern' auch nur noch Schwaben kennen«, bestätigt Wirbitzki, »schwäbische Statiker, schwäbische Architekten, schwäbische Akustiker, schwäbische Unternehmer...« »Und alle im City-Look«, ergänzt Herr Karsunke angewidert, »gestern nachmittag war die ganze Savigny-Passage voll von Männern mit Trenchcoat und Handy.«

»Schwaben kommen immer, wenn's was zu tun gibt«, weiß Herr Becker, der zum Verschnaufen ein wenig zurückgeblieben war und nun wieder aufgeholt hat. »Früher konnte man unheimlich gute Geschäfte mit Bildern von sächsischen Malern machen – seit der Maueröffnung gehen sie genauso schlecht wie alle anderen – ich tippe mal darauf, daß der kommende Trend in der Malerei von Schwaben bestimmt wird.« »Tatsächlich?« wundert sich Fräulein Reinicke. »Haben Sie vielleicht irgendwas von einem Stuttgarter rumliegen, was ich jetzt als Investitionsanlage kaufen sollte?« Herr Becker schwimmt schneller, weil ihm nicht nur Fräulein Reinickes Beziehung zur Kunst ein Greuel ist. Ständig belästigt sie ihn mit der Bekanntmachung der wöchentlichen Sonderangebote von Aldi und anderen Billig-Ketten, weil eine Verabredung zum Charlottenburger Filialen-Besuch dieser Etablissements mangels anderer Aufregungen der neueste Hit in der gehobenen Szene ist. »Und die russischen Maler?« fragt Herr Karsunke interessiert, »da gab es doch vor dem Mauerfall ganz vielversprechende Ausstellungen der Avantgarde aus Moskau und Petersburg...« »Die sind seit sieben Jahren hier und produzieren nichts mehr, weil sie ständig für sich oder andere Einwanderer Formulare für Stipendien ausfüllen«, murrt Becker verbittert, der neulich aus seinem billigen Loft rausmußte und in den letzten fünfzehn Jahren schon alle verfügbaren Stipendien in Anspruch genommen hat. »Noch eine Bahn, dann sind wir soweit«, ruft Wirbitzky und krault endspurtmäßig sieben Züge. Frau Karsunke atmet weiterhin regelmäßig und kündigt an, daß sie wegen Haarewaschens eine Bahn ausläßt, und Fräulein Reinicke probiert noch einmal schnell, aber erfolglos aus, ob unter Wasser singen tatsächlich Glücksgefühle hervorrufen kann.

Soweit ist im Aquarium alles beim alten geblieben. Der Snobismus versucht den Kopf über Wasser zu halten, wenngleich die Laune ein wenig gedämpfter scheint. Wir seien hier ein bißchen wie Untote geworden, meinte mein Freund Udo neulich, nachdem er das echte Leben zwei Nächte und einen Tag in den neuen Clubs entdeckt hatte. Die Clubs waren natürlich alle im Osten, und wahrscheinlich wird es sie schon lange nicht mehr geben, wenn diese Zeilen gedruckt sind, weil das zu dem neuen Leben dazugehört – möglicherweise Auswirkungen des Achtziger-Jahre-Credos, an nichts und niemandem anzuhaften. Begeistert schwärmte Udo davon, wie phantasierreich und liebevoll die verschiedenen Räume zum Trancedancen und Chillen gestylt seien und wie überaus freundlich die Leute gewesen seien. Sie lebten eben im geistigen Schutzraum der Armut, und das schaffe eine Atmosphäre wie in den Siebzigern bei uns, sagt er.

Plötzlich kommt mir die Idee, daß hierin möglicherweise der Grund für die kollektive Schwermut im Westen der Stadt liegt: Nicht nur, daß wir unweigerlich müder, zynischer und älter geworden sind und mittlerweile daran denken, daß wir diejenigen sein werden, denen die fröhlichen, Ecstasy- und DMT-fressenden Kids die Rente durch endloses Tanzen verweigern, nein, eben diese Kids haben uns außerdem die einzigartigen Privilegien unserer eigenen swingenden Insel-Idyllen-Vergangenheit weggenommen.

Ihre Parties scheinen abgefahrener, als es unsere je waren; ihre Mädchen mutierten von der Provinznudel plötzlich zum selbstbewußten Girlie, ohne zwischendurch Latzhosen getragen zu haben (aber dafür müssen sie statt Hera Lind Sahra Wagenknecht aushalten). Sie lieben ihren Prenzlauer Berg und ihr Friedrichshain so begeistert, als hätten sie das Kiezbewußtsein neu erfunden. Selbst die wegen billigeren Mieten hinzugezogenen Westler geraten beim Renovieren ihrer ofenbeheizten achtundfünfzig Quadratmeter in Euphorie. »Auf unserem Markt am Boxhagener Platz gibt es *drei* Stände mit Spreewälder Gurken«, mmhh wie lecker aber auch, man mag gar nicht mehr nachfragen, was es an den anderen fünf Ständen gibt. Gegen unseren Mißmut und Neid trumpfen sie mit unbekümmertem Trotz auf – immerhin sind sie erst süße acht und wir schon welkende zweiundfünfzig Jahre in diesem unserem Lande. Aber trotz aller Melancholie und des Verzichts auf zuziehende schwäbische Hausbesetzer (die jetzt den Osten als Spielplatz bevorzugen) kann sich der Westen mit dem Gedanken trösten, daß selbst das vollkommenste Plagiat nur so lange funktionieren kann, wie das Original weiterlebt.

Renée Zucker

Der Pandabär

von Axel Hacke

In seiner Heimat Südwestchina lebt der Pandabär in nebligen Bergwäldern, in Berlin aber wohnt er nahe dem Bahnhof Zoo, zwischen der Amurkatze und der Tüpfelhyäne, gleich beim Langnese-Stand. Er frißt acht Kilo Bambus täglich, außerdem Obst, Hühnerfleisch und süße Suppe, dies stets um drei Uhr nachmittags. Dabei sieht ihm eine Menschenmenge zu, was dem Pandabären nichts ausmacht, obwohl er in Südwestchina, wie Zoologen berichten, gern allein zu Tische sitzt. Er ist eben schon sehr lange hier, seit 1980. Damals schenkte ihn der chinesische Partei- und Regierungschef dem Kanzler Schmidt, welcher ihn aber im Hamburger Reihenhaus nicht unterbringen konnte und nach Berlin weiterreichte. Hier hat man für Bären immer Verwendung, besonders wenn sie süß aussehen und die Einnahmen des Zoos aus dem Verkauf von Eintrittskarten um dreißig Prozent steigern.

Der Pandabär heißt Bao Bao. Seine Frau Tian Tian ist vor elf Jahren gestorben, die Ehe blieb kinderlos. Später wurde er einmal für kurze Zeit nach London geschickt, um mit der dortigen Bärin Ming Ming Kinder zu machen, welche aber keine Lust hatte. Deshalb biß Bao Bao der Ming Ming aus Wut ein Ohr ab, fraß sehr viel Hundekuchen und kehrte mit zehn Kilo Übergewicht zurück. Nun hat Anfang 1995 Bürgermeister Diepgen aus China, wo er eine U-Bahn und eine Filiale der Dresdner Bank einzuweihen hatte, die Pandafrau Yan Yan mitgebracht. Sie wird fünf Jahre hierbleiben und vielleicht auch einmal mit Herrn Bao Bao Trickitracki mache, wenn der Langnese-Verkäufer endlich mal wegguckt. Sollten aus dieser Verbindung wunderbarerweise Pandabärchen hervorgehen, wird der Vater Ehrenbürger der Stadt und die Gleisstation gegenüber in »Baos Bahnhof« umbenannt.

Das Bovril

Es gibt zwei ernsthafte Gründe, ein Restaurant zu favorisieren: gutes Essen und angenehmen Service. Das Bovril auf dem Ku'damm, Höhe Olivaer Platz, hat beides, wobei die Rezensentin gestehen muß, daß sie noch mehr als das Essen die wohlgeformten Kellnerpopos unter frisch gestärkten, knöchellangen Schürzen zu schätzen weiß. Um jeglichem Sexismusvorwurf entgegenzutreten, sei erwähnt, daß auch die Gesichter der Kellner recht ansehnlich sind, wenngleich das Verblüffendste ihre Bildung ist.

Eine New Yorker Journalistin versuchte neulich vergeblich, ihrer deutschen Freundin das Wort für einen Vorfall im 19. Jahrhundert zu entlocken, bei dem, wie sie behauptete, aufgebrachte Handwerker gegen Maschinen tätlich geworden seien. Verzweifelt suchte die im 19. Jahrhundert überhaupt nicht Beheimatete nach irgendeinem passenden Wort, da stellte Herr Max die vorzüglichen Cappuccini vor die beiden und sagte lächelnd »Weberaufstand« – unbeschreiblich die Wirkung auf die snobistische Kosmopolitin: »Also, das haben wir in New York nicht.« Aber woher sollten kellnernde Schauspieler in Amerika so etwas auch wissen?

Die Choreographie des gebildeten Service-Ballets im Bovril korrespondiert in einzigartiger Weise mit dem großzügig gestalteten Interieur der weiten Räume, in denen nichts deplazierter wäre als der Wunsch nach Wohnzimmergemütlichkeit. Wenn die fleckenlos Beschürzten in unauffälliger Geschwindigkeit zum beruhigenden Summen der Ventilatoren Speise und Trank an die klassisch gedeckten Tische bringen, genießt der Gast auf braunen Lederbänken vielmehr die Qualitäten der Anonymität. Es verbietet sich von selbst, in die Ecke zu schauen, wo Klaus Maria Brandauer ein Glas Veltliner zu sich nimmt und auf ein junges, gelbhaariges Mädchen einredet, da kann man schon eher die beiden älteren russischen Unternehmergattinnen beobachten. Vom Kopf bis zur Taille mit Gold geschmückt, vergleichen sie mit glitzerndem Triumph in den Augen die Einkaufsausbeute ihrer Tüten des benachbarten Versace-Salons und genehmigen sich sichtlich zufrieden einen Kaffee mit Likör. Sie haben den besten Platz des Etablissements: die Ecke gegenüber der Theke, auf deren Tisch immer das »Reserviert«-Schild thront und dezent verschwindet, wenn der richtige Gast naht.

Der richtige Gast im Bovril muß nicht unbedingt nach Geld riechen, er sollte aber gutes Entertainment für die Bediensteten versprechen. Dann darf er ruhig auch nur eine der exzellenten Vorspeisen vertilgen oder sich als Kenner ausweisen und das trefflich staubtrockene Wiener Schnitzel mit knusprigen Bratkartoffeln und dem triefenden Gurkensalat bestellen. In Wirklichkeit sind es doch die Kellner, derentwegen man immer wieder gern kommt.

Renée Zucker

Alter Spielplatz, neuer Spielplatz

Die Oranienstraße

Reinhard Götze hat mit seinen vierzig Jahren alles, was ein moderner Mensch von der Oranienstraße haben muß, zum Beispiel ewige Jugendlichkeit, westdeutschen Akzent und ein einigermaßen florierendes Geschäft. Die Jugendlichkeit kann man unter anderem daran erkennen, daß Götze, eine Baseballmütze über die Stirn gezogen, lässig am Regal in seinem Kleiderladen lehnt und die abgewetzte Brieftasche sucht, wenn ein Kunde bezahlen will. »Würf ma rübber«, ruft er schließlich seiner Assistentin zu, nachdem die Laut gegeben hat, daß sich die Kasse in ihrer Gewalt befindet.

Der echte Berliner hätte nicht »rübber«, sondern »rüba« gesagt, das ist der kleine Unterschied. Aber in der Kreuzberger Oranienstraße gibt es kaum echte Berliner. Es gibt fast nur Leute, die aus Istanbul und Itzehoe, Ankara und Aschaffenburg, Bursa und Bad Salzuflen hierhergezogen sind, wobei die Ankömmlinge aus der deutschen Provinz es mit ihrer Schnoddrigkeit geschafft haben, daß die Touristen sie für echte Berliner halten.

Bei längerem Aufenthalt würden die Besucher freilich eines bemerken: Ein richtiger Einheimischer hat die Gabe, sich straff aufzurichten und im Ernstfall Sätze wie diesen zu sprechen: »Meine Dame, darf ick Sie berichtijen ...« Der geborene Zugezogene kann das nicht. Und er will es auch nicht. Er hatte sich ja in den sechziger und siebziger Jahren gerade deswegen in der Oranienstraße niedergelassen, um solche bürgerlichen Worte nie mehr in den Mund nehmen zu müssen. In Kreuzberg tobte das unnormierte Leben. Subkulturelle und Weltverbesserer, Genies und Faulenzer trafen sich im Schatten der Mauer, wo sie nach ihrer Fasson zu leben versuchten und noch nicht ahnten, daß sie einmal als bemitleidenswerte Armee enden würden, mit Generälen, Unteroffizieren und Fußvolk, mit schwarzer

Uniform und einem Ton, der nicht mehr anarchisch klingt, sondern nur noch folkloristisch. Eine Attitüde, nichts weiter. Kein Ziel.

Reinhard Götze gehört zu den mittleren Dienstgraden. Er ist weder Rechtsanwalt geworden noch Berufsstudent, er ist ein rechtschaffener Händler geblieben, nur, daß er sich ein bißchen vergrößert hat. Nachdem er aus einem kleinen Ort an der holländischen Grenze nach Berlin gekommen war, begann Götze mit einem Secondhandshop. Jetzt hat er in seinem Laden Ware für hundertfünfzigtausend Mark. Er pflegt sein nonkonformes Image. »So was wie ›Diesel‹-Jeans«, erklärt er stolz, »führe ich nicht.« Dafür biegen sich die Tische unter »Gap-Star«-Klamotten, und seine Kunden gleichen sich auf wundersame Weise in ihrer kalkulierten Abgerissenheit. Manche drücken ihm wortlos die Visa-Karte in die Hand. »Die schiebe ich da eben durch«, sagt Götze und weist mit dem Daumen hinter sich zum Regal, wo das kleine, schwarze Gerät steht: Zeichen einer Konsumgesellschaft, die von den Kreuzbergern einst nachdrücklich abgelehnt worden war.

Sie hat sich partout nicht verhindern lassen. Und also entstand auch hier, auf dem Terrain der Kommunarden, ein Oben und Unten. Götze ist einigermaßen oben. Er präsentiert eine kaufmännische Rechnung, derzufolge achttausend Mark Umsatz pro Quadratmeter der Jahresdurchschnitt in seinem Gewerbe sind. Er liegt darüber. Aber links und rechts von ihm in der Oranienstraße schließt ein traditionsreicher Laden nach dem anderen. Einige Besitzer haben es satt, jeden Morgen mit der bangen Frage aufzuwachen, ob wohl schon wieder eingebrochen worden sei, andere können die Miete nicht mehr bezahlen. Im Januar zum Beispiel hat der linksorientierte Verlag »Elefanten-Press« sein Geschäft dichtgemacht, obwohl es immer gut frequentiert gewesen war. Wer vom Chef des Unternehmens, Erik Weihönig, Genaueres wissen will, kommt gar nicht dazu, seine erste Frage zu beenden. Sobald das Thema angeschnitten wird, gerät Weihönig derart in Braß, daß er sofort dazwischenruft: »Fünfzig Mark pro Quadratmeter! Fünfzig Mark hat der neue Besitzer gefordert. Steigerung um über hundert Prozent. Da ist uns die Lust vergangen. Schluß, Aus, Ende. Das wollten Sie doch wissen, oder?«

Genau. Und schon spurtet der Mann vom Konkreten, seinem Geschäft, zum Allgemeinen, dem alternativen Stadtbezirk. »Kreuzberg«, schimpft er, »ist zugeschissen, der Deckel ist vom Kessel, kein Druck mehr, keine Kreativität, wir haben mit 'ner Miete von einer Mark vierzehn angefangen, das war das richtige Umfeld, befruchten ist ja 'n schreckliches Wort, aber damals haben wir uns alle gegenseitig befruchtet, und jetzt?!«

Jetzt braucht man nur durch die Oranienstraße zu stapfen, einmal hoch, einmal runter, einmal bei Tag, einmal bei Nacht, um in eine anhaltend lethargische Stimmung zu verfallen. Man spürt, da war einmal etwas. Die Hauptstraße des widerständischen »gallischen Dorfes«. Das Zentrum des »Biotops«. Und was es sonst für Vokabeln gab. Alle reden sie noch davon. Wie eine Szene-Generation die andere abgelöst hat; alle fünf Jahre eine neue Belegschaft. Wie voll die Kneipen waren; bis auf den Bürgersteig quoll das Publikum. Es war die Hölle, sag ich dir, sagt so gut wie jeder verträumt. Aber das »Du«, diese immer noch gängige Anrede, ist ein trauriges, fremdes Wort geworden. Es prallt von einer Wand zur anderen als einziges bewegliches Element in den fast leeren Etablissements. Es löst nicht die Erstarrung. Es täuscht nur notdürftig über den Stillstand hinweg wie der Verkehr, der über die Oranienstraße flutet. Durchgangsverkehr.

Die hier leben und arbeiten, wissen schon, warum keiner anhält. Der Osten hat sowohl die kreativsten Köpfe der Kreuzberger Szene gewonnen als auch deren Anhänger. Halb sind sie von selbst gegangen, halb hat man sie gedrängt. Die Vertreibung aus dem Paradies begann unmittelbar nach der Maueröffnung. Bis dahin war Kreuzberg der bestsubventionierte Abenteuerspielplatz der Welt. Über eine Milliarde Mark sind in all den Jahren bis 1989 hier hineingepumpt worden. Was das betrifft, war es ein sehr sozialistischer Bezirk. Die Alternativen haben das Geld genommen, damit die Bruchbuden, die von ihnen besetzt worden waren, saniert und die Häuser schließlich billig gekauft. Ein paar von ihnen hielten weiterhin revolutionäre Reden, andere erhoben die Straßenschlacht zum Ritual. Es entstand das Trugbild einer Enklave voller Selbstbestimmung. In Wirklichkeit hat der Senat mit viel Geld die aufmüpfige Szene befriedet. »Allein am Wassertorplatz«, erinnert sich Hans-Robert Angst, »ist eine Million für Kunst am Bau verbuttert worden.«

Angst ist zweiundfünfzig und hat einen dichten, grauen Marx-Bart. Wenn er redet, fährt er unablässig mit der Hand durch die Haare, unter denen sich sein Kinn befinden muß, und verleiht damit jedem seiner Sätze besonderes Gewicht. Er gehört nicht zu denen, die sich sonderlich viel vormachen über die einstige Freiheit. »Die haben doch hier nur deshalb so viel reingesteckt, damit sie den Osten ansäuern konnten«, sagt er. »Wir waren Puppen im Spiel der Großmächte.« Und als das Theater endete, wurden die Puppen fallengelassen. Oder besser: ins wahre Leben verabschiedet. Kreuzberg rückte vom Ende der Welt in die Mitte Berlins. Spekulanten, die zuvor den Bezirk gemieden hatten, weil er mehr Ärger versprach als Rendite, strömten herbei. Das Umgraben des Spielplatzes begann. Schon 1991 erreichten einige Gewerbemieten in der Oranienstraße Kudamm-Niveau. Bis 1994 wurden zweihundert Kreuzberger Künstlern die Ateliers gekündigt.

Die Menschen, die geblieben sind, sehnen sich zurück nach ihrer verrückten, sicheren Idylle und ähneln in der Larmoyanz, mit der sie sagen, Kreuzberg ist tot, ihren Brüdern und Schwestern aus dem subventionierten Osten, über die sie sich mokieren. Seit der Maueröffnung, schimpfen sie, sei es bergab gegangen. Reinhard Götze zum Beispiel ärgert sich, daß hinter der Oranienstraße nicht Prenzlauer Berg beginnt, »sondern öde Plattenbauten stehen«. Keine Kundschaft von dort. Keine Ideen, von Befruchtung gar nicht zu reden. Kleinbürgertum. Die Umstände also bedingen die Misere. Die große Vereinigung zweier ordnungsfreudiger Deutschländer erstickt das kleine Kreuzberg und die Idee vom liebenswerten Chaos, die dort wohnte.

Manche haben schon im November 1989 gewußt, daß es so kommen würde, und niemand hat es besser erklärt als die Französin Kits Hilaire in ihrem Buch ›Berlin, dernière‹: »Ich hämmere. Wütend. Hämmere auf die Mauer ein, auf mein Leben, auf den kommenden Tod, auf das Erwachsenwerden, auf alle Zerstörer der Mauer, alle Zerstörer der Hoffnung, auf die Republik Kreuzberg, auf die schwarze Fahne, ich hämmere, ich hämmere auf die zerstörte Mauer, zerstört von all den Leuten.«

Das Mädchen aus der Fremde ahnte den Widerspruch: Das bunte, freie Kreuzberg brauchte die graue Mauer, weil sie den biederen Sozialismus ebenso fernhielt wie den brutalen Markt. Nachdem sie gefallen war, zeigte sich, wie wenig Substanz im vielbeschworenen Mythos wirklich steckte. Selbstbestimmung? Antikapitalismus? Rätedemokratie? Sorry, es waren nur so Ideen. Der in Wirklichkeit schon vorher gezähmte Bezirk ergab sich schnell und verfiel in Reflexe, die man abgestorben glaubte. 1991 klagten Türken, die ein Drittel der Einwohner stellen, erstmals verstärkt über Pöbeleien. Und 1996 sagt einem ein alter APO-Mann wie Hans-Robert Angst, das Viertel sei »ein bißchen übertürkt«. Das meint er nicht böse. Aber es stört ihn, daß er sechzigtausend Mark bietet und den Imbiß, der hatte schließen müssen, nicht bekommt, weil ein Türke zwanzigtausend Mark mehr zahlen kann. Hans-Robert fragt sich, woher der so ein Vermögen hat. In der Agitationssprache von einst, die mitunter bei ihm durchschimmert, und bei distanzierter Betrachtung seiner selbst würde er schlußfolgern: Die härter werdenden Verteilungskämpfe führen zur Entsolidarisierung.

Hans-Robert sitzt in der »Schnabel-Bar«, die er ausgestaltet hat. Man fühlt sich darin wie in einem Schiffsrumpf und denkt, wie hat er nur die dicken Stahlplatten hier hineinbekommen und zusammengefügt. Dann klopft man daran und fühlt Preßspan. Die Schrauben sind aus Plastik – Kinderspielzeugteile. Hans-Robert lacht. Er sagt, er kann mit seinen Händen einfach alles. Und er hat schon so ziemlich alles gemacht. Gründete das erste sozialistische Straßentheater. Ist mit seinen Freunden nach Westdeutschland gefahren, wo sie sich Theaterkarten kauften, die Bühne stürmten und riefen: Unser Stück ist gegen die Notstandsgesetze. Es dauert neunundzwanzig Minuten, seht es Euch an! Hat öfter mal Steine auf das Springer-Hochhaus geworfen, sich von der Presse von hinten photographieren lassen und für die Dienstleistung ein paar Mark kassiert. Ist, als von einigen Mitstreitern Waffen auf den Tisch gelegt wurden, mit schlotternden Knien zurückgetreten. Hat einen surrealistischen Film über Terrorismus gedreht, der beschlagnahmt wurde. Eröffnete eine Kneipe, in der die Internationale gespielt wurde und einmal im Monat Enteignung: Die Gäste konnten sich selbst bedienen.

Hans-Robert erzählt stundenlang. Er ist Kreuzberg. Doch immer, wenn es um die Zukunft geht, gerät er ins Stocken. Er macht nicht den Eindruck, als hätte er jetzt eine Aufgabe. »Eigentlich«, sagt er, »bin ich ja aus der Schweiz. Mit sechzig hol' ich mir dort meine Rente ab. Dann nehm' ich mir 'n Diener und 'ne Schreibmaschine und schreib' alles auf.«

Birk Meinhardt

Du, Doktor

Jennifer, bringen Sie mal den Fön? Martina, Sie haben einen Kunden. Dirk, bieten Sie dem Herrn ein Sektchen an ... Szenen aus einem Friseursalon in Berlin-Mitte. Jennifer und Martina sind um die Zwanzig, ihr Kollege Dirk wohl etwas älter, dafür trägt er einen Matrosenanzug, was die breiten Schultern ungemein betont. Wenn Sie jetzt noch wissen wollen, was die Mädels anhaben, muß ich Sie enttäuschen. Um Mode geht es hier nicht. Auch nicht um neue Frisuren für den Herbst. Sondern um das *Sie*. Ist Ihnen nicht auch schon aufgefallen, daß man sich in Berlin neuerdings wieder siezt? Jennifer hat es mir erklärt. Die Geschäftsführung untersagt den Angestellten, sich vor der Kundschaft zu duzen. Daher die gräßliche Anrede mit Vornamen und *Sie*. Petra, Sie können ausfegen. Petra ist Auszubildende, nein: das Lehrmädchen im Friseursalon.

Szenenwechsel. Wir sind jetzt in einer linken Kreuzberger Zahnarztpraxis. Bei wem bist du in Behandlung, fragt die Sprechstundenhilfe (MTA muß es hier wohl korrekt heißen). Bei Gerwin? Okay, Gerwin wird gleich bei dir sein. Gerwin ist der Zahnarzt. Du, sagt er, als ich auf dem Folterstuhl Platz genommen habe, Du mußt dich besser um deine Zahnhygiene kümmern. Das sitzt. Ich schäme mich wie ein kleiner Junge, der mit seiner Zahnspange nicht klarkommt. Du, ich glaube, der Weisheitszahn muß raus. Verfluchte Duzerei, denke ich. Die Wahrheit läßt sich damit auch nicht verleugnen, im Gegenteil. Das *Du*, das sie hier, bei den linken Zahnärzten, wie ein Westberliner Fossil pflegen, zwingt irgendwie zum fröhlichen Mitmachen. Da ist Widerspruch noch zweckloser als sonst. Doktor Gerwin erinnert mich übrigens an alternative Chefs, die es als persönliche Kränkung empfinden, wenn es jemand mit *Sie* probiert. Du, also, verstehst du, unsere wirtschaftliche Lage ... ich muß dir kündigen ...

Berlin, und nicht allein der Westen, war eine Duzstadt. Die Duzstadt überhaupt. Heute sollen sich ja auch Studenten wieder siezen. Neulich in einem Restaurant am Fasanenplatz wurde der Wandel deutlich bis zur Karikatur. Sie wünschen die Liste der Tagesgerichte zu erfahren, fragte uns die durchaus studentische Bedienung in einem derart gekünstelten höfischen Ton, daß das alte »Und sonst kann ich euch noch Tagliatelle mit frischen Steinpilzen machen« unterirdisch voll mitschwang.

Der neue, alte Knigge hat auch wieder Vorteile. Nun sind Nuancen gefragt. Dafür, du mein lieber Leser, will ich dir noch ein letztes Beispiel geben. Die neue Kollegin in der Redaktion, die alle neuen Kollegen siezt, scheint zu glauben, daß man *Sie* so sagen kann, als wäre es *Du*. Eben so, wie es die Angloamerikaner mit ihrem *You* halten, *Only You,* nur umgekehrt. – Und jetzt, Jennifer, können Sie bei dem Herrn kassieren.

Rüdiger Schaper

Die Oranienburger Straße

Im Sommer kommen noch Touristen in die Oranienstraße. Aber von denen fragen immer ein paar, wo denn wohl die Synagoge sei. Dann wissen die Kreuzberger, daß ihre Gäste etwas verwechselt haben und erklären ihnen mit säuerlichem Lächeln den Weg zur Oranienburger Straße, wo die Synagoge steht. Es muß ihnen gehen wie einem verlassenen Mädchen, dessen einstige Liebe plötzlich anruft und stottert: Ach, du bist es? Verzeih, hab mich verwählt, falsche Spalte im Telephonbuch wohl, wollte eigentlich *Sie*, Ciao und alles Gute, ja?!

Ines Patzig nimmt derartige Irrtümer ungerührt zur Kenntnis. »Die in der Oranienstraße mögen uns wohl nicht besonders«, sagt sie in einem Ton, der erkennen läßt, daß es sie nicht weiter stört. Kreuzberg mag einmal gewesen sein, vor langer, langer Zeit. Aber jetzt spielt hier die Musik, in der Oranienburger, die in die Friedrichstraße mündet und auf den Hackeschen Markt.

Hier leben die Juden, deren Vorfahren vom Großen Kurfürsten nach 1671 in die Stadt beordert worden waren und dann vom Großen Verbrecher ab 1933 hinaus, ganz hinaus aus dem Leben. Sie haben wieder ein Gemeindezentrum eröffnet. Eine Schule, Läden, Cafés. Und Ines, die Atheistin, hat ihren Sohn zu ihnen in den Unterricht geschickt. Er konnte kein richtiges Zeugnis vorweisen, weil beide vier Jahre in Bolivien gelebt hatten. Keine Schule wollte ihn nehmen, nur die jüdische, wo Kinder aus so vielen Ländern lernen, daß für eine Elternversammlung vier Dolmetscher gebraucht werden.

Hier leben die Bohemiens. Sie haben sich in den Hinterhöfen eingerichtet und kommen in aller Herrgottsfrühe, so zwischen elf und zwölf, zu Jens, dem Ladenchef mit dem langen Zopf, der »Calvin Klein«-Brille, den italienischen Delikatessen und der Ruhe eines Theologiestudenten, um im Stehen zu frühstücken: Chianti, Baguette, Käse.

Und hier schaffen die Nutten an, die schon zu DDR-Zeiten

in dieser Gegend standen, nur versteckter. In kalten Wintern wie dem vergangenen tragen sie knallbunte Overalls. Sie sehen dann aus wie ins Flachland versprengte Skiläuferinnen. Manchmal, tief in der Nacht, wärmen sie sich in Ines' Kellerkneipe »Assel« auf, bis ein Lude hereinschaut und ohne ein Wort, nur mit gekrümmtem Zeigefinger, zur Arbeit ruft. Dann springen sie schnell in die Kälte und spreizen sich. »Wir haben die schönsten Nutten«, sagt Ines stolz, »nicht so abgemagerte, verkiffte Kindchen wie in der Potsdamer Straße.« Sie sind wohl auch recht solidarisch. »Wenn mir jemand an meine Handtasche will«, sagt die alte Frau Fischer, »hilft mir keiner. Nur die Nutten. Auf die laß ich nix kommen.«

Es ist gegen drei Uhr morgens, und die »Assel« ist so verräuchert, daß man Frau Fischers Goldschmuck auf einen Meter Entfernung nur noch matt blinken sieht. Aber ihre Stimme dringt durch die Nikotinwatte. Frau Fischer erzählt von früher. Sie lebt schon seit den fünfziger Jahren in dem Haus, in dessen Souterrain Ines ihr Lokal eingerichtet hat. »Früher«, sagt sie, »war hier mal ein Frisör drin, ganz früher ein Teigwarenladen. Ich wohne unterm Dach. Da kann ich rübergucken bis auf die Museumsinsel. Wißt ihr, was das für ein Anblick ist, wenn die Sonne scheint? Hier kriegt mich keiner raus.«

Die Oranienburger war nie eine arme Meile wie die Oranienstraße. In der Oranienburger stand das Schloß Monbijou, die einzige königliche Residenz im Norden Berlins. Es ließen sich Künstler, Händler, Fabrikanten, Bankiers nieder und vor allem Leute vom Hofstaat, zum Beispiel ein »Tafeldecker bey der Wittwe Königinn«. Später lebte Alexander von Humboldt in der Straße. Im Sozialismus ergraute sie. Obwohl zentrumsnah gelegen, obwohl von Straßenbahngleisen durchzogen, wirkte sie unbedeutend, wie vergessen, selbst dann, wenn Heiner Müller in Richtung Henschel Verlag ging, der seine Stücke herausbrachte. Damals war Müller noch keine Legende.

Jahr für Jahr erlitt die Oranienburger neue Verletzungen, die ihr die Zeit zufügte. Wenigstens wurde ihr runzliges Gesicht nicht noch durch Neubauten mit getönten Fassaden verunstaltet. Das war ihr Glück. 1989 bestand sie aus intakten Ruinen.

Ulla Eisel, die Nummer 27 in Beschlag nahm, um dort einen Kunsthof zu errichten, sagt: »Das war so schön kaputt«, wobei sie die Betonung auf schön legt. Es begann ein Wettlauf ums Morbide. Der Staat besorgte das Dynamit für die Sprengung, die experimentierfreudige Jugend der Welt einschließlich Kreuzbergs besorgte sich Sprayfarbe. Die Jugend war schneller. Ihren spektakulärsten Akt hatte sie bei der Besetzung der wunderbarsten aller Ruinen, einem einstigen Kaufhaus, in dem in den zwanziger Jahren mit einer Rohrpost ständig Wechselgeld vom Keller an die hundertfünfzig Kassen transportiert werden konnte. Die Jugend nannte das Steinlabyrinth »Tacheles«. Sie bemalte und verzierte es auf eine Art, die den Besuchern, wenn sie denn ehrlich waren, unverständlich blieb. Dennoch fingen sie an, vom »Tacheles« zu schwärmen. Der steinzeitliche, hochmoderne Ort und seine lumpigen Besetzer machten sie wohlig schaudern.

Die »Assel« im Keller ist nicht so berühmt, aber das besagt nicht viel. »Das hatte hier alles durchaus die nötige Dramatik«, erklärt Ines. Wobei zur Dramatik auch sie selbst gehört: eine junge Frau mit nach hinten gebundenem, die Stirn freilassendem Haar, wie es Kirchenchorsängerinnen tragen, unter denen man sich sie aber kaum vorstellen kann. Sie ist überhaupt nicht brav. Zu DDR-Zeiten, nach ihrem Studium, hat sie genau eine Woche als Lehrerin gearbeitet, vom 1. bis zum 7. Oktober 1989, dann wurde sie gefeuert, weil sie sich im Neuen Forum für eine Reform des Bildungswesens engagierte. »Schreib das nicht«, sagt sie, »oder schreib es nur, wenn du verstehst, daß das kein richtiger Widerstand war. Es war kein Widerstand, verstehst du?!« Sie schaut einen mit blitzenden Augen an. Sie haßt Menschen, die für alles eine Schublade haben.

Im neuen System hat sie einen Brief bekommen, in dem steht, daß oppositionelle Köpfe wie sie für keine Schule taugen. Das war vermutlich die Wahrheit über das neue System. Zwei Jahre darauf erhielt Ines zwar die Rehabilitierung, aber erstens war längst keine Stelle mehr frei, und zweitens hatte sie ihre Kneipe eröffnet. »Das Zentrum Judaicum war mein Bauhof«, sagt sie. Wie bitte? Neben der Synagoge war der Bauhof? »O Mann, da lag das Zeug rum. Die Jungs haben es mir sogar vor die Tür gebracht. War doch eine rechtsfreie Zeit damals. Bück dich mal. Unter den Tischen müßten noch Aufkleber sein: Eigentum des Volkes.«

Jetzt ist längst Verdrängungszeit auf der Oranienburger. Das sieht man allerdings nicht beim Schlendern. Man kann in lauen Sommernächten immer noch im »Obst und Gemüse« (für Berlin-Laien: eine berühmte Szenekneipe, kein Nahrungsmittelladen) sein Bier nehmen und die Straße herunterwandern, am »Orange« vorbei, am »Oren«, am »Silberstein«, und das Glas abstellen, wo man lustig ist. Die Wirte haben sich daran gewöhnt, im Herbst ein etwas anderes Gefäßsortiment vorzufinden als im Frühjahr. Aber das Terrain, auf dem solch Leichtigkeit nicht herrscht, wird größer. Ines hat ein Wort dafür gefunden. Die Oranienburger, sagt sie, wird »aufgechict«. Man muß nur bis zum Ende der Straße gehen, in die Hackeschen Höfe hinein. Sie sind wunderschön geworden. Aber sie gaukeln Laisser-faire nur vor. Gestylte Szene, perfekt geordnet mit allem, was der auf der Höhe der Zeit befindliche Mensch erwartet – ein üblicher Fahrradladen, ein übliches Antiquariat, eine übliche Gastronomie mit den üblichen, sich gelangweilt gebenden Kellnerinnen. Ein üblicher Bauunternehmer. Roland Ernst, Stammsitz Heidelberg, größter privater Investor in Boomtown Berlin. Ernst hat hier sechzig Millionen hineingesteckt und sich feiern lassen für liebevolle Restauration, muß nun jedoch sehen, daß er sein Geld auch wieder zurückbekommt. Er verlangte von Jens, dem Delikatessen-Verkäufer von der Oranienburger, sechzig Mark pro Quadratmeter. Jens hat nicht soviel. Aber es gibt immer jemanden, der es hat, der die Miete auf die Preise umlegt und ein bestimmtes Publikum anzieht und ein anderes nicht. Am Ende entsteht so eine andere Gegend. Das, im übrigen, ist die neue Chance von Kreuzberg. »Die sollen ruhig alles aufpäppeln im Osten«, sagt, ja bittet Hans-Robert Angst zwischen seinen Schiffs-Papp-Planken in der Oranienstraße. »Irgendwann lassen sich die Leute nicht mehr für dumm verkaufen. Und dann kommen sie zurück.«

Kreuzberg ist nach zwanzig Jahren mangels Inspiriertheit abgestürzt. In der Oranienburger wird das vermutlich schneller gehen; die Straße beginnt jetzt schon, von ihrem Mythos zu zehren. Und wieder ist das »Tacheles« das Symbol: Die jetzigen Betreiber haben eine Bestandsgarantie für zehn Jahre als unzumutbar abgelehnt, sie wollten Sicherheit für dreißig Jahre. Ein Rentenvertrag für die Spontaneität; ein weicher Teppich für den Avantgardismus; ein Widerspruch in sich. Wie das Schild »Photographieren verboten« neben dem Stoph-Porträt und den Schrottleuchten im Café »Zapata«. In Wirklichkeit lebt das »Tacheles« eben davon, sich sperrig und renitent zur Schau zu stellen. Nach dem Brandenburger Tor ist es das am meisten abgelichtete Gebäude Berlins. Es prangt auf jedem zweiten Touristenführer. Es ist ein Marketinginstrument für das einst auf Distanz gehaltene Bürgertum, von dem es jetzt pro Jahr 1,2 Millionen Mark Fördermittel erhält. Es ist im Internet: http usw. Voll angeschlossen an die Normalität.

Ulrich Wulff war noch nie im »Tacheles«, und er wird auch nie hingehen. Wulff hat weder Zeit noch Interesse. Er arbeitet nur zufällig in derselben Straße. Wenn man von der Kulturruine aus zu ihm will, muß man sich rechts halten, an dem Betonklotz der Colonia-Versicherung vorbei, der so häßlich ist, daß man sich freut, die Immobilienmakler zu hören, wie sie auch noch ein Jahr nach Fertigstellung des Fremdkörpers sauberen Kunden Büroräume anpreisen und ihre sauberen Kunden die Angebote ablehnen, weil sie nicht in der Nähe von Nutten mieten wollen. Dann bis ans Ende der Oranienburger, wo über einem Fenster »Obst und Gemüse« steht wie vis-à-vis vom »Tacheles«. Hinein in den Laden. Da steht Wulff zwischen Mangokisten, Äpfeln und Bierbüchsen. Allein.

»Zu Ostzeiten«, sagt er, »hab ick hier drei Frauen drinjehabt.« Die letzte, seine Schwester, mußte er 1992 entlassen. Kein Umsatz mehr. Betriebe haben zugemacht, der nahegelegene S-Bahnhof war zwei Jahre geschlossen, und bei Wulff ist es teurer als im Supermarkt. Dort kostet ein Päckchen Jakobs Krönung sieben Mark. Wulff kann es, wenn er Glück hat, für DM 8,56 einkaufen. Er steht jeden Tag um drei Uhr auf, um die diversen Sachen heranzufahren. »Und dann seh ick manche Leute, für die ick früher hinten Appelsinen zurückjelegt hab, weil se erst nach der Arbeit herkommen konnten, wie se draußen vorbeijehn und ihren Kopp zur andern Seite drehn. Nich ma grüßen könnse. Is mir unverständlich. Wenn det System sich ändert, muß sich doch der Mensch nicht ooch ändern.«

Wulff hat Diabetes, einen Hörschaden, Herzverengung, »allet, wat Se sich vorstellen können«. Deshalb kann er auch Ines Patzigs Kneipe nicht beliefern; es wird ihm zuviel. Ines hatte ihn gefragt. Weil er schon immer da war, und weil sie es nicht schlecht fände für die Gegend, wenn er noch ein bißchen durchhielte.

Birk Meinhardt

Das Silberstein

Es war einmal ein alter Kanadier, der nach sechzig Jahren im Exil nach Berlin reiste, um durch die Oranienburger Straße zu laufen. Das war einmal seine Heimat. Er staunte, was sich hier alles verändert hatte. Da stand kein jüdisches Warenhaus mehr, sondern nur noch eine Ruine. Die Synagoge, die er so gut kannte, glänzte noch viel mehr als damals. Und er wunderte sich über die Polizisten in Uniform, die hier standen und jeden anherrschten, der ein Fahrrad oder sein Auto vor der heiligen Halle abstellen wollte. Und da standen Mädchen am Rande der Straße, die, in engen weißen Strumpfhosen und roten Lackstiefeln, solche Blicke auf männliche Spaziergänger und Autofahrer warfen, daß einige von ihnen anhielten, um für die persönlichen Dienste zu zahlen.

Ein richtiger Ruck ging durch sein Herz, als der alte Kanadier vor einem Gebäude stand, in dem junge Leute mächtig schufteten. Das Haus kenne ich, dachte er, hier war mein Café. Und so ging er durch die Toreinfahrt hinein, sechs Jahrzehnte nach der Flucht vor den Mördern seiner Familie, und stellte sich vor. Da waren die jungen Leute sehr gerührt und sagten zu dem Mann, sie wollten ein Café eröffnen, für das ihnen aber kein guter Name einfiele. »Ich nannte es damals ›Silberstein‹, denn das ist auch mein Name«, erzählte der alte Mann.

Das neue »Silberstein« bietet mit seinen achtzig Plätzen im Innern, den zwanzig Plätzen zur Straße hin und den hundertfünfzig Stühlen auf dem großen Hinterhof sehr viel mehr Raum für kontakt- und konsumfreudige Gäste als jedes andere Lokal in der Oranienburger Straße. Der Hof ist so groß wie ein halbes Fußballfeld; früher wohnten in den Rückgebäuden Bedienstete aus dem Schloß Monbijou. Wer draußen sitzt, genießt das, was es im bauträchtigen Berliner Bezirk Mitte kaum noch gibt: Ruhe. Die Pächter des »Silberstein« sind Künstler. Sie schafften sich das Interieur selber. Die stählernen Stühle haben meterhohe Lehnen. Einige von ihnen sind bequem, andere dafür einzigartig. Plastiken dürrer Bronze-Männer stehen zwischen den Tischen wie Mahnmale. An der langen, metallenen Bar ist das Lümmeln auf den Hockern über Stunden möglich. Gutgelaunte Barkeeper mixen üppige Drinks. Caipirinhas und Gin-Tonics sind wegen ihres Gehalts besonders zu empfehlen. Findet aber die »Interference« oder die »Intermission« statt – beides Veranstaltungen mit elektronischer »Hör«-Musik ohne wummernde Tanzbässe –, platzt das Lokal aus allen Nähten. Für den Appetit an Originellem baut ein Japaner Sushis aus rohem Fisch mit gekochtem Reis, Algenblättern und Seetang zusammen. Mister Silberstein hat seinem alten Café die Weihen der neunziger Jahre verliehen, auch wenn es statt Koscherem jetzt Fischrollen mit Budweiser gibt.

Marc Kayser

Jens Reich

Jens Reich und Pankow

Von wo aus soll Deutschland sich erneuern? Von Pankow natürlich. Hätte jedenfalls gut so sein können – wenn die Bundesversammlung im Jahre 1994 nicht den Kandidaten Roman Herzog aus Landshut in Niederbayern zum Bundespräsidenten gewählt hätte, sondern den Kandidaten Jens Reich aus der Wolfshagener Straße – die liegt in Pankow, wie gesagt, einem ehemals berühmten Zentrum der Macht. Ganz in der Nähe seiner Wohnung, erzählt Reich, (der noch heute nicht so genau weiß, wie wohl er sich eigentlich in der Gegend fühlt, in der er wohnt), ganz in der Nähe also war früher »Protokollstrecke«: Wenn Arafat oder Castro zu Besuch waren bei den Großen des Landes, dann war die Ossietzkystraße für den gewöhnlichen Passanten gesperrt. Nur auffallend viele eigenartige Leute waren zu sehen, die auffallend unauffällig Zeitung gelesen haben. Die waren natürlich von der Staatssicherheit.

Klar, Landshut ist auch prima, samt seinem niederbayerischen Präsidenten, dessen Kiez sich jetzt in Tiergarten befindet, rund um das Schloß Bellevue. Pankow, mit seinem Schloß Niederschönhausen wäre freilich – falls man von der Geschichte ein bißchen Sinn für Ironie erwarten darf – witziger gewesen. Schließlich ist Pankow für die Interpreten der jüngeren deutschen Geschichte eine erstklassige Adresse, sie bietet Gelegenheit für tausend prima Assoziationen: Vom Westen aus gesehen stand hier in den fünfziger und sechziger Jahren ohne jeden Zweifel die Gralsburg der roten Teufelsritter; es brauchte damals in Bonn der Kanzler Adenauer nur das Wort Pankow in den Mund zu nehmen (er sprach es aber viel schärfer aus: ungefähr wie »Punk-off«), um den Bürgern draußen im Bayern- oder Schwabenlande den vor dem nächsten Wahlgang erforderlichen Schauder über den Rücken zu jagen. Im Osten wiederum war Pankow für die meisten DDR-Einwohner der unerfreulichste Platz, an dem sich die Bonzen angesiedelt hatten, voran der Staatsratsvorsitzende Walter Ulbricht, und in seinem Gefolge viele ganz besonders führende Repräsentanten der führenden Klasse, die ringsherum wohnten in den besseren Straßen des Viertels. Daß in einem Pankower Wohnhaus überaus tüchtige Aktivisten der Partei lebten (und leben), kann man noch heute an den goldenen Hausnummern erkennen, die von den Behörden an solche Bürger verliehen wurden. In Wahrheit sind die Schilder allerdings aus Messing.

Jens Reich gehörte nicht zu den Aktivisten, im Gegenteil, er lebte nur deshalb mit seiner Frau Eva und den drei Kindern in der Gegend, weil er als Molekularbiologe an der Akademie der Wissenschaften arbeitete, in Buch, das seit 1920 zum Verwaltungsbezirk Pankow gehört. Hier zu wohnen hatte für einen wie ihn Vorteile und Nachteile: Einerseits handelte es sich durchaus auch um eine geistig anregende Umgebung, was damit zusammenhing, daß schon immer viele Intellektuelle und Künstler in Pankow lebten (und heute dort begraben sind, wie Ossietzky oder Hans Fallada). Diese Tradition wurde auch in der DDR fortgesetzt, zum Beispiel mit dem Haus in der Wolfshagener Straße: In der Wohnung, in der Reich und seine Frau jetzt leben, wohnten früher solche Berühmtheiten wie Angelika Domröse und Hilmar Thate, auf einem Klingelschild etwas weiter unten im selben Gebäude steht der Name von Volker Braun, dem Dramatiker.

Andererseits war es keineswegs so, daß die Reichs mit allen verdienten Künstlern des Staates immer gut ins Gespräch kamen oder kommen wollten. Man mußte eben die beiden Seiten der Medaille sehen und das Beste daraus machen: Weil die Familie Reich zwei Jahre lang in der Sowjetunion gelebt hatte, war es für sie sehr praktisch, daß es an der Wilhelm-Pieck-Schule erweiterten Russisch-Unterricht gab, an einer Schule, in die ansonsten fast nur die Kinder aus gläubigen Parteikreisen gehen durften. Die Gläubigen ließen die anderen freilich deutlich erkennen, daß sie nicht dazugehörten. Wenn die Elternversammlung zu Ende war, rief die Klassenlehrerin: »Die Genossen Eltern bleiben noch da«. Die paar anderen wurden nach Hause geschickt, waren darüber aber nicht sonderlich traurig.

Noch immer haben die ehemaligen Genossen Eltern und ihre

Kinder in Pankow eine solide Mehrheit – jedenfalls ist es kein Zufall, daß der Wahlbezirk einen direkt gewählten PDS-Abgeordneten in den Bundestag entsendet. So sehr man das dem Stadtteil noch anmerkt, an goldenen Hausnummern und anderen Accessoires, so wahr ist freilich auch, daß das Viertel nichts dafür kann, wenn in seinem Schloß einmal einer den König aller deutschen Sozialisten gespielt hat, und daß dieses Viertel überhaupt eine sehr viel längere Geschichte hat als vierzig Jahre. Von der kann man noch eine Menge gut erkennen, wenn man mit einem Einheimischen durch die Kavalierstraße schlendert, durch die Breite Straße oder die Florastraße, in der das Leben am lautesten tobt.

Um die Jahrhundertwende war Pankow eines der besten Wohnviertel Berlins, ein Villenvorort für bessere Kreise, besonders für die höheren Beamten, ein Ort, zu dem sich der berühmte Bolle aus dem Schlager nicht grundlos aufmachte, wenn er sich dennoch ganz köstlich amüsieren wollte. Den etwas bürgerlichen, »leicht widerständigen« Charakter, sagt Reich, habe Pankow auch in der DDR-Zeit nicht ganz verloren. Aber da waren die besten Zeiten sowieso schon vorbei, Pankow war zurückgefallen, vermutlich vor allem deshalb, weil das kleine Flüßchen Panke nicht mit Spree, Havel, Landwehrkanal mithalten konnte, als die immer wichtiger werdende Industrie Standorte an schiffbaren Wasserläufen suchte.

Im Jahre 1932 jedenfalls war die frühere Exklusivität weitgehend verschwunden, da hatte der Bezirk 141 333 Einwohner (von denen schon fast dreißig Prozent die Nazis und knapp achtundzwanzig Prozent die KPD wählten); mit der Industrie war es, wie gesagt, nicht weit her, die wichtigsten Betriebe waren ein Unternehmen von Bergmann-Borsig und eine bedeutende Zigarettenfabrik, die der jüdische Kaufmann Garbaty gegründet hatte und die 1938 arisiert wurde. Noch in der DDR-Zeit wurde dort die berühmte Marke »Cabinet« hergestellt. Heute ist von den Fabriken kaum etwas geblieben, viele der pompösen Häuser (die zwischendurch schon mal als kubanische Botschaft dienten) stehen leer – oder sind gerade dabei, mit viel Geld restauriert zu werden, für teure Eigentumswohnungen, von denen im Augenblick nur noch nicht so recht zu erkennen ist, ob es genug Berliner geben wird, die sie sich werden leisten können.

So richtig angekommen, sagt Jens Reich, ist Pankow noch nicht in der neuen Bundesrepublik, und wenn dieser deutsche Stadtteil damit auch wirklich nicht allein steht, so ist er doch ein besonders gutes Beispiel für die allgemeine Verspätung. Vielleicht ist man hier überhaupt ein wenig langsamer als sonstwo. Was das gesellschaftliche Leben angeht, so ist der Bär nicht unbedingt los in Pankow, zum Beispiel gibt es eher wenig gute Kneipen. Wenn Reich und seine Frau abends essen gehen wollen, dann fahren sie gelegentlich in den Westen der Stadt, aber häufiger suchen sie sich etwas anderes im Osten, nicht nur am Prenzlauer Berg, wo Eva Reich auch ihre Praxis als Internistin hat. Ihre Kinder, die ihnen sonst womöglich die ganze Szene des wilden Berliner Ostens erschließen könnten, sind entweder schon aus dem Haus oder studieren im Westen der Stadt. (Die Jüngste ist wieder weg von der Humboldt-Uni, sie habe die FDJ-Atmosphäre dort nicht ertragen können.)

Hier in Pankow geben die Leute, wie es scheint, ohnehin nicht so furchtbar viel aus, schon gar nicht die verbitterten Rentner aus den Häusern mit den güldenen Hausnummern. Verbitterung ist hier noch ein verbreitetes Lebensgefühl, obwohl die Reichs schon das Gefühl haben, die Phase der schlimmsten Depression sei inzwischen generell vorbei. Unabhängig davon ist Pankow offenbar einer der Stadtteile, in denen die berühmte Ost-Identität noch besonders eifrig gepflegt und gehätschelt wird, in denen eine, wie Reich sagt, »Klassenkämpferstimmung« herrscht, die dafür verantwortlich ist, daß die beiden gelegentlich »ausgesprochene Fremdheitsgefühle« im Osten entwickeln. Andererseits kennen sie natürlich viele interessante Leute in der Umgebung, haben nichts gegen abweichende Meinungen und lassen sich deshalb auch nicht von dem nächsten Brief des Bürgerrechtlers Jürgen Fuchs irritieren, »wenn der wieder mal ein Foto von mir in der Zeitung sieht, auf dem ich Gregor Gysi die Hand schüttele«, sagt Jens Reich. Manchmal, erzählt seine Frau, gingen sie »sogar aus masochistischen Gründen« zu den immer mal wieder stattfindenden DDR-Nostalgie-

Abenden, obwohl sie schon wüßten, daß sie sich wieder ärgern würden, auch in dieser oder jener Veranstaltung des literarischen Salons, den Christa Wolf gegründet hat, auch sie eine Pankowerin.

Es ist eben Übergangszeit, und in einer solchen ist das Leben an einem Ort wie Pankow spannender als an vielen anderen Orten der Republik: Auf der einen Seite sind da die abgewickelten Eliten der DDR, welche sich zum Beispiel im Club Helle Panke der PDS versammeln, einer Partei, die hier eindeutig »die intellektuelle Lufthoheit« hat. Immer wieder trifft man auf qualifizierte Leute, die nichts zu tun haben und deshalb, weil sie vielleicht einmal Botschafter waren, Vortragsabende veranstalten über »Indonesien – Land und Leute« oder über Günther Mittags Wirtschaftspolitik in den sechziger Jahren. Gleich daneben aber kann man dann schon wieder neues Leben aus den Ruinen sprießen sehen, in der Literaturwerkstatt etwa, in der Dichter aus aller Welt ihre Lyrik vorlesen, in einem Haus übrigens, in dem früher Otto Grotewohl gewohnt hat, der erste Ministerpräsident der DDR. Da kommt es wenigstens einmal der Kunst zugute, daß das Viertel immer geräumige Häuser vorhielt für die gehobenen Stände. Wie also lebt es sich in Pankow? Wird es irgendwann ein Teil sein der gemeinsamen Hauptstadt des gemeinsamen Deutschland, wenn schon die Erneuerung nicht von hier ausgehen darf? Was den verhinderten Erneuerer angeht, Jens Reicht, so sieht es im Augenblick nicht so aus, als habe er noch sehr viel Lust, sich aktiv in die Politik einzumischen. Mit einiger Sicherheit wird er für kein politisches Amt mehr kandidieren, kein Mandat mehr ausüben – und das wird nicht nur jener Unterstützerkreis bedauern, der sich damals mit jungen Leuten aus allen Parteien in der Überzeugung zusammengetan hatte, einer wie er könnte dem wiedervereinigten Deutschland sehr guttun als Staatsoberhaupt.

Das ist jetzt erst einmal vorbei, Jens Reich ist inzwischen achtundfünfzig Jahre alt und nur noch bedingt ehrgeizig, wenn er es jemals war. Im Moment kann man also in seiner schönen hellen Wohnung in der Wolfshagener Straße ein entspanntes Ehepaar dabei beobachten, wie es seinerseits seine Stadt und das

Land darum dabei beobachtet, wie es sich vereinigt oder auch nicht. Wenn es erst einmal in Pankow geklappt hat, wird es auch sonst nicht mehr ganz schiefgehen.

Herbert Riehl-Heyse

Sklavenaufstand am Prenzlauer Berg

Der Schriftsteller Bert Papenfuß und seine fundamentaloppositionelle Zeitschrift

Willy-Brandt-Haus, Kreuzberg. Der Dichter Papenfuß sitzt auf dem Podium mit dem Dichterkollegen Gerd Neumann, beide Ex-DDR, und Henryk M. Broder, der hier die westdeutsche Publizistik und sein neues Buch vertritt. Das Thema »Schlußstrich und Auseinandersetzung« in der Stasi-Frage soll schon wieder mal in aller Munde sein, doch ein Gespräch, ein Streit vielleicht kommt nicht zustande. So geht es ja oft: Der deutsche Befindlichkeitsdiskurs steckt in imaginären Frontstellungen fest. Papenfuß mault. Er mag Begriffe wie Gewissen, Schuld, Verantwortung nicht leiden. Das sind, sagt Papenfuß, moralische Schwämme. Er sagt: »Opposition ist eine Haltung.« Und prompt empören sich die anwesenden Bürgerrechtler. Sechs Jahre nach der Vereinigung wird auch der Osten immer uneinheitlicher.

»Torpedokäfer«, Prenzlauer Berg. Bert Papenfuß liest neue Gedichte. Die Dunckerstraße ist Treffpunkt des ›Sklaven‹-Zirkels, das Kommissariat, wie die romantischen Anarchisten aus dem Osten der Hauptstadt ihre Kneipe liebevoll-ironisch nennen. Nur ein paar Tische sind mit Stammgästen besetzt. Bert Papenfuß, auch an diesem Abend ganz in Leder und mit einer Zigarette, die nie ausgeht, tänzelt um das Mikrophon; ein Rocksänger ohne Band, ein Poet ohne politische Hemmung.

Papenfuß pflegt den propagandistischen Refrain, wie die von ihm verehrten sowjetischen Vers-Konstrukteure der zwanziger Jahre. Er produziert giftige Ohrwürmer: »Wacker haben wir uns geschlagen / als wir beieinanderlagen / auf den Lippen einen Schlager / aus dem Kontemplationslager – SBZ.« Mit seinen groben Reimen verletzt er Tabus und Gefühle, auch hier, im inneren Kreis der Prenzlauer-Berg-Kultur. Und zugleich bedient

Papenfuß jene diffuse antikapitalistische, antiwestliche, Wir-gegen-den-Rest-der-Welt-Stimmung, wie man sie im Osten, jenseits von Frank Castorfs integrativem Volksbühnen-Theater, immer häufiger antrifft: »Eine Zeit des Palavers / und eine Zeit des Kadavers / eine Zeit des Urschmerz / und eine Zeit des Vormärz – Vorwärts!«

Dieser fröhliche Grabredner Papenfuß entstammt jener Künstlerszene vom Prenzlauer Berg, der früher auch Sascha Anderson angehörte. Andersons Stasi-Eskapaden haben hier alle in Mitleidenschaft gezogen – und vielleicht auch ein bißchen zusammengeschweißt. In der Zeitschrift ›Sklaven‹ , die Papenfuß mitherausgibt, taucht Sascha Anderson gelegentlich als Übersetzer auf. Der Doppelagent, den Wolf Biermann mit dem Schlagwort »Sascha Arschloch« in die Nachwendegeschichte befördert hat, lebt heute noch am Prenzlauer Berg, in einer jener alten Straßen, die der neue Schick bisher nicht erreicht hat und in der auch der IM Ibrahim Böhme, die so tief gefallene Hoffnungsgestalt der Ost-SPD, ein kümmerliches Dasein fristet. Das ist eine der wichtigsten Lektionen, die man von Papenfuß & Co. verpaßt bekommt: Der Prenzlauer Berg besteht nicht nur aus Wasserturm und Kollwitzplatz.

Zu DDR-Zeiten hat Papenfuß, Jahrgang 1956, kaum etwas veröffentlicht. Er verweigerte den Dienst an der Waffe, war Bausoldat bei der NVA, schlug sich jahrelang als Theaterbeleuchter durch und bekam noch vor der Wende einen Reisepaß. Opposition, so wie Papenfuß trotzig in der SPD-Zentrale, im Schatten des zwergenhaft-monströsen Bronze-Willys, behauptete, ist ein Haltung. Er hegt keinen Groll gegen das alte System. Er pflegt die Nostalgie in hämischen Dosen. Er versucht dem westlichen Kulturbetrieb einen gewissen Unterhaltungswert abzugewinnen. Papenfuß, ein typisch-untypischer Protagonist, so facettenreich, so widersprüchlich, wie sich der Prenzlauer Berg jenseits der Legenden und Klischees darstellt.

Schliemannstraße, Prenzlauer Berg. Vom Torpedokäfer sind es nur wenige Schritte in die ›Sklaven‹-Redaktion. Die Zeitschrift ist politisch. Sie will die letzten aufrechten Oppositionellen der DDR versammeln, die sich auch heute noch als Funda-

Bert Papenfuß

mentalopposition verstehen. Sie orientiert sich an dem unorthodoxen revolutionären Geschehen der frühen Sowjetunion, diskutiert neue Formen des sozialen Protestes.

Sie erinnert, wie manches andere auch hier bei der Firma BasisDruck, die ›Sklaven‹ publiziert, an verflossene Kreuzberger Sponti-Zeiten. Auch das ist letztlich eine Frage der Haltung: Die ›Sklaven‹-Redakteure, die »Slawen Deutschlands«, wollen ein östliches Lebensgefühl reflektieren, Stimmungen und Stimmen aus einem »kolonisierten Land«. Das meint man in der Schliemannstraße ernst, gibt aber zu, daß anderswo, in Ländern der Dritten Welt zum Beispiel, ein Kolonialismus von anderer Qualität herrsche.

Seit zweieinhalb Jahren erscheint das engbedruckte, streng sektiererische Blatt, das sich gegen den »neuen Hedonismus« im Ostteil Berlins richtet – und es hat doch den Großteil seiner Abonnenten im Westteil der Stadt und in den alten Bundesländern. Ein paar wenige Tausend zählt die Auflage, Tendenz immerhin steigend. Hausgott ist der deutsche Abenteurer, Schriftsteller, Sozialist Franz Jung (1888–1963). Jung plante in den Zwanzigern die Gründung einer Zeitschrift mit dem Titel ›Sklaven‹, die niemals erschien. In einem Traktat von 1932 hatte Franz Jung ›Für die Wiedereinführung der Sklaverei‹ in Deutschland plädiert, weil er die Sklavenhaltergesellschaft für vergleichsweise humaner hielt als die Totalausbeutung in der Industriegesellschaft.

Auch der »Torpedokäfer«, der Name der Kneipe, geht auf Franz Jung zurück. Es war der Arbeitstitel seiner 1961 publizierten Autobiographie ›Der Weg nach unten‹. Franz Jung, Vorbild für Brechts kaputten Titanenmenschen Baal, war zeitweilig Sowjetbürger, KZ-Häftling, nach dem Krieg Wirtschaftskorrespondent in den USA. In der DDR wurden Jungs Schriften nicht verlegt. Die ›Sklaven‹-Postille hat sich einen chronischen Verlierer, einen wilden Träumer zur Identifikationsfigur gewählt.

Manch übereifriger Berlin-Exeget fällt auf die anarchistischen Posen des Prenzlauer-Berg-Volks herein. Noch immer schwärmt die ›Sklaven‹-Truppe von einem etliche Monate zurückliegenden ›Spiegel‹-Artikel (»Rückfall in die Barbarei«), in dem die biergetränkten Parolen vom Sklavenmarkt für bare Münze genommen wurden. Sämtliche West-Ängste wurden da durchgepaukt, kein Klischee vom Osten, vom Haß auf die Westler, vom Kulturkampf zwischen Ost und West ausgelassen. Die ›Sklaven‹ hatten auch schon daran gedacht, die brotlose Redaktionsarbeit aufzugeben, aber »nach der Story mußten wir einfach weitermachen«.

Kein Sklave will die DDR zurück, höchstens virtuell. Auf jeden Fall sexuell: Bert Papenfuß singt in seinem neuen Bändchen ›Berliner Zapfenstreich – Schnelle Eingreifgesänge‹ eine Hymne auf »die Ostfrau an sich«. Der harte Kern der Redaktion hat nicht einmal mit der PDS etwas am Hut. Auch nicht mit Stephan Hermlin. Der habe damals schon zur Hochkultur gehört, sagt Papenfuß: »Ich weiß nicht, ob ich von Hermlin jemals was gelesen habe.« Selbst Castorfs Staatstheater, das zum 9. November 1996 den Slogan »Freiheit macht arm« prägte, wird aus der Distanz betrachtet. Sie grenzen sich ab, gegen Westler und Ostler gleichermaßen. Sie produzieren Störgeräusche im Gleichklang der Großstadt. Sie rasseln mit ihren kunstvoll angelegten Proletarierketten – für eine neue Arbeiterbewegung. Aber nicht ohne Sascha.

Rüdiger Schaper

Die U-Bahn

von Thea Herold

Berlin hat sie in sich. Die U-Bahn in Charlottenburg liegt mehr unterm Pflaster. In Kreuzberg führt sie mehr oben. Im Prenzlauer Berg rattert sie über den Magistratsschirm auf gußeisernen Stelzen. Ein paarmal kreuzt sie die Spree. Meistens ist die U-Bahn ein unsichtbares Nahverkehrsmittel in Gelb. Ihre Untergrundgeschichte begann vor einhundert Jahren. Im Herbst 1896 gab es eine schlichte Feier für die kleine Lobby und einen zaghaften ersten Spatenstich an der Prinzenstraße für die U 1. Berlin war schon damals Berlin, und erst nach »schwerwiegenden Bedenken« von Behördenseite, die eine »sehr einfache, kostensparende« Ausstattung empfohlen hatte, besann man sich in Berliner Amtsstuben auf die Rolle als Metropole und verlangte eine sehr »ansprechende Wirkung der Bahnen im Stadtbild«. Die Architekten, Bildhauer, Formgestalter und Gießer nutzten die Gelegenheit. Man wetteiferte um originelle Ideen für Eingänge, Treppen, Bahnhöfe oder Kioske, und langsam setzte sich die Erkenntnis durch, daß auch Hochbahnviadukte und Bahnhöfe eine durchaus eigene Ästhetik entwickeln können.

Der Architekt Alfred Grenander, auf den heute noch am ehesten die Berufsbezeichnung Designer zutreffen würde, stand ab 1900 im Dienst der Bahngesellschaft. Er stylte die ersten U-Bahnwagen, prägte erheblich den Baustil der ersten U-Bahnhöfe und plädierte nachdrücklich beim Bau der neuen Technik für eine »zweckdienliche und zugleich künstlerische Gestaltung«. Von den Diskussionen der Zeitzeugen hat er sich kaum beirren lassen, die beispielsweise angesichts so auffälliger Bauwerke wie der Oberbaumbrücke oder dem Bahnhof am Schlesischen Tor den Mischmasch der Baustile zum Teufel wünschten. Egal, was man heute von der Glockenhaube über dem Tor hält, von den Schlesischen Erkern und Arkaden im Renaissance-Stil oder von den Zipfeltürmchen am Nollendorfplatz, und egal auch, ob man gern durch einen mittelalterlich anmutenden Kreuzgang wie den der Oberbaumbrücke wandelt: Es stimmt nur nachdenklich, daß es Zeiten und Zeitgenossen gab, die in Berlin ihre Spuren hinterließen, ohne sich um den aktuellen Streit der Architekturkritiker zu kümmern.

U-Bahnhof Stadtmitte

Letzte Ausfahrt Christliches Hospiz

Es gibt zwei Sorten von Hotelproblemen: Man sucht selber ein Bett. Oder man sucht ein Bett für einen anderen. Ach was, Bett! Hotelzimmer bestehen heute mindestens aus Bett und Schrank und Dusche und WC. Das ist aber dann ärmlich; so ärmlich, abgeschabt und irgendwie beschämend wie dieser kleine Plastikeimer in der Naßzelle, der ohne Deckel, Dreckreste in den runden Fugen, uns traurig ansieht, wenn wir das Seifenstück, irrtümlich formatiert wie ein »Lindor«-Schokoladentäfelchen, schnell ausgewickelt haben, um uns erst einmal die Hände zu waschen. Dann gibt es noch ganz zuverlässig den schweren Aschenbecher aus Glaskristall oder Kristallglas, das beigefarbene Telefon, den schwarzen Radiowecker auf dem Nachttisch, aus dem dieses harte, stotternde Rauschen kommt. Und sicher auch ein Sesselchen, um auszuatmen und darin zu weinen.

Also, wenn man ein Bett für einen anderen sucht, dann fällt einem erst einmal eines auf: Man kennt die Stadt nicht, in der man wohnt. Berliner wissen das seit knapp acht Jahren. Es ist nicht nur so, daß eine unbekannte Stadthälfte dazukam. Es ist auch so, daß in der Gänze ein Terrain des Unbekannten zu erobern ist – das weite, unbestellte Feld der Hotelbetten. Denn früher war Berlin nicht interessant. Seit Herbst 1989 aber klingelt immer wieder das Telefon, und Menschen, die man nicht ohne weiteres zurückweisen oder gar kränken will, wollen einen unbedingt wiedersehen. Die klassische Situation ist also die: Sie sind nicht mehr jung genug, um neben den Gästen in Ihrem Bett auf einer Matratze zu schlafen. Die Gäste sind nicht mehr jung genug, um neben Ihnen in Ihrem Bett auf einer Matratze zu schlafen. Weder Sie noch Ihre Gäste fühlen sich in einem Berliner Zimmer gut oder angemessen aufgehoben, durch das des Morgens schon die andern stolpern. Sie sind aber noch nicht alt oder gutsituiert genug, um über eine Wohnung zu verfügen, die so etwas wie ein Gästezimmer hat.

Was bleibt? Genau. Nehmen wir an, die Gäste sind sogar Ihre

Eltern. Und gehören zu jener Mehrheit, die Übernachtungskosten von zwei- bis fünfhundert Mark nicht selbstverständlich finden können. Die also, wie Sie, die Namen von Savoy, Kempinski und Plaza bis Steigenberger womöglich aus der Werbung kennen, aber dabei soll es auch bleiben. Die nichts als schlafen wollen im Hotel – ruhig wäre angenehm, sauber Bedingung, nicht gerade in Potsdam auch sehr schön. Und das soll viel verlangt sein? Oh, ja. Nehmen wir an, es ist Sommer. Die Stadt ist hell bis zehn Uhr abends, und gegen Nachmittag machen Sie sich auf die Suche.

Am Anhalter Bahnhof, hat jemand erzählt, gibt es ein paar kleine Hotels, die einfach nicht teuer sein können – die Gegend nicht gerade Fußgängerzone, die Hotels schon immer da gewesen, preislich aber noch orientiert an jenem toten Ende, das dort lange gewesen ist. Sie gehen die Straße ab und sehen sich um: bis auf das eher moderne Hochgebäude dort kein ausgesprochenes Hotel. Aber an einigen Häusern Messingschilder, blankgeputzt, die sagen: Im ersten, zweiten, dritten Stock, da gibt es, was Sie suchen. Sie fahren in den dritten Stock. Sie klingeln. Es summt der Drücker, so wie beim Internisten. Sie stehen in einem riesigen Halbdunkel, angenehm kühl, trotz der verschwenderischen Menge Teppichboden, die Ihnen entgegenatmet: dunkelrot unter Ihren Füßen, mokkabraun im linken Flur, blaugrün in Rauten auf der rechten Seite. Vor Ihnen eine Rezeption wie eine übergroße Armatur: ein Schwung aus Holz, der vor vierzig Jahren gut ausgesehen haben muß. Dahinter sitzt ein zierlicher Mann in den Vierzigern, der sanft nach Ihren Wünschen fragt, Sie aber nicht versteht: ein Zimmer? Ja, schon. Ü-ber-näch-ste Woche? Er gibt Ihnen einen Kalender, damit Sie auf den fraglichen Tag zeigen. Zimmer sehen? Chef nicht da, Chef Schlüssel.

So gehen Sie. Erinnern sich an eine Einrichtung, an die Sie lange nicht gedacht haben: das Christliche Hospiz. Es gibt eines in der Auguststraße, also in Berlins Mitte, dort, wo die Synagoge ist, das Café Oren und überhaupt Geschichte, wie sie Berlin-Besucher wünschen. Sie fahren hin, sehen die Zimmer an und atmen auf: Schlichtheit ohne Ärmlichkeit, ruhig auf den Hof hinaus, ein tröstender Baum im Visier; eine ruhige Kühle, die gar nichts will außer Hotel sein. Sie fragen nach dem Preis und sind zufrieden.

Sie wollen auf Ihren Erfolg in der Oranienburger Straße noch eine Bowle trinken. Als Sie dort schließlich ein Taxi suchen und wartend zwischen zwei Autos stehenbleiben, ernten Sie böse Blicke. Es ist jetzt etwa zehn Uhr abends, und Sie tragen ein Sommerkleid, das bis zu den Knöcheln geht. Aber das hilft nichts. Denn alle Damen dort, die Kundschaft suchen, neiden Ihnen den Stehplatz, auch wenn die aussehen wie Barbarella und Sie gekleidet sind wie Queen Mum; es geht um irgendein Prinzip, das Sie zu verstehen die Zeit nicht haben, weil es dann ungemütlich wird. Und das Ihren Eltern? Das würde sowieso nicht gehen.

Dann vielleicht ein zweites Hospiz, typisch für seinen Stand: Kristallglas in der Tür, die Gründerzeit von außen im Inneren restlos getilgt. Die Dame an der Rezeption so freundlich wie der Stoffblumenstrauß am Empfang. Die Decken tief gehängt, der Schrank aus braunem Preßspan, die Nachttischlampe im schönsten Orange. Der Teppichboden beige meliert, die Vorhänge bierfarben, die Tapeten großflächig gemustert. Aschenbecher, Radiowecker, Telefon, Ausweinsessel: alles so, wie es sein sollte. Die Duschkabine mit Schiebetür, davor eine grünliche Matte. Sie öffnen das Fenster: Auch draußen ist es ganz ruhig; Baum und Heilsarmee gleich gegenüber. Sie sind in Friedenau. Da sind Ihre Eltern gut aufgehoben.

Elke Schmitter

Die Schnauze

von Renée Zucker

Berlin ist deshalb die Heimat der Schnauze, weil das Gespräch mit einem echten Berliner meistens aus dessen Monolog besteht. Der Monolog speist sich vornehmlich aus Meckern über den Ist-Zustand und der prahlerischen Gewißheit, daß man Icke bloß mal ranlassen müsse. Zuhörn gilt nich! Aber wie jede Angelegenheit hat auch die Schnauze ihre zwei Seiten. Die eine, die gute und schöne Schnauze ist phantasievoll, schlagfertig und immer für eine Überraschung gut. Sie zeigt keinen Respekt vor Obrigkeit und Tabus. Sie fürchtet weder Tod noch Teufel. Sie präsentiert die rauhe Schale und besitzt doch einen schmelzweichen Kern – diese Berliner Schnauze kennen, heißt sie lieben. Die andere Seite dagegen ist dumpf und aggressiv. Diese Schnauze demonstriert ihre blöde Ignoranz mit lautem Stolz. Sie beschränkt sich auf die eigene Laube, das eigene Auto, den eigenen Hund – Hauptsache eigen.

Eine Begegnung mit der ungeschminkt häßlichen Bösartigkeit dieser Berliner Schnauze kann einen durchschnittlich empfindsamen Menschen für den ganzen Tag in existentielle Depressionen stürzen. Die zwei Seiten eines Gegenstandes kann man allerdings nur sehen, wenn dieser Gegenstand spielerisch bewegt wird. Dieses Glück hat die Berliner Schnauze selten.

Im Sommer 1995 schafften es ein rumänischer Künstler und seine französische Gattin mit der Verwandlung eines Gebäudes. Da gab die liebe Schnauze endlich Ruh, blieb eine Weile offen vor Staunen und nannte das Gebilde zärtlich »Kohlroulade«. Wunder soll es ja immer wieder geben – sobald sie aber der Schnauze begegnen, kann man froh sein, wenn die das überhaupt merkt.

Taxifahren – Kampf ums Dasein

Gerd-Peter Bandermann läßt sich nicht leicht entmutigen. Der siebenunddreißigjährige Taxiunternehmer hat immer hart gearbeitet, und das auch mit sichtbarem Erfolg, wie das eigene Heim am östlichen Stadtrand von Berlin bezeugt. Bandermann ist stolz darauf, daß er und seine Frau bereits fünf Jahre nach der Wende ihr Haus in Weißensee beziehen konnten. Die beiden Kinder, der elf Jahre alte Sohn und die sechzehn Jahre alte Tochter, sind wohlgeraten. Eigentlich könnte es der Familie so richtig gutgehen, wenn, ja wenn es »dem Gewerbe nicht so schlechtginge«. »Alleine«, sagt er, »kann ich selbst mit zwölf bis vierzehn Stunden Arbeit am Tag die Familie nicht mehr ernähren.« Da muß die Ehefrau schon mitverdienen, was Frau Bandermann als Angestellte einer Wohnungsbaugesellschaft auch tut. Wie Gerd-Peter Bandermann ergeht es heute den meisten selbständigen Taxiunternehmern an der Spree. Deshalb muß sich der Fahrgast in Berlin auf einiges gefaßt machen, wenn er mal so nebenbei nach deren Wohlergehen fragt.

Bandermanns Schicksal ist stellvertretend für das vieler seiner Kollegen. Er ist niemand, der leichtfertig klagt oder Widerständen gegenüber schnell klein beigibt. Schließlich hat er schon in der DDR bewiesen, daß er erreicht, was er sich vorgenommen hat.

Solange er zurückdenken kann, wollte er selbständiger Taxiunternehmer werden. Und er hat es geschafft, sogar noch vor der Vereinigung, als erster und einziger in Ostberlin. Ganz sicher hatte sein Berufswunsch etwas mit seinem Vater zu tun, der als Taxiunternehmer im Westteil der Stadt lebte und für den Ostberliner Jungen unerreichbar war. Die Trennung der Familie war nicht freiwillig erfolgt, sondern vielmehr durch ein historisches Mißgeschick. Der Zufall wollte es, daß die Familie, die damals am Prenzlauer Berg lebte, am 12. August 1961 in Urlaub fahren wollte. Doch der Sohn wurde krank, die Mutter mußte zu Hause bleiben, und der Vater fuhr schon mal alleine vor, in den Westen. Einen Tag später waren sie durch die Mauer getrennt.

Vater Bandermann ist nie wieder in den Osten zurückgekehrt, obwohl er anfangs mehrmals gesagt hat, er käme wieder. Einmal wollte er seine Familie sogar in einem Tank rausholen, erzählt der Sohn, aber das sei der Mutter zu gefährlich gewesen. So blieben die Eltern durch die Mauer getrennt und ließen sich 1963 scheiden. Beide haben ein paar Jahre später wieder geheiratet. Wegen seines Vaters im Westen mußte Gerd-Peter einige Nachteile in Kauf nehmen. Er hat nie verschwiegen, daß sein leiblicher Vater in Westberlin lebte. Der kam viermal im Jahr nach Ostberlin, um seinen Sohn zu besuchen.

Zunächst wollte Bandermann junior Flugzeugmechaniker werden, das wurde abgelehnt. Dann hatte er sich für Schiffsmotorenschlosser entschieden, auch das ging nicht. Zu guter Letzt konnte er froh sein, daß er in einem Kombinat eine Stelle als Autoschlosser bekam. Er war einer von knapp zweihundert Lehrlingen. Viel gelernt habe er da nicht, sagt er. Im ersten Jahr wurden nur Wolga-Motoren repariert, im zweiten Jahr waren Ikarus-Busse dran.

Vor dem Fall der Mauer gab es in ganz Ostberlin nur sechs- bis siebenhundert volkseigene Taxen, aber nur hundertfünfzig selbständige Taxiunternehmer, und auch das nur, weil es nun einmal zum Hauptstadtanspruch dazugehörte. Das SED-Regime lehnte diese individuelle Personenbeförderung prinzipiell ab. Die paar Ostberliner Taxiunternehmer hatten ihre Lizenz direkt nach dem Krieg erhalten und sie ihren Kindern weitervererben können. Für jemanden wie Gerd-Peter Bandermann schien es daher unmöglich, selbst jemals eine Lizenz zu erhalten. Als es dann 1986 offiziell gestattet wurde, nebenberuflich Taxi zu fahren, ergriff er als erster die Chance – sein Taxi erhielt die Nummer 0001. Er tauschte seinen alten Trabant gegen einen viertürigen Lada. Der hatte zwar Löcher in der Karosserie, aber die konnte man zustopfen. Dreieinhalb Jahre lang ist er dann am Wochenende und nach Feierabend Taxi gefahren. »Für Ostverhältnisse ging es uns wirtschaftlich relativ gut«, sagt er.

Bandermann beantragte bald sein eigenes Taxiunternehmen.

Doch die Anträge wurden immer abgelehnt. 1989 ließ er sich dann nicht mehr abwimmeln. Er drang bis zum stellvertretenden Oberbürgermeister von Ostberlin vor, und im Verkehrsministerium veranstaltete er ein regelrechtes Sit-in. Er werde erst wieder gehen, wenn er den zuständigen Genossen gesprochen hätte, verkündete er. Der gab schließlich nach: »Machen Sie dem Mann eine Gewerbekarte fertig.« Das war im Oktober 1989. Am ersten Januar 1990 hatte Gerd-Peter Bandermann endlich sein eigenes Taxiunternehmen. Voller Stolz erzählte er das seinem Vater. Doch der stellte den Sohn seinen Kollegen mit den Worten vor: »Das ist so'n Schwarzfahrer aus dem Osten.«

Zum Zeitpunkt der Wiedervereinigung gab es in Westberlin fünftausend, in Ostberlin bereits zweitausend Taxifahrer. Es waren vor allem Fahrer aus den DDR-Ministerien, die bis Oktober 1990 Gewerbescheine erworben hatten. Für einige Westberliner Taxifahrer stand gleich fest, daß dieser Zuwachs aus dem Osten das Geschäft ruinieren würde. Und da die Fahrer in der Regel auf der Gehaltsliste des Ministeriums für Staatssicherheit gestanden hatten, hieß es an westlichen Taxiständen oft: »Die waren doch alle bei der Stasi.« Auch sein Vater habe das Gefühl gehabt, die Ostler nehmen ihm die Arbeit weg, sagt Gerd-Peter Bandermann, und will nicht ausschließen, daß dies zur Entfremdung zwischen Vater und Sohn mit beigetragen hat.

Die Taxifahrer-Innung von Westberlin war damals allerdings der Meinung, daß Berlin durchaus siebentausend Taxen vertragen könne. Die Euphorie nach dem Mauerfall war groß und der Berlin-Tourismus boomte. Doch seitdem ist das Geschäft erheblich zurückgegangen. Der Verlust der Berlin-Zulage und die höheren Abgaben haben dazu geführt, daß die Berliner heute weniger mit dem Taxi fahren. Auch die Zahl der Berlin-Besucher geht zurück. »Konnte man früher zwanzig Touristen pro Nacht fahren, sind es heute gerade man zwölf«, sagt Horst Bullerdick, der seit achtzehn Jahren »auf dem Bock sitzt«. Seit dem Fall der Mauer würden die Westberliner auch am Wochenende mehr ins Umland fahren, meint Bullerdick. Das reduziert das früher so lukrative Wochenendgeschäft. Viele Fahrten für Behinderte und Kranke werden von den Kassen nicht mehr übernommen. Der Nettoverdienst der Taxifahrer liegt heute bei acht Mark die Stunde. Eine zusätzliche Hürde sind die Baustellen, die den Individualverkehr so behindern, daß viele Kunden lieber mit U- und S-Bahn fahren. Der Staus wegen fährt Gerd-Peter Bandermann heute nur noch nachts. Es regt ihn zu sehr auf, wenn er lange warten oder wegen einer Straßensperre eine Umleitung fahren muß; er hat eben ein hohes Berufsethos.

In den letzten eineinhalb Jahren haben tausend Berliner Taxifahrer ihre Konzession zurückgegeben, erklärt Wolfgang Wruck, der Vorsitzende der Berliner-Taxifahrer-Innung, so viele wie noch nie zuvor in einem vergleichbaren Zeitraum. Die Innung fordert heute vom Senat, einen sogenannten Beobachtungszeitraum einzuführen, um die Neuausgabe von Konzessionen restriktiver handhaben zu können. Doch mit einem derartigen Versuch hat die Senatsverwaltung bereits 1985 kläglich Schiffbruch erlitten. Deshalb beruft sich Verkehrssenator Jürgen Klemann (CDU) heute auf die Berufsfreiheit im Grundgesetz. Denn trotz der schlechten Verdienstlage ist der Andrang auf das Gewerbe erstaunlich groß, weil die Situation in anderen Branchen noch schlechter ist. Es werden scharenweise Arbeitslose zu Taxifahrern umgeschult, stöhnt Wruck. Unter Berlins Taxifahrern gibt es heute nicht selten hochqualifizierte Akademiker. »Wir haben sogar einen richtigen Professor«, sagt Bullerdick.

Gut klingen die Mottos auf den alten Gewerbefahnen, die das Innungsbüro in Charlottenburg schmücken. »Einer für alle, alle für einen« oder »Einigkeit macht stark« steht da in goldenen Buchstaben. Doch von der Realität sind die schönen Sprüche weit entfernt. Berlins Taxifahrer sind mittendrin im neuen sozialen Verteilungskampf, der eher der Devise zu folgen scheint: »Jeder gegen jeden«. Denn in einem sind sich die Taxifahrer in Berlin aus Ost und West schon wieder ganz einig. Schuld hat ihrer Meinung nach die Politik, das sagen sie ganz offen, und hinter vorgehaltener Hand fügt manch einer noch »und die Ausländer« hinzu. Natürlich möchte keiner etwas gegen einen einzelnen »netten ausländischen Kollegen« sagen, aber daß einige manchmal die Sprache nicht richtig beherrschen, stört doch, und vor allem stört, daß es so viele sind. »Von zehn Konzessionen, die heute neu vergeben werden«, sagt Innungschef Wruck, »gehen sechs an Ausländer.« Daß das nicht geht, darin sind sich West- und Osttaxifahrer dann wieder völlig einig.

»Die Taxifahrer sind das Aushängeschild von Berlin«, erklärte der Geschäftsführer von Berlin Partner, Volker Hassemer, vor kurzem, als er Berlins Taxifahrer zu einem geselligen Abend zu den Stachelschweinen einlud. Für zwei Stunden, während des Programms, das sinnigerweise auch noch »Die abgeschriebene Republik« hieß, haben sich die Anwesenden ganz gut amüsiert. Doch am Rande sprachen viele offen vom »Kampf ums Überleben« und meinten, wenn sie nicht eingeladen worden wären, hätten sie sich das Kabarett nicht leisten können. Auf die Politik waren sie ohnehin nicht gut zu sprechen. »Politiker predigen heutzutage Wasser und trinken Wein«, hieß es. Verärgert sind die Taxifahrer vor allem über die neuen Kurzstreckentarife von fünf Mark für zwei Kilometer oder fünf Minuten Fahrtzeit, die ihr Einkommen zusätzlich reduzieren. Jetzt sollen auch noch Frauen-Nachttarife eingeführt werden, gegen die die Innung derzeit Sturm läuft. »Die wollen ein politisches Zeichen setzen«, sagt Bullerdick, »aber nicht auf unsere Kosten.« Ein Staatssekretär, der neulich im Taxi ins Rote Rathaus fuhr, mußte sich glatt anhören, da arbeiteten doch eh nur »Verbrecher«. Auch wenn sie von der aktuellen Politik enttäuscht sind, hoffen die Berliner Taxifahrer doch auf den Umzug von Parlament und Regierung. Gerd-Peter Bandermann jedenfalls meint, wenn die Baustellen erst einmal beseitigt sind, wird er auch wieder tagsüber fahren können, und er hofft ganz fest darauf, daß mit dem Regierungsumzug das Geschäft wieder aufwärtsgeht.

Marianne Heuwagen

Hertha

von Hans-Jörg Heims

Schon früher, als wir die Mädchen schneller wechselten als die Hemden, war Hertha unsere heimliche Leidenschaft. Laut sagen durften wir das nicht, weil sie im anderen Teil der Stadt lebte und jeder Annäherungsversuch von strengen Erziehern bei Strafe untersagt war. So litten wir hinter der Mauer mit Hertha, wenn sie wieder einmal ihre zahlreichen Affären durchlebte und der Abstieg unaufhaltbar zu sein schien. Um so mehr genossen wir die seltenen Augenblicke des Triumphes. Dann tönte das vielstimmige »Ha Ho He Hertha BSC« vom Maifeld so laut herüber, daß wir es auch noch hinter der Mauer hören konnten. Doch meistens dauerte es nicht lange, und die nächste Krise folgte. Hertha hatte einfach kein Glück mit den Männern. Es warben immer die falschen um sie, häufig solche, die ihr Herz mit viel Geld zu kaufen versuchten. Doch die meisten ließen sie am Ende mit einem Haufen Schulden sitzen. Unseren Frust sangen wir dann in der Alten Försterei hinaus: »Wir sind wie das Meer und der Wind, blau-weiße Hertha und rot-weiß Union.«

Die gute Tante Union aus der Köpenicker Wuhlheide hat uns getröstet, bis die Mauer endlich fiel. Aber nach dem großen Fest kam die Ernüchterung. Hertha entpuppte sich als launische alte Dame. Rehhagel oder Beckenbauer wollten nichts von ihr wissen, und auch ein Matthäus blieb lieber im München. Dann haben wir die Hertha zur Kur geschickt und liften lassen, damit ihr nun doch gelingt, was ganz Berlin versucht: Die Verführung millionenteurer Superstars, Aufstieg in die Bundesliga, Europacup ... Der ganze schöne Traum, eben: Ha Ho He.

Der Basketballer oder »Stottern mit Henning«

Diese großen Hände. Wenn Henning Harnisch mit ihnen sein Gesicht berührt, kommt einem ein aberwitziger Gedanke. Gleich wird er vorsichtig mit der linken Hand unters Kinn fassen und mit der rechten an die Nackenhaare, so daß er nun dasteht wie ein Basketballer beim Freiwurf. Der Kopf wird sich in ein Spielgerät verwandeln. Lautlos wird es von Harnisch geworfen, und während seine Linke noch oben ist, als winke sie jemandem zu, und die Rechte am Körper baumelt, wird der Ball mit einem leisen »sssst« durchs Korbnetz rutschen. Na bitte. Punkt für Henning.

Wäre eigentlich eine passable Werbeidee, oder? Könnte ohne weiteres mit Computersimulation umgesetzt werden. Günstiger Zeitpunkt außerdem, denn Henning Harnisch denkt gerade über das Reklameangebot eines großen Sportartikelherstellers nach. Allerdings hatte er schon viele Angebote, und bislang hat er sie alle abgelehnt. Es machte ihm keinen Spaß, vor Kameras irgendwelche Schokoriegel zu verzehren und danach von den Leuten angestarrt zu werden: Ist das nicht der schlaksige Kerl aus der Werbung? Und wie war das gleich, was macht er nebenbei? Ah ja, Basketball spielen. »Unangenehme Popularität« nennt Henning Harnisch so etwas. Er bedauert Menschen wie die lila Schwimmerin, brave Maskottchen der Industrie, die sich ihr Eigenleben haben nehmen lassen.

Man kann ziemlich sicher sein, daß seines nicht in Gefahr ist. Wenn er in seine Kreuzberger Stammkneipe tritt, ein Zwei-Meter-Mann mit weiten Cordhosen, die so an ihm herunterhängen, daß er irgendwie desolat wirkt, hebt keiner den Blick. Eine Frau liest ein Buch. Ein Ehemann löffelt Suppe. Der Wirt quatscht. Vielleicht kennt ja jemand Harnisch, aber Berühmtheiten oder gar Autoritäten spielen hier keine Rolle. Das gefällt ihm. Er mag nicht beobachtet und kontrolliert werden und kann es sich deshalb nicht vorstellen, in einem der Dörfer zu spielen, in denen

Basketball jetzt groß im Schwange ist, Rhöndorf oder Oberelchingen etwa. Noch nicht einmal Bamberg oder Trier kämen in Frage. Es muß eine Großstadt sein.

Ihm genügt seine Popularität, die er allerdings nicht Popularität nennt. Er sagt Wiedererkennungsgrad. Das liest sich sehr akademisch, aber so wie er es sagt, klingt es eher ironisch. Einerseits lax, andererseits durchdacht. So spricht er fast immer. Einmal hat er über seinen Trainer bei Alba Berlin, Svetislav Pesic, erzählt. Pesic ist ein Eifriger, ein Berserker, der seinen Spielern immer wieder einredet, sie sollten den ganzen Tag an Basketball denken. »Das finde ich charmant«, erklärt Harnisch, der, gelinde gesprochen, sich außerstande sieht, die Forderung seines Coaches zu erfüllen. Charmant. Auf so ein Wort muß man in diesem Zusammenhang erst einmal kommen.

Der Spieler hat einigermaßen Italienisch gelernt. Er hat eine Buchhändlerlehre gemacht. Außerdem hat er an manchen Tagen an die fünfzehn Faxe mit einer ›Titanic‹-Journalistin ausgetauscht, nur so aus Spaß an gehobener Spinnerei. Der Spieler antwortet in Interviews mit Liedzeilen von Bands, die jeden Dudelfunkcomputer zum Implodieren brächten, was im übrigen keine schlechte Entwicklung wäre. Von diesen Einzelheiten weiß das Berliner Basketball-Publikum natürlich nichts oder nur wenig. Aber es muß etwas spüren und mag Harnisch mehr als andere. Er wiederum mag die Zuschauer in der Stadt. »Wenn ich mich in der Halle umschaue, sehe ich extrem viele angenehme Leute. Sie haben nichts Aggressives.« Manche lesen während der Pause die ›Wirtschaftswoche‹, und wenn die im Fanblock hinter dem Korb ausgelöste Welle auf sie zurollt, legen sie das Blatt schnell beiseite, flattern mit den Händen wie Schmetterlinge mit den Flügeln und springen mit ihren Sitznachbarn auf.

Die Stimmung wird immer besser, Basketball boomt in Berlin. Kein anderes Team hat derzeit so viele Zuschauer wie Alba, und es fragt sich, warum das so ist. Nur wegen der vielen Siege? Wegen Henning Harnisch womöglich, der im Sommer aus Leverkusen gekommen war? Das wäre nun doch zuviel der Ehre für einen Einzelnen, zumal für einen, der oft nicht besonders gut gespielt hat. Der Andrang hängt zum einen mit Albas Umzug von Charlottenburg in die Schmeling-Halle in Prenzlauer Berg zusammen. Dorthin strömen jetzt sportbegeisterte Ostler, die das in der DDR vernachlässigte Spiel entdecken. Zum anderen bläst der Zeitgeist den Basketball prall auf. Er sitzt in Amerika, hat Akteure wie Barkley und Rodman in den Rang von Popstars erhoben und immer wieder zu uns herübergerufen, es sei trendy, auf Korbjagd zu gehen, möglichst in Markenklamotten.

Henning Harnisch weiß genau, welche Rolle ihm in dieser Situation zukommt. »Ich werde gebraucht, um Schnittpunkte herzustellen«, sagt er. Da ist kein deutscher Basketballer außer ihm, mit dem sich sowohl der intellektuelle Stammzuschauer als auch der baseballkäppibewehrte Neuling identifizieren kann. Nur er mit seinen vielen Interessen und seinem Aussehen, das vollkommene individuelle Freiheit suggeriert, vereint die verschiedenen Strömungen. Erst trug er lange Haare und Stirnband, dann, als sich alle daran gewöhnt hatten, einen braven, kurzen Schnitt, nun hat er seine Haare wasserstoffblond gefärbt. Wie es ihm gerade gefällt.

Solch ein Spieler hatte Berlin gefehlt. Die Stadt ist uneinheitlich, veränderlich, labyrinthisch, aber ihre Basketballer waren streng sportlich und sonst gar nichts. Harnisch hingegen ist nicht festzulegen. Außerhalb der Halle könnte man ihn genausogut für einen Galeristen halten, einen Weinhändler oder Kinokartenabreißer. Allerdings ist es ein Mißverständnis zu glauben, er könne sich treiben lassen durchs Labyrinth. So unabhängig, wie die Leute meinen und wie er es gern hätte, lebt er nicht. Er fährt zweimal am Tag zum Training, und wenn er nicht dorthin fährt, fährt er zum Spiel. »Sport hat mit Unterordnung zu tun, mit festen Strukturen«, sagt er. Da kann er nicht ausbrechen. Er kann nur Ausbrüche vortäuschen, um sich zu beruhigen. Mal eine neue Frisur, mal ein Widerwort. Pseudofreiheit nennt er das.

So täuschen sie fast alle in der betriebsamen Metropole. Sie wissen genau, daß sie jede Entladung, jeden wirklichen Exzeß teuer bezahlen müssen, und zwar mit ihrer Funktionsfähigkeit. Harnischs Vorteil ist nur, daß er sich, im Gegensatz zur Mehrheit, in seinem Job berauschen kann. Es sind lediglich Momente, aber die wirken lange nach. Wenn er beim Dunk den Ball in den

Korb knallt, als wolle er ihn zum Platzen bringen, und sich danach am Ring festhält wie ein Kind an einem Klettergerüst, wenn dann achttausend Menschen orgiastisch schreien, weil er an einen ihrer Instinkte gerührt hat, ist er high. Und nur wenn er high ist, spielt er stark. Ein Stimmungsabhängiger.

Aus einer Laune heraus hat er einmal erzählt, daß er gern eine Musiksendung moderieren würde. Der Wunsch drang an die Öffentlichkeit. Sofort meldete sich eine Radiostation, aber leider steckte Henning Harnisch von da an etwas in der Bredouille. »Merkt man ja, ich stottere«, sagt er. Ein bißchen merkt man es. Er dehnt die Wörter sehr lange, ganz so, als überlege er ständig. In Wirklichkeit kämpft er ausdauernd mit den Silben. Deshalb hat er vor vier Jahren eine Einladung ins ZDF-Sportstudio ausgeschlagen. »Ich klinge dann so reduziert, und das wollte ich nicht.«

Mittlerweile hat er mehr Mut, was man schon daran erkennt, daß er von sich aus über das Thema redet. Bevor es nun aber zu ernst wird, bevor Berlin in Tragik versinkt, schwenkt er intuitiv um. Vielleicht, sagt Harnisch, mache er die Sendung, einen Titel wüßte er schon: »Stottern mit Henning«.

Birk Meinhardt

Die Mauke

von Marc Kayser

Der Berliner ist ein dialektfreudiges Wesen, deshalb sagt er zum Fuß nicht nur Fuß und zum Ball nicht nur Ball. Er sagt zu beidem gerne auch Mauke. Auch eine Beule am Kopf nennt er so: Mauke. Richtig populär wurde die Mauke als Synonym für Ball. Schuld daran war die Fußball-EM des Jahres 96. Im Konzert der Schreihälse tönte es in der Hauptstadt fanfarenhaft laut: »Klinsi, weg mit der Mauke«, oder auch: »Oh, jetzt isse im Tor«. Aber damit nicht genug: Was den Zugezogenen verwirren mußte, waren die nicht weniger häufigen Ausrufe wie: »Hau ihm seine Mauken weg«, oder: »Verpaß ihm doch endlich 'ne Mauke«, denn eines hat der Berliner bei der Schaffung des Wortes Mauke offenbar begriffen: Ein Ball (Mauke) ist ohne den Fuß (Mauke) und der Einsatz für den Ball ohne Beule (Mauke) nicht denkbar.

Der Hauptstädter ist halt ein komplexes Wesen, der, wenn er maukenhaft denkt, immer auch das Gerüst allen deutschen Ausdrucks beachtet: Das Objekt (Ball) ist nichts ohne das Subjekt (Menschenfuß) verfeinert durch ein treffliches Attribut (Beulenschmerz) vor dem Prädikat (Schuß). So wird man Europameister.

Nicht zuhören, aber abhören

»Mit der MS Bremen auf den Spuren großer Entdecker«, oder »Dr. Eugen Drewermann: Rapunzel tiefenpsychologisch gedeutet« – jeder Berliner kennt die rot blinkenden Verheißungen draußen an der Urania. Die Leuchtschrift in der Endlosschleife, die der Traditionseinrichtung mit dem Erwachsenenbildungs-Programm so etwas anziehend Zirkushaftes verleiht. Und jetzt darf ich hier auch mal vortragen! Drinnen in dem schmucklosen Quader ist es dann allerdings sofort aus mit dem Zirkus. Das ganz normale Berlin hat mich wieder: »Die Garderobe ist im Foyer abzugeben!« Schuldbewußt zucke ich zusammen. Der gestrenge Ton in meiner Einladung – einer Einladung! – war also doch kein Zufall. Ein Formblatt mit mehrstufigem Appellcharakter: Nach Eintreffen in der Stadt umgehend telephonisch melden! Rechtzeitig einfinden! Insbesondere habe der Referent ordnungsgemäß alles zu bieten, was im Programmtext angekündigt worden sei. Und zwar lückenlos. Jawoll.

So eingestimmt betrete ich geduckt und extra pünktlich den Saal. Pult und Stuhlreihen nackt, kaltes Licht, wie zum Verhör. Ich warte auf Wen-auch-immer, der mich und das Thema einführen wird. Vergeblich – hier herrscht das universitäre Hörsaalprinzip, wie man mir später erklärt. Der Student, der das Eintrittsgeld kassiert hat, schließt die Tür: »Sie haben Zeit bis höchstens halb zehn.« Ich bin allein. Mit fünfzig Zuhörern. Die Hälfte davon hungrige Tiger auf dem Sprung.

»Meine Damen und Herr...«, habe ich vom Podium herab kaum zu Ende gesagt, da springt der erste, ein Rentner in der zweiten Reihe, auf: »Wissense, det war aber zu meiner Zeit janz anders jewesen ...« Sein Co-Referat zu meinem noch gar nicht gehaltenen ist kaum beendet, da fällt schon eine keifende Frau von ganz hinten ein. Bei ihr eine dritte. Und der vierte ruft: »Nu lassense die Frau doch ooch mal wat sajen!« Damit meint er mich.

Ich mach's kurz: Ich habe mich durchsetzen können, und wir

haben die Debatte zum Thema Kindheit noch ganz interessant zu Ende gekriegt. Zwei Stockwerke tiefer verabschiede ich mich beim Direktor: »Am Anfang hatten Sie's ja nicht ganz leicht.« »Woher wissen Sie das denn?« frage ich erstaunt, denn den Herrn habe ich während meines Kampfes mit der versammelten Berliner Maul-, Nöl- und Nörgelschaft gar nicht gesehen. Er deutet auf einen Knopf an seinem Schreibtisch: Die Abhöranlage. Vertrauen ist gut, Kontrolle ist besser. Berlin, du Stadt des Charmes, der Gastfreundschaft, der Höflichkeit! Du »wunderbare« Stadt, wie Unternehmensberatungen in ihren Annoncen locken, in der »morgen die Musik spielen wird«. Vermutlich ›Preußens Gloria‹.

Christiane Grefe

Berliner Schick

von Elke Schmitter

Man weiß nicht recht – wo kommt dieses Wort eigentlich her? Ist es aus jener Rubrik entstanden, die im Fragebogen lautet: »Wie würden Sie einem Blinden ihr Aussehen beschreiben?« Gehen Sie einmal jetzt, bei dieser fußläufigen Witterung, über unsere Flaniermeile (auch so ein Wort, aber lassen wird das), den Kurfürstendamm: Was sehen Sie? Sie sehen in den Schaufenstern und an den Damenkörpern Kostümchen und Ensembles von jener Eigenart, die alle Trägerinnen ganz unterschiedslos in eine Zeit versetzen, da Haarspray als Parfum durchging und eine Erdbeerbowle für ein Getränk mit Stil gehalten wurde. Die Röcke sind zu kurz oder zu lang, behindern aber auf jeden Fall das Gehen, die Jacken sehen schon ungemütlich aus, und ihre Knöpfe erinnern an die Ohrringe vom Straßenhändler.

Das Berliner Opernpublikum ist so gekleidet wie das aus Pirmasens, wenn es da eine Oper gäbe. Allein die Berlinerin kann für sich in Anspruch nehmen, sogar aus dem kleinen Schwarzen etwas zu machen, was die Augen quält. Hamburger Eisenten, Münchener Barockdirndl und Düsseldorfer Spätblondinen vertreten, verglichen mit der Berliner Bourgeoisie, geradezu Weltklasse an Eleganz. Allein in jenen Klassen, die überall sonst wenig modeträchtig sind, kann diese Stadt Führung beanspruchen, und gerade da mit offensiver Selbstverstümmelung: Tattoos und Piercing kommen, wen wundert das, natürlich aus Berlin.

Häßlich währt am längsten

Der gnadenlose Realismus der Berliner Theater

Auf dem Weg von der Gedächtniskirche zum Rosa-Luxemburg-Platz entfährt es dem auswärtigen Gast: Wie häßlich hier alles ist! Die Gesichter der Menschen auf der Straße, gehetzt wie Woyzeck, die architektonischen Konglomerate; am Alexanderplatz beginnt ja immer noch die russische Steppe, Plattenbauten bis Wladiwostok, achttausend Kilometer ... Berlin besteht aus Vorurteilen, die sich dann oft auch noch bestätigen. Und Berlin ist Theater: eine lärmende Polit-Orgie, gewaltverliebt, gemein, ein Leerstück, wie es typisch geworden ist für diese Zeit.

Es war eine Premiere des Filmregisseurs Christoph Schlingensief. Er gehört zu den Künstlern, die regelmäßig an der »Volksbühne« auf den Putz hauen. Diesmal hatte er es auf Rudi Dutschke und die Achtundsechziger abgesehen und Heiner Müller und Wolf Biermann sogleich mitverarztet. Früher lebte Schlingensief in Mülheim an der Ruhr, kokettierte mit seiner provinziellen katholischen Kinderstube. Dann zog es ihn, wie so viele jetzt, nach Berlin. An das Linksbiotop »Volksbühne« genauer gesagt, denn nur dort kann man Aktionen durchführen, wie jene, bei der Schlingensief eine Kanzler-Puppe malträtierte unter dem Motto »Tötet Helmut Kohl«.

Es war eine Schlingensief-Premiere, die den Gast zugleich nervte, abstieß und faszinierte. Es hätte auch ein Tanztheaterstück von Johann Kresnik sein können, eine dieser biographischen Theaterschlachten über Ernst Jünger oder Ulrike Meinhof oder – hier spricht der Genius loci – Rosa Luxemburg. Es hätte selbstverständlich auch eine Aufführung von Frank Castorf sein können. Denn all die Volksbühnen-Regisseure, so unterschiedlich sie sein mögen, haben etwas gemeinsam: die Lust an der Zerstörung. Das ist die Grundeinstellung der Jäger und Rammler: immerzu kämpfen, auch wenn dabei bloß Papiertiger erlegt werden.

Der Berliner Theaterton ist rauh, nicht nur an der »Volksbühne«. Die Bühnen-Bilder, die kahlen, offenen, schmucklosen Spielräume, wecken hier selten Illusionen. Der Schritt von der Straße in den Zuschauerraum vollzieht sich unmerklich, offenbar gibt es kaum einen Unterschied mehr zwischen dem Drinnen und dem Draußen, und der alte Dramaturgentraum hat sich in einer Karikatur erfüllt: Das Theater wirkt wie ein Spiegel der Zeit und der Gesellschaft. Das Theater in Berlin ist im vulgären Sinne politischer, als ihm lieb sein kann – und als es ihm selbst bewußt ist.

Martin Wuttke in der Rolle des Arturo Ui hat das Bild des Berliner Schauspielers in dieser Zeit nachhaltig geprägt. Wuttke bespielt das Publikum frontal. Sein beinahe selbstzerstörerischer körperlicher Einsatz entspricht der hohen Intelligenz und Raffinesse, mit welcher er Brechts Hitler-Popanz auferstehen läßt und gleichzeitig zerlegt. Dieser Brecht ist Heiner Müllers inszenatorisches Vermächtnis an das »Berliner Ensemble«, an Berlin. Es erinnert daran, daß Berlin die Hauptstadt der deutschen Diktaturen war. In einer anderen signifikanten Aufführung des BE, in Heiner Müllers ›Quartett‹, liefern sich Marianne Hoppe und Martin Wuttke einen verbalerotischen Zweikampf. Der Altersunterschied der beiden Protagonisten beträgt rund ein halbes Jahrhundert. Es ist ungefähr die Zeitspanne, während der Deutschland geteilt war. Zwei Komplexe beherrschen hier nach wie vor die Spielpläne: der Nationalsozialismus und die DDR.

Über die historische Begrenzung kann das Berliner Theater im Moment kaum hinaus. Manch einer fühlt sich da allzu stark eingeengt. Als Star-Regisseur Peter Zadek dem »Berliner Ensemble« den Rücken kehrte, klagte er an. Er habe als Jude das »faschistoide« Theater der ostdeutschen Starregisseure nicht mehr ertragen. Berlin war ihm zu anstrengend, zu laut, die Atmosphäre in der Stadt (»eine Baugrube«) empfand er als hysterisch und aggressiv. Wer wollte Zadek widersprechen und behaupten, daß seine legendären Wiener Tschechow-Inszenierungen des ›Ivanov‹ und des ›Kirschgarten‹ ebenso leger-brillant an einer Berliner Bühne hätten entstehen können? Bestätigt wurde Zadeks Ansicht vom ungastlichen Berlin ausgerechnet von

Einar Schleef, der am »Berliner Ensemble« sein ärgster ästhetischer Widersacher gewesen war und der nach den ›Wessis in Weimar‹ mit ›Herr Puntila und sein Knecht Matti‹ wieder einen fürchterlichen Höhepunkt der Berliner Theaterkunst geschaffen hat: Brecht als sexuellen Gewaltakt. Schleef glaubt, daß die Zeit des ostdeutschen wie des westdeutschen Theaters an sich zu Ende sei. Und nun klafft brüllende Leere. Nun erkennt man waghalsige, brüchige Übergänge in eine Zukunft, die künstlerisch und kulturpolitisch ungewiß bleibt.

Bald nach der Wende hatte der Theaterprofessor Ivan Nagel, Stifter auch der Mesalliance zwischen Zadek und dem Berliner Ensemble, in seinem Gutachten für den Berliner Senat die »Volksbühne« am Rosa-Luxemburg-Platz als einen »Bau von schlagender Häßlichkeit« bezeichnet. Eine weitsichtige Formulierung, denn inzwischen ist das gesamte Berliner Theaterleben, sofern lebendige Kräfte walten, mit jener Häßlichkeit geschlagen, die dem Erscheinungsbild der Stadt, ihren Ritualen, ihren Erinnerungen und Visionen entspricht. Umbruch, Zeitenwende, Vereinigungsprozeß, Hauptstadt-Aufbau – dem Unvermeidlichen und Notwendigen eignet nichts Schönes und Gutes, aber doch viel Wahres. Berlin ist die Stadt der Disharmonie.

Frank Castorfs Volksbühne, erfolgsverwöhnt und nach wenigen Jahren schon Legende, scheint dazu verdammt, auf dem verstimmten Klavier mit der ostdeutschen Tastatur, auf den berühmten Blecheimern, in denen ein ungenießbarer Brei der Einheit verquirlt wird, weiterspielen zu müssen bis zum Abwinken. Schon ergeht es Castorf und auch seinem Hausregisseur, dem Schweizer Christoph Marthaler, ähnlich wie Peter Zadek. Auswärts, in Hamburg zum Beispiel, gelingen ihnen Inszenierungen, die weitaus lockerer, entspannter sind als die notorisch angestrengten Heimspiele. Paradox, aber wahr: »Volksbühne« und »Berliner Ensemble« leiden unter einem Zuviel an Realität, am Überdruck der Gegenwart, die sich, zumal am Schiffbauerdamm, nach Heiner Müllers Tod, immer wieder in gebieterische Vergangenheitsformen kleidet. Berlin frißt seine Gören. Es geschieht nicht umsonst, daß sich die Volksbühne öffnet für Trash-Festivals, Treuhand- und Stasi-Debatten, für PDS-Hungerstreiks, daß

Castorf & Co. mit dem Prater am Prenzlauer Berg die Biergarten- und Kreiskulturhaus-Tradition wiederbeleben. Es ist die Flucht zurück und nach vorn. Es ist vielleicht die einzige Möglichkeit, in dieser Stadt des kulturellen Mahlstroms zu überleben.

Auch die DDR lebt auf der Bühne fort, und man kann fragen: Was wären diese Bühnen ohne ihren Fundus an Kitsch aus der sozialistischen Kinderstube? Die sonst aus dem Alltag verdrängte DDR-Erfahrung wird im »Volksbühnen«-Zirkus wieder Realität und vermengt sich dort mit Resten von westlichem Lebensgefühl. Die »Volksbühne« ist so, wie Berlin ist. OST steht oben auf dem Dach, in riesengroßen Buchstaben. Von drinnen mischt sich alles, was in dieser Stadt an linken, anarchischen, intellektuellen Strömungen noch irgendwie auf sich aufmerksam zu machen versteht. Die Ideologien haben sich aufgelöst. Aber die Verwirrung in den Köpfen, der Phantomschmerz, die Zukunftsangst und die Lust an der Katastrophe – all das ist real.

Dort, wo man sich gegen diese Realität abzuschotten versucht, breitet sich eine morbide Atmosphäre aus. Das »Deutsche Theater«, zu DDR-Zeiten die Nummer eins im Lande, ist ein solcher Ort. Intendant Thomas Langhoff und sein Ensemble schulterten die Last des untergegangenen »Schiller-Theaters«. Man will und man muß in der Schumannstraße ein Staatstheater sein. Man pflegt in den Inszenierungen von Langhoff, Jürgen Gosch und Alexander Lang eine behutsame modernisierte Klassik, wobei auch hier, ob Kleist oder Shakespeare, immer wieder das im Osten der Stadt noch konservierte Berliner Idiom durchschlägt. Hier klingt alles ein bißchen nach Gerhart Hauptmann, nach ›Biberpelz‹, nach ›Ratten‹. Ein Berliner Burgtheater kann es nicht geben. Realistisch ist die Hoffnung auf ein streitsüchtiges, streitbares Theater der Berliner Republik.

Deutsches Theater, Berliner Ensemble, Volksbühne – sie bilden das Bermuda-Dreieck einer Bühnenszenerie, in dem die alten Mythen der Theaterstadt Berlin, der deutschen Theatermetropole gar, verschwimmen. In der nun auch wieder kulturellen Mitte der Hauptstadt, in diesem zentralen Bereich machen sich die Zentrifugalkräfte des Umbaus, des Kapitals, der künftigen politischen Anforderungen bemerkbar. In diesem Sog kann nun auch das kleine »Maxim-Gorki-Theater« Unter den Linden gelegentlich erfolgreich mitstrampeln. Dagegen wirkt der Westen wie ausgesperrt von der neuen Realität, allerdings nicht ohne eigenes Verschulden.

Daß nach der Wende im alten Westen eine blühende Theaterlandschaft untergegangen wäre, läßt sich kaum behaupten. Doch hat der Verlust der »Freien Volksbühne« und des »Schiller-Theaters« – beide sind heute Musicalbühnen in privater Regie – den kulturellen Abstieg der westlichen City deutlich dokumentiert. Geblieben ist die »Schaubühne« am Lehniner Platz, das früher so herrliche Theater der genialen Illusionisten Peter Stein, Luc Bondy, Robert Wilson, eine Westberliner Insel, deren Entwicklung Rätsel aufgibt. Geblieben ist das »Grips-Theater«, genau wie die Schaubühne eine Gründung der frühen siebziger Jahre, als Kulturpolitiker noch träumen durften und die Geschichte immerzu eine ›Linke Geschichte‹ war. Verständlicherweise zögert Grips-Chef Volker Ludwig mit der Fortsetzung der weltberühmten ›Linie 1‹, die seit 1986 läuft und läuft und läuft. Auch wenn sich die Streckenführung in der Realität längst geändert hat, auch wenn die Kids anders reden, sich anders kleiden – man kann das Märchen von dem Ausreißermädchen in der bösen, großen Stadt nicht einfach umschreiben. Man kann auch ›Aschenputtel‹ nicht umschreiben.

Diese Stadt, die als größte Baustelle Europas und als »Hauptstadt des Verbrechens« tituliert wird, die psychologisch und politisch nach wie vor geteilt ist, kann kein geruhsam reflektierendes Theater hervorbringen. Der schöne Schein, die Lüge wird in diesem Klima sofort entlarvt. Doch weiterhin spielt das Theater unter solchen merkwürdigen Bedingungen seine traditionelle Rolle als gesellschaftlicher Mittelpunkt. Mag sein, daß Berlin, wie manch ein Auswärtiger behauptet, gar keine Gesellschaft besitzt. Gleichviel – es treffen sich hier in den Premieren immer all jene, die sich für die Berliner Gesellschaft halten. In den Feuilletons der Zeitungen, im Rundfunk und Fernsehen nimmt Theaterkritik und Theaterberichterstattung einen breiten Raum ein. Das ist Berliner Tradition, die offensichtlich auch nicht von der Tatsache erschüttert wird, daß die großen Berliner Sprechbühnen eine Kleiderordnung zulassen, die eher an Kneipe erinnert als an Staatstheater.

Nach dem Theater will der Gast, der aus einer großen Stadt kommt, in der alles ganz anders ist, noch essen. Und da stellt sich heraus, daß auch Berliner Kellner imstande sind, die Ballade von der Häßlichkeit der Hauptstadt zu deklamieren. Der hungrige, späte Gast bekommt zu hören: Wieso gefällt Ihnen die Speisekarte nicht? Wir haben heute keine andere und haben auch nie eine andere gehabt! Und so verläßt man das neue Restaurant Unter den Linden, durchbohrt von den Blicken sämtlicher Kellner, die dreinschauen wie Schauspieler, wenn man mitten in der Vorstellung das Weite sucht.

Was soll auch herauskommen, wenn sich die Weltläufigkeit der DDR mit bundesrepublikanischer Bescheidenheit zusammentut. BE natürlich: Böses Erwachen. Das »Berliner Ensemble«, dieses so hart umkämpfte Haus, ist zum Symbol geworden. Es trägt den Namen der Stadt. Ganz Berlin ist ein Ensemble.

Rüdiger Schaper

Hustentheater

von Evelyn Roll

Das kennt man ja in jeder anderen Stadt auch. Es ist Winter. Irritierte Flimmerhärchen geraten ohne Akklimatisierungsschleuse direkt aus der Eiseskälte in den überheizten Konzertsaal. Davon kommt das weltweit verbreitete, nervös-hysterische Ouvertürenhüsteln. Ebenfalls weit verbreitet und wirklich bewundernswürdig ist der bourgeoise Kunsthusten. Die Kunsthuster sind trainiert, sich bis zur Pause zwischen zwei Sätzen zu disziplinieren. In strengen Wintern aber schaffen auch die Kunsthuster es nur bis zum nächsten Forte oder bis ein anderer sich zuerst nicht mehr beherrschen kann.

In Berlin ist das alles ganz anders. Weil sich hier zu den Kategorien »Nervös« und »Kunst« das Proletarisch-Hemmungslose gesellt. Der typische Berliner Hemmungslose ist erkältet, er hat 38,2 Grad Fieber und Brüllhusten von der untersten Sohle. Aber er hat Karten für das ›Endspiel‹. Und er hat sich sehr darauf gefreut, Heinz und David Bennent einmal zusammen auf der Bühne zu sehen. Das geht im intimen »Hebbel-Theater« dann etwa so:

Hamm: Ich fühle mich etwas komisch. (Pause. Heftiger Hustenanfall im Parkett, weiblich und von einem feuchten Taschentuch geringfügig gedämpft.) Clov: Ja. (Pause. Keuchreizanfall im ersten Rang links, fünfundvierzig Sekunden, männlich, ungeschützt, das kleine grüne Programmheft der Dame vor dem Huster wird ein wenig feucht.) Hamm: Morgens wird man aufgeputscht und abends wird man betäubt. Oder umgekehrt. (Pause. Feuchter Brüllhusten wieder im ersten Rang, männlich, in schweres Lungenröcheln übergehend.) Hamm: Er ist natürlich gestorben, der alte Arzt. (Kichern im Parkett, Ruf vom Balkon: Geh doch einfach raus, Mann, Du störst.)

In der Pause sind sie dann wieder beschwerdefrei. Der mit dem Lungenröcheln nimmt sein Taschentuch allerdings auch nur noch von der roten Nase, wenn er seiner Begleitung etwas sagen muß. Zum Beispiel: Ist aber seit der Blechtrommel doch noch ganz schön gewachsen, der Kleine.

Schuh-ting

Es gibt das staubige Glitzermärchen von Mode und Berlin. Von Berlin und Mode? Das sind so Worte, die passen zusammen wie zwei Hälften einer Schiebetür. Dazu wollte die Zeitschrift ›Cosmopolitan‹ ein Special produzieren. Specials sind Sonderteile, für die man Immer-out-Themen mit jetzt und hier verkuppelt. Also Mode in Berlin einmal fesch zu präsentieren. Kreativ, wild, leicht verrückt. Der Einfall kam aus München.

Der Bernhard rief an: Das heißt Alarmstufe eins. Er nennt das »Kennung Blau«. Denn er ist ein Booker. Was tut so ein Booker? Er macht den Finder und Fänger, den Mann mit Nase und Phantasie. Einen, der sich bei Gott und der Welt in den Kulissen auskennt. Auch wenn er sie nicht schiebt. Dazu sucht er nach der passenden *location* (lokehschn?). Es sollte eine Fabrik sein. Eine Factory wie beim guten Warhol, habihnselig. So etwas Schniekes, punkig-verlottert, aber gerade darum castinggeeignet. Easy. Hat man doch hier. So was mit Atelierflair und Künstlerboden wird sich schnell finden. Downtown in Berlin. Dann braucht es noch *Models*; und Klamotten für die *Models*; und Photographen, die die *Models* in Klamotten photographieren; und weil bei einem Special auch die Photographin ein Star ist, braucht es auch noch zwei Assistenten für die Photographin, die die *Models* in den Klamotten photographiert, und Helfer für die Assistenten für die Photographin, die die *Models* in den Klamotten photographiert, und Helfer für die Helfer der Assistenten.

O.K. Unbedingt gehört eine Stylistin dazu, eine Castingagentur, eine Menge Leute, die noch keiner richtig kennt. Motto: »Nehmt mich, ich bin gut!« Und dazu einen kleinen erlesenen Kreis, den man schon öfter sah. Wie beispielsweise diesen einen jungen, leider meist schlechtgelaunten Schönen. Den sah man schon mit Heike Makatsch. Eine Friseuse wird gebraucht, die Französisch spricht, zwei, drei Funktelephone, eine Ladestation, eine Kaffeemaschine und ein Klo und ein Hund. Jetzt ist alles da.

»Too much«, stöhnt dann Nina, die Starphotographin. »Godness, too much people!« Schließlich das Shooting. Endlich stimmt die Mischung. Eine seltsame Suppe aus Lockerheit und Konzentration. Schirme werden gespannt. Scheinwerfer gerückt. Die Luxzahl gemessen. Erst mal ein paar Polaroids. Wegen der Komposition und der Inspiration und der unendlichen Geduld, die hier jeder aufbringt.

Zwei Stunden später. Die Luft riecht noch immer nach Kaffee und Parfüm. Kein Mensch kommt ins Schwitzen bei Minusgraden außen und bei Sommermode innen. Klamm ist es trotz Radiator und Gebläse. Klamme Konzentration. Im Hintergrund ein Kunstwerk, im Vordergrund zwei Künstler, einer mit schwarzem Haar, einer ganz ohne. Dazwischen eine Schöne in Blond, langhaarig. Perfekt? Nein! Stop! Die Socken passen nicht. Die Socken müssen weg. Die Schuhe bleiben. Sie sind von Gucci, entsetzlich neu. Ein aufreibendes Shooting (Schuh-ting) als man die Füße nackt ins gelbe Leder tut und aus dem Lautsprecher die Stimme von Nick Cave herüberwiehert: »Woo-woo, in the name of pain ...« Laufstegprofis drücken wohl auch mal die Schuhe? Nein, nichts Menschliches ist ihnen fremd, auch wenn sie so unerhört schön sind. Albane pennt zwischendurch. Danielle friert und kriegt ihre Gänsehaut nicht weg. Und einmal stand das schönste französische Schulmädchen jenseits von einsachtzig in der Tür. Aber völlig übermüdet. Sie mußte wieder los, zum Schönmachen ins Hotel. »Erhol dich. Liebes, schlaf eine Stunde.«

Später Abend: Noch immer wechseln die Assistenten beflissen für Nina die Filme. Sie leuchten aus und schwenken um. Die Assistentinnen der Hinterbühne wechseln noch immer die Stoffe, Kleider, Hemden, Shirts, Jacken, Hosen und Anzüge. Die frankokanadische Schönheitsexpertin sortiert noch immer die Lockenwickler und kämmt schon mal den Hund. Auch ein Partyservice kam zwischendurch vorbei. Er hinterließ ein Gebirge aus Papptellern, Wegwerfbesteck und als Gipfelkreuz die Rechnung.

Einer der Großen unter den Photographen hatte mal der Nachwelt hinterlassen: Erst dann, wenn jeder seine Kamera hat, wird sich wirklich herausstellen, wer damit umgehen kann. Es läge nicht an der Technik, sondern am Auge. Am nächsten Morgen, als man erste Bilder besichtigt (die dann bei ›Cosmopolitan‹ im April-Heft erscheinen) rufen die einen »irre, gut, riesig, gelungen«. Und andere machen nur »hm, hm, hm« und hoffen, daß es nur am Morgen liegt, der ihnen gerade die Augen verklebt.

Thea Herold

Die Filmfestspiele

von Michael Althen

Mit der Berlinale ist es wie mit den meisten Dingen im Leben: Am schönsten ist es, wenn es vorbei ist. Das liegt, behaupten alle und zwar zu Recht, am Wetter. Es mag Leute geben, die in Berlin im Februar schon einmal den Frühling gesehen haben wollen, aber das ist die reinste Augenwischerei. Denn auf der Berlinale ist immer schlechtes Wetter – und zwar so schlecht, daß man schon nasse Füße kriegt, wenn man nur an die Berlinale denkt. Und das gilt sogar dann, wenn die Sonne scheint. Woran mag das wohl liegen? An der Stadt? Am Festivalchef? Oder am Ende doch am Wetter? Es liegt, das sei zur Beruhigung der Berliner gesagt, schon auch daran, daß Kinogeher im allgemeinen und Festivalbesucher im besonderen ein sensibles Völkchen sind, das, wenn es ans wirkliche Leben denkt, schneller kalte Füße kriegt als andere Menschen. Wenn sie blinzelnd aus dem Dunkel gekrochen kommen, gibt es wenig, was sie davon überzeugen könnte, daß die Welt draußen schöner ist als die drinnen. Schon gar nicht die Gegend um den »Zoo-Palast«, die bei jedem Wetter einen irgendwie verregneten Eindruck macht.

Die Berlinale ist also nichts anderes als ein Haufen überreizter Leute, denen nicht zu helfen ist. Das ist bei den anderen großen Festivals in Cannes und Venedig nicht anders. Aber wenn man von dort berichtet, es sei gar nicht so wahnsinnig schön, glaubt einem doch kein Mensch. Auf der Berlinale hingegen herrscht immer schlechtes Wetter – das weiß doch jeder. Es gibt allerdings Leute, die behaupten, daß Berlin, wenn nicht gerade Berlinale ist, eine ganze bezaubernde, großzügige, sonnige Stadt ist. Interessante These.

»Einen Film zu machen ist schwerer, als ein Studio zu leiten.«

Volker Schlöndorff und Babelsberg

Eine Medienstadt im Umbruch: Die noch sehr schmalen Zufahrtswege der Filmstudios Babelsberg ächzen unter dem Gewicht von schweren Schaufelbaggern und übervoll beladenen Lastwagen. Der Haupteingang ist nicht befahrbar, an den Bodenbelag unter dem monumentalen Art-Deco-Torbogen legen die Arbeiter gerade noch letzte Hand an. Das provisorische Schlupfloch liegt etwas weiter hinten; ein staubiger Weg führt an einem hohen Bretterzaun vorbei. Vom Bürofenster des Geschäftsführers aus kann man in die dahinterliegende Baugrube sehen. Doch statt das Fundament für ein zukünftiges High-Tech-Center mit seinem Virtual-Reality-Studio auszuheben, schichten die schweren Bagger auf der routinemäßigen Suche nach Bomben den gelben Sand nur vorsichtig um. »Als ob hier irgendwo Bomben liegen!« Volker Schlöndorff schüttelt den Kopf und lenkt die Aufmerksamkeit auf einen erfreulicheren Anblick, das neueröffnete rote Ziegelgebäude des ORB, das hinter dem Bauloch steht: »Endlich mal eine schöne Architektur«, sagt der Geschäftsführer. Er kämpft immer noch gegen die strengen Potsdamer Bauvorschriften, die alle allzu hochfliegenden Architekturträume auf die maximale Traufhöhe von siebzig Metern zusammenschrumpfen lassen.

Schlöndorff kann stolz sein auf das, was er hier in vier Jahren geschaffen hat: Dort, wo die DEFA ein unübersichtliches Barackenwirrwarr hinterlassen hat, stehen jetzt die weithin sichtbaren Gebäudeblöcke von Fernsehzentrum und ORB. Eine fast fertiggestellte Ringstraße, der Grand Boulevard, führt über das weitläufige und verwinkelte Gelände. Die Technik in Tonstudios, Schneideräumen und Kopierwerk wurde auf den modernsten Stand gebracht; das Mischstudio, in dem auch Orchester-

Volker Schlöndorff

musik live eingespielt werden kann, ist das größte in Europa. Aus den siebenhundert von der DEFA übernommenen Angestellten sind inzwischen zweitausend geworden. Wirtschaftlich betrachtet hat das Studio das Plansoll lange vor dem Ablauf der Frist im Jahr 2000 erreicht.

Doch es gibt auch einen Wermutstropfen: Statt großen europäischen Filmen werden in erster Linie Fernsehserien auf dem einst so traditionsreichen Gelände gedreht: unter anderem ›Gute Zeiten, Schlechte Zeiten‹. Der Wegbereiter der Daily-Soap-Welle sorgt hier regelmäßig für Trauben jugendlicher Fans, die sich vor dem Eingang drängeln, um einen Blick auf ihre Idole zu erhaschen oder ein Autogramm zu ergattern. Immerhin steht in der Marlene-Halle noch das U-Boot, in dem Martin Sheen, Rutger Hauer und Max von Sydow ›Hostile Waters‹ gedreht haben, eine Co-Produktion der UFA mit dem US Pay TV-Sender HBO.

»Think big!« war Schlöndorffs Antrittsparole, doch im Laufe der Jahre mußte er seine Erwartungen der Realität anpassen: »Abgesehen von Bernd Eichinger und uns gibt es niemanden, der in Deutschland bereit ist, eine Nummer größer zu denken. Die kreative Explosion, die ich nach 1989 erwartet habe, ist ausgeblieben. Keiner hat ›Berlin Alexanderplatz 1990‹ geschrieben.« Aber er gibt die Hoffnung nicht auf. »Wir sind nach den USA der zweitgrößte Markt der Welt, und wir begnügen uns damit, kleine Komödien für fünf Millionen zu produzieren. Auf Dauer kann das nicht sein, daß wir nur Konsumenten sind: Langfristig müssen die Medienriesen nicht nur ihre Fernseh- sondern auch die Filmprogramme selbst produzieren. Das wird alles in den nächsten zehn Jahren passieren; wir haben uns eben in den Zeiträumen verschätzt.«

Schlöndorff kann nicht verstehen, warum hier keine großen aktuellen Gegenwartsfilme entstehen, kein Film über die Wiedervereinigung, keiner über Berlin im Umbruch. Ihn fasziniert diese Stadt; an jeder Ecke sieht er Filmmotive. »Nur die Szene fehlt, die sich da abspielt. All die Veränderungen, Verkabelungen, Vernetzungen sind offensichtlich Prozesse, die nicht zu großen menschlichen Dramen führen. Die Konflikte finden lediglich in

Banketagen, Gesellschafterversammlungen und Senatsbeschlüssen statt.« Für den Regisseur Schlöndorff, der sich wie kaum ein anderer auf Literaturverfilmungen spezialisiert hat, kommt hinzu, daß er sich der unmittelbaren Wirklichkeit in ihrer ganzen Vielfältigkeit nicht gewachsen fühlt. »Der Faßbinder hätte da bestimmt nicht lange gezögert!« Doch nicht nur das deutsche Kino, sondern auch die deutsche Literatur findet für die Aktualität dieser Stadt im Umbruch keine angemessene Sprache.

Fünf Jahre lang hat Schlöndorff in den USA gelebt, etabliert in New York als einer der wenigen deutschen Filmemacher, und durchaus mit der Absicht zu bleiben. Als dann die Mauer fiel, zog es ihn wieder ins Zentrum des Geschehens. Es zeugt vom kämpferischen und optimistischen Temperament des Regisseurs, daß er diesen Schritt nie bereut hat, obwohl die Kulturlandschaft Berlins dann weitaus weniger aufregend war, als es die politische Situation erwarten ließ.

Peter Fleischmann brachte ihn mit dem französischen Investor zusammen, der sich für das DEFA-Gelände interessierte. Zunächst sollte Schlöndorff lediglich Berater sein bei den Verhandlungen zwischen der Compagnie Générale des Eaux (CGE) und der Treuhand. Als der Vertrag dann jedoch nach vier Monaten unter Dach und Fach war, wollte ihn niemand mehr gehen lassen. So wurde der Regisseur im August 1992 Geschäftsführer eines riesigen maroden Studiobetriebes. Auf dem Papier hatte man ihm zugesichert, daß er pro Jahr einen Film drehen dürfe, doch im Alltag stellte sich bald heraus, daß Studioleitung kein lockerer Neben- sondern ein »Doppel-Fulltime-Job« ist.

Schlöndorff fühlt sich auch als Regisseur erst wirklich gefordert, wenn es richtig kompliziert wird und wenn die Bücher, die er sich vorgenommen hat, als unverfilmbar gelten. So einen reizt die wirtschaftliche Herausforderung, die im Management der Riesenfirma DEFA lag. Darüber hinaus brachte er die idealen Voraussetzungen mit: Er hatte in Frankreich studiert und beherrschte daher nicht nur die Sprache seiner Geschäftspartner, sondern war auch mit ihrer Mentalität vertraut. Da er all seine Filme selbst produziert hatte, war er auch auf diesem Gebiet versiert. Schließlich hatte er einen guten Namen in der Branche, so daß es ihm gelang, erfahrene Produzenten und Setdesigner in sein Team einzubinden.

»Für Volker Schlöndorff, daß er bald die Filme schaffen kann, die er möchte«, steht auf einem kleinen Zettel, der gerahmt in seinem in lichten Pastelltönen gehaltenen Büro hängt. Die handschriftliche Widmung von Fritz Lang, 1964, ein Jahr vor dem ›Törleß‹, verbindet Schlöndorff mit der Geschichte der Studios – er nennt das Lebenskontinuität, und ihm gefällt der Gedanke durchaus, daß er jetzt in Langs altem Büro sitzt. Anfangs mag ihn Babelsberg vor allem als wirtschaftliche Herausforderung gereizt haben. Doch letztendlich ist er zu sehr mit dem Kino verwachsen, als daß es irgend etwas anderes als der cineastische Traum sein könnte, der ihn hier wirklich fesselt. Zwischen den Fenstern hängt ein vergrößertes Photo: Lang sitzt da mit Stroheim, Pabst und Peter Lorre auf einem großen Sofa. Ein verschwommener Gruß aus fernen Zeiten. Babelsberg als Ort der Begegnung und des Austausches. Das Photo hängt da, »damit wir, die europäischen, die deutschen Regisseure, vielleicht eines Tages auch wieder so zusammensitzen.«

Bis es soweit ist, gehört es – wenn der vollgestopfte Terminkalender es erlaubt – zu Schlöndorffs Lieblingsbeschäftigungen, in die Werkstätten zu gehen und den Tischlern, Stukkateuren und Malern über die Schulter zu schauen. Die können jeden Abend sehen, was sie geschafft haben. Hier spürt er den Staub und die Sägespäne und riecht den Gips und ist ganz nah dran am Handwerk.

Babelsberg ist Schlöndorffs persönliche Erfolgsstory. Sein erster Film nach vier Jahren Studioleitung wurde dagegen von Publikum und Presse gleichermaßen abgelehnt. Schlöndorff ist enttäuscht, geht aber doch souverän mit diesem Schock um, den er als die Katastrophe seiner Karriere bezeichnet. Vor allem anderen versteht er ihn auch als Beweis der Unmöglichkeit, gleichzeitig ein Studio zu leiten und einen Film zu drehen. Jetzt will er einen Nachfolger suchen, einen erfahrenen Manager, der die von ihm in Gang gebrachten Geschäfte übernehmen kann. Mindestens vier Jahre möchte er dann ausschließlich Filme machen – und sie vielleicht nicht einmal mehr selbst produzieren. Das erste Projekt ist ein kleiner, unbeschwerter Film, nach einem Roman von James Hadley Chase. Das Drehbuch hat er abgeschlossen; gedreht werden soll in Florida: Nach dem ›Unhold‹, das der Regisseur »sein schwierigstes Projekt« nennt , hofft er nun, mit diesem Film mehr Spaß als Arbeit zu haben.

Anke Sterneborg

Brandenburger Jagd

von Elke Schmitter

In Alaska fangen die Männer ihre Bären auf die geduldige Art. Sie schnüren ihr Bündel, sie küssen Frau und Kind zum Abschied, sagen Adieu für lange Zeit, setzen sich in den Jeep, nehmen noch ein paar Freunde mit und fahren in die tiefen Wälder. Im Auto schon wird ihnen schlecht, aber da haben sie noch Gesellschaft, lustige Lieder und die Angst, man würde es ihnen anmerken. Nach einigen Tagen trennt man sich dann; die Männer schlagen sich auf die karierten Schultern, trinken gemeinsam noch ein Schlückchen Whiskey, und so nimmt jeder sein Bündel und geht.

Im Bündel west das Aas. Bären nämlich sehen nicht gut, sind menschenscheu und sehr geräuschempfindlich. Aber die Nase! Mit dieser finden sie sich weitläufig zurecht, und sie verfolgen über Stunden, Tage, Wochen! nährende Düfte, um sich den Bauch mal wieder richtig vollzuschlagen. Der Jägersmann richtet sich inzwischen mit dem Bündel auf einem Baum erst mal gemütlich ein. In einer breiten Gabel Schlafsäcke und Whiskey, an einem Ast unweit das Bündel, dessen Verknotung er nun lockert. Und es beginnt sein Advent, allein mit sich und dem Aas und seinem Magen. Zum guten Ende ist allen schlecht, der Bär aber ist tot. Gewissermaßen feige abgeknallt aus einer erhöhten Astgabel – andererseits hat der Jägersmann, der Wochen mit dem Aas alleine war, den Tod des Bären bewußt erlitten. Ganz abgesehen von den Stunden darauf, in denen er mit dem Tranchierbesteck eilig die Leiche zerlegen muß, bevor sie ihrerseits in einen Zustand gerät, der andere, noch lebende Bären ...

Wie macht es der Mann in Brandenburg? Er küßt seine Frau nicht zum Abschied, weil das für zwei Stunden nicht lohnt. Er nimmt seinen Jeep, ein Handy und ein Nachtsichtgerät. Dann fährt er durch den Baumbestand, bis ihm ein Hirsch vor das Auto läuft, geblendet stehenbleibt und sich erschießen läßt. Das Sonderdezernat für Wilderer ist ratlos. Es sollte Bären aussetzen.

Treubleiben im Hotel

Man müßte einmal eine Weltreise machen, denke ich, und ausschließlich in Hotels wohnen, die »Savoy« heißen. Mombasa, Colombo, Prag – und am Flughafen würde man zum Taxifahrer immer sagen: »Bringen Sie mich ins ›Savoy‹!« Das Schöne daran? »Savoy« ist keine Hotelkette wie »Hilton« oder »Holiday Inn«, sondern einfach ein gefährlich ungeschützter Hotelname, der auf die Fürsten von Savoyen zurückgeht, welche im Mittelalter für ihre Gastfreundlichkeit berühmt waren. Man könnte also Überraschungen erleben, würde vielleicht in Lagos ein völlig verlaustes Savoy finden, in Andorra ein sehr kleines Savoy mit viel zu kurzen Betten und in Moskau gar keins. Egal, über London käme man sowieso nicht hinaus. Dort steht das größte Savoy von allen, mit achthundertsechsunddreißig Sprungfedern in jeder Matratze und Zimmern, die erstens so schön sind, daß man nicht mehr weiterfahren will, und zweitens so teuer, daß man nicht mehr weiterfahren kann.

»In allen Städten der Welt gibt es größere und kleinere Savoys«, hat Joseph Roth in seinem Roman ›Hotel Savoy‹ geschrieben. Wer hätte das besser gewußt als er? Roth verbrachte nahezu sein ganzes Leben in Hotels, nannte sich einen »Hotelbürger« und »Hotelpatrioten« und mietete bloß einmal, nach seiner Hochzeit, für kurze Zeit eine Wohnung. Sein Romanhotel stand in Lodz und hatte achthundervierundsechzig Zimmer, in denen der Lotterieträumer Hirsch Fisch und der Magnetiseur Zlotogor, der Millionär Bloomfield und die schöne Tänzerin Stasia wohnten – und alle Zimmer gehörten dem Hotelwirt Kaleguropulos, der am Schluß auf dem Dachstuhl seines Hauses in einem Feuer verbrannte, das aufständische Arbeiter gelegt hatten.

Natürlich ist der Roman auch in einem Hotel entstanden, in Berlin übrigens, aber nicht im »Savoy«, sondern im »Hotel am Zoo«, in dem Roth lange lebte und arbeitete, bis er nach Paris emigrierte. Das »Savoy« in der Fasanenstraße wurde erst ein Jahr nach dem Erscheinen des Buches eröffnet, 1930 also, und unter den Berliner Luxushotels gehörte es damals nicht zu den größten, aber zu den modernsten und schönsten, »ein kleines Hotel, von dem ich nicht weiß, ob es jemand von Ihnen bekannt ist, aber so sympathisch und behaglich, daß ich es Kaiserhof usw. vorziehe«, wie Thomas Mann, der Stammgast war, einmal in einem Vortrag erzählte.

Das »Savoy« war das erste Berliner Hotel, in dem jedes Zimmer ein Bad hatte. Selbst im »Adlon« gab es ja Räume, die nur über ein »indisches Bad« verfügten, wie es in einem schönen Kalauer heißt: ein Bad am Ende des Ganges. Heinrich Straumer hieß der Architekt, er baute auch den Funkturm, und wundersamerweise überstand sein »Savoy« nahezu unbeschädigt den Krieg, obwohl hier, nahe beim Zoo und der Gedächtniskirche, bis in die letzten Kriegstage heftig gekämpft wurde. Heute gehört es mit seinen sechsundsechzig Jahren schon zu den älteren Hotels der Stadt. Es hat bloß einhundertfünfundzwanzig Zimmer. Eine anonyme Übernachtungsmaschine konnte schon deshalb nie aus ihm werden.

Das »Savoy« steckt voller kleiner Geschichten, die alle zusammen dem Haus einen altmodischen Charme verschaffen, den jeder spürt, auch wenn er die Geschichten gar nicht kennt – sie sitzen einfach im Gemäuer. Ja, das »Savoy« hat ungewöhnlich geräumige Zimmer, nicht bloß diese Geschäftsleute-Schubladen, in die man abends hineingeschoben wird. Ja, es hat geradezu verschwenderisch große Bäder, nicht bloß Naßzellen. Und es liegt (manche Leute schätzen das am meisten) in Rufweite der »Paris Bar«. Aber das ist alles nicht so wichtig. Das Wesentliche am »Savoy« sind Leute wie Herr Wulfert, der schon vierunddreißig Jahre hier arbeitet und heute Empfangschef ist, oder Frau Lotte, die auch schon achtzehn Jahre da ist und für die Reservierungen zuständig ist.

Herr Wulfert und Frau Lotte sind so diskret, daß sie es ablehnen, über noch lebende Stammgäste auch nur ein Wort zu verlieren. Über die anderen aber sind sie, Gott sei Dank, auskunftsfreudiger: den Konsul Milchsack zum Beispiel, einen Binnenreeder aus Duisburg, der immer behauptete, er sei 1930 der erste Gast des Hotels überhaupt gewesen, oder über jenen Stammgast, der gern erzählte, er sei als Soldat auf der Flucht 1945 hier hereingelaufen, habe sich kurzerhand eine herumliegende Portiersuniform statt des grauen Rockes angezogen und sei darin weitergeflüchtet – so habe das »Savoy« ihm das Leben gerettet. Oder über Henry Miller, der den ganz jungen Wulfert einmal fragte, ob er ihm nicht das Berliner Nachtleben zeigen wolle, was Wulfert aus moralischen Gründen ablehnte. Er sei damals gerade aus der tiefsten Provinz in die Stadt gekommen, sagt er, und dort habe Miller als Ferkel ersten Ranges gegolten. Ein Kollege habe sich des berühmten Schriftstellers angenommen, sagt er, und schwärme noch heute von dem Erlebnis. Wulfert sagt, er könne sich jedesmal links und rechts ohrfeigen für seine Dummheit, »so eine Gelegenheit hat man ja nur einmal im Leben«.

Im »Savoy« hält man sich einiges darauf zugute, berühmten Menschen sonder Zahl Herberge geboten zu haben und immer noch zu bieten. Karajan wohnte hier, bis ihn das Zipperlein so plagte, daß der Arzt Bäder verordnete, die man im »Savoy« nicht nehmen kann, denn einen Pool gibt es nicht. Von den Großen der Musikwelt stehen Maazel und Sinopoli, Klemperer und Jochum, die Callas, Britten und Oistrach im Gästebuch, Freddy Quinn und Eric Burdon nicht zu vergessen. An Schriftstellern logierten Böll und Lenz, Bergengruen und Handke im »Savoy«, die Schauspielerei vertreten Heinz Rühmann und Horst Buchholz, Romy Schneider, Marianne Hoppe und Greta Garbo. Ach ja, und Sepp Herberger und Helmut Rahn wohnten hier, auch Ludwig Erhard und ... Schluß jetzt!

Nach dem Krieg war das »Savoy« eine Zeitlang britisches Hauptquartier, bis man 1953 den Hotelbetrieb wiederaufnahm. Weiterhin wohnten aber hier die Kuriere Ihrer Majestät auf dem Weg nach Moskau. Auf Flugblättern, die manchmal gleich zu Tausenden aus den Fenstern der von der DDR betriebenen S-Bahn gleich gegenüber schneiten, wurde behauptet, auch die CIA lasse ihre Leute im »Savoy« nächtigen. »Savoy-Hotel, das Agentennest im Herzen Westberlins«, stand auf den Handzetteln, welche die Straße bedeckten. Dem Staatssicherheitsdienst war das Haus so verdächtig, daß er sich Schlüssel zu allen Räumen beschaffte: Nach der Wende stellte sich heraus, daß der Besitzer der Firma, welche die Schließanlage installiert hatte, Stasi-Mitarbeiter war.

Heute gehört der Familie, die das »Savoy« betreibt, auch das Jagdschloß Hubertusstock draußen am Werbellinsee, in dem 1981 der Kanzler Schmidt den SED-Chef Honecker traf. Sie hat aus dem Schlößchen ein Hotel gemacht, eines von mehreren im Familienbesitz, zu denen zum Beispiel das »Bleibtreu« in der Bleibtreustraße zählt, auf der anderen Kudammseite gelegen. Manchmal bekommt man im »Savoy« kein Zimmer und läßt sich dann aufs »Bleibtreu« verweisen, wahrscheinlich das Hotel mit dem allerschönsten Namen der Welt, immerwährende Mahnung für den von der Familie getrennten Alleinreisenden.

Das übrigens erinnert an eine weitere Savoy-Geschichte, die von einem berühmten Tenor handelt, der gern solo anreiste und dann die eine oder andere Dame vom Ballett mit aufs Zimmer nahm. Eines Tages aber fuhr der Sänger in Begleitung seiner Frau vor, einer Dame von erheblichem Umfang, welcher der damalige Direktor sogleich entgegeneilte, um ihr ein paar zierliche Pumps zu überreichen: »Gnä' Frau haben sie beim letzten Besuch vergessen.« Seit diesem Vorfall würden liegengebliebene Gegenstände nur auf Verlangen ausgehändigt, versichert Herr Eilers, der heutige Direktor.

Das erwähnte »Bleibtreu« ist ein sehr modernes Haus, von einem Designer derart durchgestaltet, daß es manchmal ein bißchen lange dauert, bis man als durchschnittlich begabter Reisender kapiert hat, wie der Wasserhahn funktioniert oder der Schrank aufgeht. Dann ist man beim nächsten Besuch doch froh, wenn man wieder ein Zimmer im »Savoy« bekommt, dem der Verleger Ledig-Rowohlt ins Gästebuch dichtete: »Ja, ich bleib ihm immer treu / in Berlin sein heißt Savoy!«

Axel Hacke

Die Töle

von Renée Zucker

Ihr Anblick ist von anrührender Häßlichkeit, und das ist nicht das einzige, womit sie sich als echte Berlinerin ausweist. Auch ihr Wesen hat sich dem trotzigen Gebaren des Hauptstädters angepaßt. Lautstark trampelt sie durch überfüllte Fußgängerzonen oder gepflegte Parks, jegliche Abneigung gegen sich und ihre Art ignorierend. Wer sie sieht, begreift sofort, warum im Buddhismus das Tier, rein karmisch gesehen, der Unwissenheit zugeordnet wird. Aus den Augen der Töle starrt mit aufreizender Unschuld das nackte, kleine Ur-Gehirn in die Welt, und damit auch auf Herrchen oder Frauchen. Ohne letztere wäre die Töle gar nicht denkbar, denn wer sonst sollte dieses Ergebnis vielfältigster Begattungsorgien charmant und liebenswert finden?

Eltern unbekannt – hinten das dünne Schwänzchen, welches sich bei guter Laune keß über den im Walter-Scheel-Look gewellten Rücken ringelt, der Bauch meistens verdächtig tiefliegend, und vorne die viel zu kleinen Ohren über einer

Herr und Hund in Lichtenrade

Schäferhund-Spitz-Pudel-Jagdhundschnauze. Je nach Bildungsgrad ihrer Besitzer hört die Töle auf Namen wie Einstein (selten) oder Sheila (oft) und kann sich, egal was sie tut, der uneingeschränkten Liebe von Herrchen oder Frauchen sicher sein. Hauptsache, sie erwehrt sich nicht deren felsenfester Ansicht, der Hund sei im Grunde das reine, eigene Ich. Sie weiß, daß sie der eigentliche Katalysator für Freund- und Feindschaften ist, und diese Machtposition verleiht ihr berlinischen Stolz und märkische Würde.

Raubkatz' Moabit

Sommerzeit. Zeit für Katzengeschichten. Katzen schmücken Weltliteratur. Katzengeschichten gehen wie ... wie heiße Brekkies vielleicht. Elke Heidenreichs ›Nero Corleone‹ zum Beispiel. Hansers Liebling. Michael Krüger lacht jedesmal glücklich, wenn er einer toskanischen Katze ansichtig wird. In München, rings um den Josephsplatz, sind die Bäume immerzu voll von Katzengeschichten, von trauertriefenden Zetteln, welche den Verlust geliebter Schmusetiere annoncieren. Augenscheinlich haben sie das ewige Knuddeln und Liebessehnsüchteln nicht ausgehalten. Am Josephsplatz war auch der tragische Fall plakatiert, daß eine Pflegekatze entwischt war. Pflegekatze! Daß eine Pflege-Pflanze ihr Leben aushaucht: gemein, unbegreiflich. Mensch ist schlecht. Daß aber die Katze weg ist, die man besten Freunden in die Armbeuge gelegt hatte, wenn man heimkommt aus der Karibik und sich freut aufs kühle Näschen ... armes Mausilein, wie müssen die Unmenschen mit Dir umgesprungen sein.

Meine Katzengeschichte spielt im alten Moabit, in jenem ruhigen Teil der Bauwüste Berlin, wo die Spree im gewohnten Bett schläft. Bloß ein bißchen weiter, zu Füßen der Reichstags-Ruine, regelt eine Ampel den Fluß. Das öffentliche Moabit scheint von waffenscheinpflichtigen Hunden beherrscht zu sein. Drinnen sieht's anders aus. Ein Zwischenhaus. Gartenhaus genannt. Grüner Zwischenhof. Als die ewige Kälte aufzuhören begann, die klappernden alten Fenster geöffnet werden konnten, erschienen die Schattentiere des Winters leibhaftig zwischen den Rahmen. Das Gauner-Pärchen. Aber das ahnte ich nicht. Vorsichtiges Locken, Reden, Ausgabe von Beschwichtigungen, vertrauensbildender Tonfall, Auslegen von eingespeichelten Bröckchen.

Das schwarze Tier traute sich, dem Wahnsinnstrieb seiner Neugier nicht länger widerstehend, in weiten Bögen. Edelschwarz, weißes Büschelchen auf der Brust, grünäugig zwinkernd und eindeutig kokett zweibeinig tänzelnd. Eine Weibchen-Katze. Der Chef hingegen: ausdrucksvoll braun getigert, mächtig, sehnig, kräftig, ein wilder Reklame-Macho. Grinst er nicht von jeder Futterschachtel? Hockte ewig auf der Fensterbank, fluchtbereit, und starrte mich an. Ich starrte zurück. Ein Machtkampf. Keine Mietz, keine Musch, kein Diminutiv. Ich auch nicht. Es dauerte, bis er den Sprung in die fremde Höhle unternahm. Gemeinsam huschten sie durch die Bäume, untersuchten den Casus, sahen nach den Gespenstern und kamen zu günstigen Schlüssen, zu welchen ahnte ich nicht. Wehe, wenn ich mich rührte. Fluchtgalopp. Wieder starrten wir uns an. Nackenhaare gesträubt.

Das schwarze Weibchen kam allein, bezauberte den Schreibenden, wie sie's tun, seit die Alten den Papyrus mit Zeichen bedeckten. Ich wies auf das Mäuslein des Laptops, aber Katz ist altmodisch von Grund auf, sann ich leise gerührt. Unbeschreibliches Lärmen! Dann sah ich den Chef. Steif im Nacken und mächtig in Fahrt trappelte er, ein riesiges Paket im Maul, durch das Fenster in seinen Hof. In *seinen* Hof. Eingewickelter Käse. Hatte hinterrücks die Mülltüte aufgeschlitzt und durchsucht; hatte den Kühlschrank aufgezwungen und alten Gouda entnommen, hatte ... nein, *sie* hatten mich überlistet, das eingespielte Pärchen, die Kokette mich abgelenkt, die Raubkatze mich bezwungen.

Hey, rief ich, als er wiederkam und ein halbes Pfund Rosinenbrot abschleppte (das einzige greifbare *Paket*); hey, im britischen Museum in London, ägyptische Abteilung, kenne ich eine Menge Katzen, die sind gewickelt durch und durch, quer und längs, das mache ich mit Dir, wenn Du nicht ... und das hätte ich nicht sagen sollen ... »Wenn ich nicht Sohn der Göttin Bast wäre«, sagte sein Blick. Meine Nackenhaare sträubten sich. Ich starrte auf den Chef, der nicht bettelte, der forderte und nahm, in Berlin, in Moabit, wo man den Fluß durch eine Ampel regelt.

Claus Heinrich Meyer

Warten auf Le Carré

Bis eine Hauptstadt eine richtige Hauptstadt wird, kann eine lange Zeit vergehen. Diese Erfahrung hat man einst in Bonn gemacht, jetzt macht man sie in Berlin. Bis sich die Literatur, hier die Trivialliteratur in der Gestalt des Kriminalromans, der politischen und gesellschaftlichen Umstände in der kleinen Hauptstadt am Rhein richtig annahm, verging ein ganzes Menschenalter. In der großen Hauptstadt an der Spree wird es kaum anders sein. Der Leser darf sich gedulden. Erst Mitte der siebziger Jahre, nach einem Vierteljahrhundert, keimte in der Hauptstadt Bonn das Pflänzchen Kriminalroman zaghaft auf. Später hat es dort kurz und heftig geblüht.

Ein knappes Dutzend Autoren hat in den zwei Jahrzehnten seines Wirkens immerhin wohl ein halbes Hundert Kriminalromane vorgelegt. Vorwiegend beschäftigen sie sich mit Karrierismus und Korruption, Spionage und Verrat, Verderbnis und Unmoral in der politischen Klasse. Außerhalb des Städtchens sind diese Werke kaum wahrgenommen worden. Erst jetzt, da die Pflanze Kriminalroman hier wieder verdorrt, geraten sie zu Klassikern. Und während in Bonn kriminalliterarisch eine gewisse Lähmung eingetreten ist, läßt in Berlin der politische Hauptstadt-Kriminalroman auf sich warten. Nicht, daß über die kleinen und großen Verbrechen in der Stadt, auch über deren soziale und politische Hintergründe, nicht phantasiert und geschrieben würde: Der Autoren und ihrer Werke sind Legion. Mit dem Hauptstadtwesen hat all dies freilich noch nichts zu tun. Auf dem Hintergrund der auch geteilten Künste in der geteilten Stadt findet die neue Einheits-Kriminalliteratur nur nach und nach zu sich selbst.

Derzeit spiegelt sie – im günstigen Falle einfühlsam und kenntnisreich – die anhaltenden Wende- und Vereinigungswirren. Stichworte: Stasi und Koko, Treuhand, Grimm und Haß zwischen Ost und West, Rache für altes Unrecht, Alteigentum und Spekulation, Raff- und Geldgier, Ausländerfeindlichkeit, Drogen- und Waffenhandel, Jugend- und Mafiadelikte. Berlinspezifische

Großstadtkriminalität eben, wie sie in der Lokal- und Regionalliteratur anderswo ähnlich spezifisch beschrieben wird.

Dabei beschreiben die Ostberliner Autoren in aller Regel das durchgeschüttelte Berlin authentischer, weil betroffener als die Westberliner Autoren, die sich hingegen waghalsiger und neugieriger in fremde Befindlichkeiten stürzen – in der Sache und Sprache jedoch oft genug auch vorschnell. Schwierigkeiten und Hemmungen, die alten Grenzen hin oder her zu überschreiten, haben offenbar beide.

›Die Hauptstadtaffäre‹. So doppeldeutig klingt der Titel hübsch. In dem Roman des Bonner Autoren-Ehepaars Kristan, alias Cordts, bleibt pfiffigerweise offen, welche der beiden, wir sagen mal, Kapitalen gemeint ist. Bonn und Berlin spielen in eins, die Hauptstadtelemente sind verknüpft: Der Umzug, ein vorläufiges, schnellebiges, aber natürlich für dieserart Schrifttum hinreichendes Thema. Für den Leser aus Bonn liest sich das wie ein trauriger, aufwühlender Abschied, für den Leser aus Berlin wie eine schmuddelige, verkorkste Ankunft. Zunächst wird nichts als die kleine bundesbeamtische Beziehungskumpanei (einschließlich der im Politkrimi unabdingbaren erotischen Beziehungskiste) vom Rhein an die Spree transportiert. Alles scheitert an diesem erzwungenen Umzug, auch die Ehe. Der Bonner Staatssekretär überlebt seine Versetzung ins Berliner Aufbauministerium gerade mal körperlich, aber sonst weder politisch noch menschlich.

›Die Dame aus Potsdam‹. Der Kommissar aus Bonn und die Kommissarin aus Potsdam, die die ›Hauptstadtaffäre‹ aufklären, hatten schon im vorausgegangenen Kristan-Werk bei der Lösung eines Mordfalles am Rhein zueinandergefunden. Dorthinein ist eine Stasi-Connection verwickelt, die alte Rechnungen begleicht. Alte und neue Seilschaften sind in den Politkrimis der Nachwende ein ebenso dankbares Sujet, wie die Zusammenführung west- und ostdeutscher Kriminalisten zum gemeinsamen Ermittlungsteam eine beliebte Figurenkonstruktion hergibt. Sie bietet schönen Anlaß für den Austausch von gegenseitigen Klagen und gegenseitigem Spott, doch auch für die Darstellung manch netten, einverständlichen Zusammenwachsens. Die Bonner Kristans, die sich tastend nach Berlin herüberschreiben, haben fleißig gelernt. Ihre Ortskenntnis an Spree und Havel ist enorm, fast könnten ihre Bücher als Reiseführer durchgehen.

›Wer nicht stirbt zur rechten Zeit‹. Das ist die DDR-Endzeit zwischen der Installation des Egon Krenz zum Partei- und Staatschef Mitte Oktober und der Öffnung der Mauer am 9. und 10. November 1989. In Ostberlin wird ein Nationalpreisträger aus alten Tagen ermordet. Jan Eik, alias Helmut Eikermann, der schon zu den DDR-Schriftstellern von einigem Ruf zählte, läßt seinen Oberleutnant von der K. in den frühen, detailgenau beschriebenen Wendewirren ermitteln. Zu einer verbotenen Verlegenheitsrecherche wird der Kriminaler von den Menschenmassen durch die nun offene Grenze in den Westen gespült, gedrückt. Seine ohnehin brüchige Ehe zerbricht gänzlich, als seine Frau dort zurückbleibt.

›Berlin-Krimi‹. Das klingt letztgültig, ist aber nur lockende Werbung angesichts des Umstands, daß allein im letzten Jahrfünft an die hundert, teilweise längst wieder vergriffene Berlin-Krimis verfaßt und vertrieben worden sind, die ungezählten Kurzgeschichten nicht gerechnet. Der Roman der Barbara Riedmüller, Soziologie-Professorin, Sozialdemokratin und Wissenschaftssenatorin in der kurzlebigen rotgrünen Stadtregierung, setzt am Vorweihnachtstag 1989 bei der Öffnung des Brandenburger Tores ein. Ein detektivisches Beamtenpaar aus Westberlin, natürlich erotisch verbandelt, erarbeitet sich staunend den unbekannten Ostteil der Stadt, deckt einige Morde in dem Polit- und Baufilz der einsetzenden Immobilienspekulation auf. Riedmüller, die ja wissen muß, wovon sie schreibt, teilt manches über die provinzielle Treibhaus-Atmosphäre des alten Westberlin mit, die nun in die neue Gesamtstadt herüberweht.

Die großen Polit-Kriminalromane aus Berlin sind immer schon nicht von Deutschen geschrieben worden, sondern von Ausländern wie John le Carré oder Len Deighton. Deutsche Autoren hatten unter alliierter Herrschaft keinen wirklichen Zugang zu den Geheimdiensten und beschränkten sich unter den Bedingungen der Teilung und Verinselung der Stadt teils freiwillig, teils notgedrungen aufs Provinzielle. In Ostberlin lockerte sich der ideologische Zugriff der SED-Staatspartei auch auf die Kriminalautoren erst spät und zögernd. Seit dem Ende des kalten Krieges gibt Berlin nicht einmal mehr für die Darstellung von Ausspähung und Verrat viel her.

Der Soziologieprofessor Horst Bosetzky, der unter dem lange erfolgreich gehüteten Pseudonym -ky binnen fünfundzwanzig Jahren fast dreißig Kriminalromane verfaßt hat, darunter seit 1991 eine westöstliche Oranienburg-Tetralogie, findet, die Mehrzahl der deutschen Politiker gäben Stoff allenfalls für Grotesken her: »Über Kohl, Rexrodt und Schmidbauer kann ich doch nur Farcen schreiben.« Auf der Bonner Bühne ließen sich halt nur Sitcom-Stücke spielen. Etwas krimifähig Dämonisches hätten vielleicht Strauß und Wehner gehabt, hätte heute vielleicht noch Lambsdorff. Und gar in Berlin der Bürgermeister und seine letzte Gegenkandidatin: »Diepgen sieht doch nicht bloß aus wie der Leiter einer Sparkassenfiliale und die Stahmer wie die Oberin eines Nonnenstifts.« Nein, mit solchem politischen Personal lasse sich kein Krimi-Staat machen.

Von Berlin aus werden nach Bosetzkys Überzeugung große Hauptstadt-Kriminalromane erst geschrieben werden, wenn sich hier Macht und Geld, Machtgier und Geldgier in großem Maßstab vermählen, womöglich zum Terror verschmelzen. Erst wenn hier die Politik wirklich häßlich, wirklich grausam wird, wirklich Angst macht.

Albrecht Hinze

Die Vögel

von Evelyn Roll

Arme, süße, kleine, bedrohte Flamingo-Küken. Armes Berlin. Armes Westeuropa. Ost-Krähen sind in der Stadt! Dicke, fette Ost-Krähen! Sie kommen aus Moskau und dem Ural! Es sind jeden März bestimmt mehrere zehntausend! Und immer wieder in diesen zaghaften Spätwinter-Tagen verdunkelt sich plötzlich der Himmel über der Siegessäule, natürlich im Osten. Und dann ist wieder so ein gefährlicher Schwarm hitchcockmäßig angekommen. Sie wollen bei uns überwintern, sagen sie. Aber, sagt der Zoo-Tierarzt zu ›Bild‹, immer mehr von ihnen werden im Sommer in Berlin bleiben, auch wenn es schon wieder warm ist in Moskau und im Ural. »Die Zahl derer, die bleiben, steigt ständig.« Groß und dunkel und hungrig, in der Überzahl und wahrscheinlich ja auch ein bißchen kommunistisch sind sie. Sie fressen unsere Saat weg! Sie bedrohen die heimische West-Möwe, die, wie ›Bild‹ weiß, zu ihrem Glück wendiger und schneller ist als so eine Ost-Krähe. Außerdem ist, wie jedermann weiß, die Möwe zum Glück ja sogar ein Allesfresser, genaugenommen sogar ein Aasfresser, die Ratte der Lüfte sozusagen und Titelheldin eines russischen Stücks auch.

Trotzdem: Die Boulevards müssen natürlich, was immer aus dem Osten kommt, dunkel oder in der Überzahl ist und möglicherweise sogar in Berlin bleiben will, mit Sechs-Zentimeter-Schlagzeilen und Ausrufezeichen begrüßen. Deswegen ist immer im März »Futter-Krieg über Berlin«. Zwischen Ost-Krähen und heimischen Möwen einstweilen. Aber ganz dicke wird es kommen, wenn wir nicht ganz schnell so eine Art Entsenderichtlinie für Vögel erlassen. Der Tierarzt sagt's so: »Im Sommer wird's dann gefährlich für den Zoo. Enten und Flamingo-Küken müssen geschützt werden, sonst holen sie die Krähen.«

Der Entwicklungshelfer Edgar van Ommen

Der Mann ist stets glattrasiert und akkurat gescheitelt. Zu Terminen erscheint er fünf Minuten vor der Zeit. Außerdem schreit er nie und hilft einem immer in den Mantel. Ein Manager, der die volle Kontrolle über sich hat. Doch plötzlich breitet er die Arme aus wie ein jubelnder Fußballer und juchzt in seinem breiten österreichischen Dialekt: »Berlin, das ist doch eine affengeile Stadt.«

Edgar van Ommen sagt wirklich affengeil. Zuerst meint man, das Wort passe nicht zu ihm. Es wirkt wie der krächzende Ton einer E-Gitarre in einem Streichquartett. Aber wenn man ein paarmal mit van Ommen zusammensitzt, begreift man, daß solche Töne zu ihm gehören. Der gebügelt erscheinende Mann ist fähig zu ungebremster Schwärmerei. Es kann passieren, daß er sich einer Sache hingibt, von deren Existenz er Augenblicke zuvor noch keine Ahnung hatte. Zum Beispiel hat er von einer Minute zur anderen mit seiner Frau seine Hochzeitsreise abgebrochen. Fuck the marriage, hat der Direktor eines Fünf-Sterne-Hotels in Durban zu ihm gesagt, komm her, du kannst sofort hier anfangen. Da sprintete er, sein junges Weib im Arm, zum nächsten Flughafen.

Sechzehnmal ist van Ommen umgezogen. Zwanzig Jahre lebte er nicht in Europa. Er erbaute Hotels und stampfte Sun City aus dem Lavaboden, eine Vergnügungsstadt in Bophuthatswana, die in Prospekten als »Afrikas Antwort auf Las Vegas« gepriesen wird, was man, je nach Sicht, sehr verheißend oder äußerst erschreckend finden kann. Der siebzehnte Umzug führte ihn dann nach Berlin. Van Ommen hatte die Stadt noch nie besucht. Aber er sagte dem Headhunter sofort zu, nachdem er gehört hatte, wofür er engagiert werden sollte: für das Sony-Areal auf dem Potsdamer Platz. Noch heute, etwa vier Jahre und dreitausend Schwierigkeiten später, redet er fast beschwörend von der Magie dieser Konstellation: »Da ist eine geschundene Stadt, und da ist ein Grundstück, das es nie wieder geben wird, und da

Edgar van Ommen

kriege ich, einer von Milliarden Menschen, die Chance, genau hier etwas zu machen.«

Rückkehr vom Himmel über Berlin, in dem Edgar van Ommen schwebt, auf den modrigen Boden. Manche Leute stapfen schimpfend an der riesigen Sony-Baugrube und an den Schildern mit dem futuristischen Projekt vorbei. Das soll das neue Herz der Stadt werden? Ein glaskaltes, laserstrahlflirrendes, raumschiffgleiches Herz. Welch synthetische Ausgeburt von Urbanität. Damit schindet Sony die Stadt, sagen die Leute. Und ist es außerdem nicht so, daß sich Berlins Kämmerer vor Sony in den Staub geworfen haben? Nur einhundert Millionen Mark mußten die Japaner für das lukrativste Brachland Europas zahlen. Für jedes halbwegs bewohnbare Wassergrundstück an den östlichen Fransen der Metropole wird schon eine Million und mehr verlangt. Da bekommt der Gigant das Filetstück also zum Bockwurstpreis. Haß dem Giganten.

Und Haß Edgar van Ommen, dem Mann, der sich für Sony aus dem Fenster lehnt? Vielleicht kann man das Projekt attackieren und auch alle die Mechanismen, die dazu führen, daß es hochgezogen wird, und den Mann trotzdem respektieren. Er hantiert ja nicht kühl, nicht verwechselbar businesslike. Genauer: Er hantiert nur selten so, etwa, wenn er die Obligationen erklärt, die Sony eingegangen ist: sechzig Millionen Mark für den Erhalt des Hotels Esplanade; festgeschriebene Miete von fünfundzwanzig Mark für jeden der fünfzehntausend Quadratmeter der Filmakademie.

Also bitte, sagt er distanziert, was wollen die Leute. Sie sind nicht fair. In solchen Momenten präsentiert sich der Berechner. Er würde Schiffbruch erleiden in seinem Job, hätte er das nicht in sich. Vor jedem Wochenende fährt er von seinem Büro am Bahnhof Zoo zur Baustelle und macht einen Rundgang; zum Beispiel, um die Sicherheitsleute zu kontrollieren. Am nächsten Wochenanfang listet er dann die Mängel auf. Aber außerdem will er sehen, wie da etwas wächst. Er ist vernarrt in das Projekt. Wo unsereiner nur ein gewaltiges, schlammiges Loch sieht, erblickt er schon das Dach des Hochhauses, »102 mal 77 Meter groß, Teflon, wartungsfrei, stellen Sie sich vor, das reinigt sich von selbst!« Unsereiner schaut skeptisch, ein Dach, das sich selbst reinigt, das kann er seiner Oma erzählen. Da springt van Ommen ins Englische, was er oft tut, wenn er sich besonders prägnant ausdrücken will, und sagt eindringlich: »You will like it!« – »Wann denn?« – »I dont know. But you will like it! Das ist das 21. Jahrhundert!«

Unsereins wartet noch ein bißchen ab, was das 21. Jahrhundert bringt. Wir sitzen jedes Jahr ein paar Stunden auf dem Pflaster von Siena und saugen die Wärme der alten Stadt ein. Wir haben nicht diesen Pioniergeist. Van Ommen aber, van Ommen wird das 21. Jahrhundert bestimmen oder zumindest doch dessen Beginn. Einmal hat er erzählt, was ihn alles euphorisiert: ein neues Design für Motorrennboote; ein New Yorker Haus, dessen siebzig Stockwerke auf den Stahlträgern von oben nach unten gebaut werden. Auch eine Minibar, die den Hotelgästen das Betrügen bei der Abrechnung erschwert. Auf keinen Fall aber die Reste der Berliner Mauer, die können weg. Er braucht die Geschichten nicht, die sie erzählen, so wie er keine Romane braucht. Er sagt, er habe noch nie einen Roman gelesen. Und bei Spielfilmen wird es ihm langweilig, es sei denn, er findet seine Sphäre darin wieder. ›Pretty Woman‹ hat er voller Faszination an die fünfmal gesehen, aber nicht wegen der wilden Julia R., die mit ihrem Körper Klavier spielt, sondern weil der Streifen in einem Hotel gedreht ist und er aus dieser Szene kommt.

Edgar van Ommen ist völlig arglos, als er das erzählt. Es stört ihn nicht, daß andere Menschen denken könnten, er sei ein Technikmonster, hochgradig erregbar nur durch Stahl und Glas und Marmor. Wahrscheinlich zieht er eine solche Reaktion gar nicht in Betracht. Er schaut entspannt aus den Fenstern des Literaturcafés – sic, des Literaturcafés! – in der Fasanenstraße und genießt die gedämpften Laute, die vom Kudamm herüberwehen. Es ist sein Stammcafé; manchmal kommt er mit seiner Frau zum Frühstücken her. Manchmal geht er auch in Konzerte, meist in Gefühlvolles. Orgel oder Mariah Carey. Er ist ziemlich ambivalent.

Darüber, daß er so ist, hat er sich noch keine Gedanken gemacht. Er blickt erstaunt, als wir staunen. Er hat keine Muße und keinen Antrieb zum Philosophieren. Er muß machen und tun. Sein schönstes Gefühl: das des Nervenkitzels, ob etwas funktioniert. Insofern kam ihm der Potsdamer Platz gerade recht. Und der Potsdamer Platz brauchte einen wie ihn: einen engstirnig Zukunftsgläubigen, der nicht nach Historie fragt, und zugleich einen Weitgereisten, der nicht in die Knie geht angesichts der Dimension des Vorhabens. Der Grundwasserpegel am Bau darf nicht mehr als einen Meter verändert werden, sonst ersäuft oder verdorrt der Tiergarten? »Wunderbar«, sagt van Ommen, »sowas habe ich noch nicht erlebt. I'm the luckiest man of the world.«

Natürlich nicht jeden Tag. Berlin war ja nicht vorbereitet auf entscheidungsfreudige Manager wie ihn; eine frühere Insel mit Strukturen, welche, gelinde gesagt, die Neuankömmlinge verblüfften. Vielleicht kann man sich den Gegensatz vorstellen: Van Ommen, Sohn eines in der Reisebranche tätigen Holländers und einer Österreicherin, tourt schon als Kind durch die Welt. Als Manager hat er in Sun City siebentausend Leute unter sich; »all African types«. In Berlin verwaltet er anderthalb Milliarden Mark. Und dann tritt er in Behörden, in denen die Akten mit Wägelchen von Raum zu Raum geschoben werden. Er merkt, daß hier andere Maßstäbe gelten. »Dreißig Jahre hatten die Beamten über die Verbreiterung von Gehwegen zu befinden. Und nun wir. Sie hatten Angst. Angst vor falschen Entscheidungen.«

Für Edgar van Ommen war das zunächst eine seltsame Melange: eine Stadt im radikalen Aufbruch, darin aber nicht wenige Leute in Ost und West, die sich so defensiv verhielten. So nörgelig. Er verstand noch nicht viel von ihnen und versuchte, sie so zu akzeptieren: Zurückhaltung als Resultat jahrelangen Lebens in Asien. Van Ommen könnte manche Berliner ja zur Minna machen nach allem, was er erlebte. »Ein Buch über die Behörden würde leicht zusammenkommen.« Doch er gibt nicht eine Episode weiter. Er sagt nur: »Man muß den Leuten Zeit lassen.« Viele werden noch mit sich und den Umständen zu tun haben, wenn er mit seinem umstrittenen Projekt fertig ist.

Das wird, so Gott will, am 31.12.1999 um 23.59 Uhr sein. Und dann, was macht van Ommen dann? Irgendwo haben wir gelesen, daß die Japaner schon das Modell eines Hotels für den

Mond in der Schublade haben. Das wäre doch was für Sie, sagen wir aus Spaß. »Ich kenne das Projekt«, sagt van Ommen da, ohne eine Miene zu verziehen. »Die Japaner haben auch schon das Tausend-Meter-Hochhaus konzipiert.« Er wird wohl nicht in Berlin bleiben.

Birk Meinhardt

Nur Station auf dem Weg nach Paris?

Ist das nun für die Polen eine Schreckensvision oder eine Zukunftshoffnung? »In einigen Jahren wird der Bundeskanzler siebzig Kilometer von unserer Grenze entfernt amtieren, und unsere westlichen Gebiete werden zum Versorgungsraum der Stadt, die schon heute der größte Bauplatz Europas ist. In mehr als zehn Jahren, wenn Polen in der Europäischen Union sein wird, wird Warschau zum Vorort Berlins.« So beginnt eine Titelgeschichte, welche der polnische Autor Adam Krzeminski für das Magazin der Warschauer Wochenzeitung ›Polityka‹ geschrieben hat. Die Überschrift lautet: »Berlin – die Hauptstadt Europas?«

Geschichtsbewußte Polen, welche nicht nur die Jahre der Teilungen (1795 bis 1918) im Gedächtnis haben, sondern auch die Tatsache, daß die Ausrottung der europäischen Juden in Berlin geplant und in Polen verwirklicht wurde – für diese Polen muß eine Hauptstadt Berlin, deren Hinterland bis nach Posen reicht, fast eine Schreckensvision sein. Andere halten dagegen, daß Deutschland zu den eifrigsten Befürwortern einer West-Integration Polens gehöre und daß Warschau und Berlin sich ohnehin bald näherkommen – durch eine Autobahn, die einst von Berlin bis Moskau führen werde.

Adam Krzeminski sieht die Zukunft positiv. Nach dem Krieg sei in Berlin viel getan worden, »um jenen Teil des Spiegels der deutschen Seele zu reinigen, in dem der Geist des Dritten Reiches« zu erkennen war. Dennoch bleibt noch manche historische Epoche aufzuarbeiten. Bis 1918 gehörte Westpolen mit Posen sowie Danzig zu Preußen bzw. zu Deutschland. Polnische Politik gab es nicht, über Polen wurde in den Hauptstädten der Teilungsmächte, in Wien, in St. Petersburg und eben in Berlin entschieden. Die Zaren in St. Petersburg versuchten, die polnische Seele zu »russifizieren«. In Berlin taten die Hohenzollern ähnliches: Das ehemalige Westpolen sollte durch »Germanisierung« endgültig aus dem Bewußtsein der Menschen verschwinden. Erinnerungen an den in St. Petersburg und in Berlin gezüchteten Ungeist leben in Warschau fort. Deshalb ruft ein Bundeskanzler, der vor den Grenzen Polens residiert, deshalb rufen Wochenendhäuser, die sich deutsche Beamte demnächst womöglich in Posen und in Hinterpommern bauen, alte Ängste wach. Früher, so könnte es dann heißen, seien die Deutschen mit Panzern gekommen, heute kämen sie mit ihrem Kapital.

Doch beide Hauptstädte, die polnische und die deutsche, haben auch manche Gemeinsamkeiten. Die Geschichte hat sie jeweils an den östlichen Rand ihrer Länder gedrängt. Von 1918 bis 1939 lag Warschau zwar der polnischen Westgrenze etwas näher als seiner Ostgrenze; aber 1945 wurde Polen auf Kosten Deutschlands zweihundertfünfzig Kilometer nach Westen verschoben. Warschau wurde eine Stadt im Osten Polens, und Berlin war noch mehr als zuvor eine Stadt im Osten Deutschlands. Auf Warschau und auf Berlin sehen viele deshalb eine »Tor«-Funktion zukommen: Warschau als »Tor« zu Rußland und zur Ukraine, Berlin als »Tor« zu Polen und Osteuropa. Wer will, kann darin eine gemeinsame Aufgabe beider Städte sehen.

Die leidvolle jüngere Vergangenheit brachte Berlin und Warschau totale Zerstörung. Mit der Zerstörung verloren beide Städte ihre Seele. Nicht mehr als ein paar Dutzend Menschen lebten nach Abzug der Deutschen Ende Januar 1945 in den Trümmern Warschaus. »Robinsone« nannte man jene, die damals aus dem Schutt erste Unterkünfte bauten. Manche Warschauer kamen zurück. Aber die Juden (dreißig Prozent der Vorkriegsbevölkerung), welche der Stadt ihren unverwechselbaren Stempel aufgedrückt hatten, waren in Auschwitz, Treblinka und Majdanek umgekommen. Kein anderer als Alfred Döblin, der 1929 das Leben der kleinen Leute am Berliner Alexanderplatz darstellte, war 1925 in Warschau und schilderte das jüdische Leben der polnischen Hauptstadt (›Reise in Polen‹). Das kommunistische Nachkriegs-Warschau mußte auf die jüdische Kultur verzichten. Es sollte proletarisch sein, die neuen Machthaber siedelten Arbeiter, Bauern, Flüchtlinge an. Die Robinsone Berlins waren die »Trümmerfrauen«. Die Juden Berlins waren genau wie die Juden Warschaus vernichtet. Der Osten Berlins

Am Bahnhof Zoo

teilte das Geschick Warschaus: Er sollte Hauptstadt eines »Arbeiter- und Bauernstaates« werden. Die Arbeiter fühlten sich in den ihnen gewidmeten Staaten nicht recht wohl. In Danzig und Warschau sorgten sie dafür, daß auch ihre Kollegen in Leipzig und Ostberlin dem kommunistischen Hirngespinst ein Ende machen konnten.

Historisch muß schließlich auch die letzte Reminiszenz sein, die Berlin mit Warschau verbindet – oder Berlin von Warschau trennt. Berlin – Hauptstadt Europas? Für manche Polen ist das eine seltsame Perspektive. Die Hauptstadt des Kontinents sehen sie über tausend Kilometer weiter im Westen, in Paris. Im November 1830 nämlich erhoben sich die Warschauer gegen das zaristische Joch. Der Aufstand schlug fehl. Es kam zu dem, was man heute »die große Emigration« nennt: Die kulturelle und politische Elite Warschaus floh nach Paris und bildete dort im Hotel Lambert eine Exilregierung. Spätestens seit dieser Zeit sind sich die polnische und die französische Seele näher als die polnische und die preußisch-deutsche. Denn nach Berlin, ins Zentrum der westlichen Teilungsmacht, wollte und konnte kein Pole fliehen. Angesichts der französisch-polnischen Seelenverwandtschaft sehen manche Polen in Berlin keineswegs die Hauptstadt Europas; vielmehr haben sie für Berlin den wenig schmeichelhaften Titel einer »Hure Europas« parat.

Zwischen beiden Extremen wird sich das polnische Berlinbild einpendeln. Sollte Polen einst nicht nur zur Europäischen Union, sondern auch zum gesegneten Schengenland gehören, in dem man ohne Grenzkontrollen reist, dann kann – aus polnischer Sicht – Berlin zu einem Vorort Warschaus, Danzigs, Breslaus und Posens werden. Historische Verbindungen können wiederentstehen, ohne daß Polen und Deutsche sich gegenseitig Revanchismus vorwerfen müßten. Und von Berlin führt zumindest geographisch ein direkter Weg nach Paris.

Heiko Flottau

Wien, Prag, Berlin: Vom ungemütlichen Wohnen auf Brücken

Die Geschichte geht ein wenig so wie das Märchen vom Aschenputtel. Die schönen Schwestern Wien und Prag – müßten die nicht zahllose Freier haben? Beide von schwelgerischer Ansehnlichkeit, leben sie in einem Bewußtsein, das ein ganzes Millenium umfaßt. Jeweils Brennpunkte von Geschichte und Kultur, hat sich die eine längst zu einem respektablen Wirtschaftszentrum entwickelt, die andere schickt sich an, es ihr gleichzutun. Beide sind in einer Phase neuen Erblühens: Wien, weit fortgeschrittener, hat den knittrigen Schlafrock mürrischer kleinösterreichischer Nachkriegswurstigkeit schon vor zehn, fünfzehn Jahren abzustreifen begonnen, sich zu einer der lebenslustigsten Städte des Kontinents gemausert. Prag hat den grauen Schleier der kargen Jahre im bolschewistischen Kloster abgeworfen, hat – manchmal schon zuviel – Farbe aufgelegt und träumt sich in die Rolle des mondänen Mittelpunktes Europas.

Ein altes Wortspiel, eine einst ironische und doch stolze Selbsteinschätzung, scheint nach dem Zusammenbruch des Sowjetsystems und dem Verschwinden der eisernen Horizonte wieder gültig: Ist nicht die eine die westlichste Stadt des Ostens und die andere die östlichste Stadt des Westens – oder umgekehrt? Es steht den Schwestern frei, sich darüber zu streiten, auf wen welche Rolle besser zutreffe.

Doch wie im Märchen sind Prinzessinnen gewöhnlich überaus heikel mit ihren Freiern: Beider Interesse ist ziemlich einseitig gelagert, sie schielen nach dem glattrasierten, parfümierten Kinn des Westens, und vor dem eher struppigen, oft unmanierlich scheinenden Osten graut beiden gründlich. So haben beide eine große Zukunft als glänzende Perlen in kostbarer Fassung, die man auf Samt, gleichsam im freien Raume isoliert zur Schau stellt. Das Talent zum Kristall, der Licht und Ströme leitet und übersetzt, der Gestalt und Wesen auf- und ausbaut gemäß den ihn umgebenden Spannungsfeldern, dieses Talent scheint beiden – vorerst – nicht gegeben.

Erstaunlicherweise überlassen die Schönen diese Rolle einer häßlichen, ziemlich gerupften Gans: Berlin, der alten Preußen-Nazi-Sozialisten-Residenz. Zerbombt dank der mörderischen Hybris einer Herrenmenschenideologie, zerzaust vom Ost-West-Konflikt, umgepflügt von westlicher Arroganz und getränkt von östlicher Minderwertigkeitsverliebtheit, ist – zumal von den intakten Türmen Prags aus gesehen – dieses krude Konglomerat unfertig in seinem Charakter und im unreinen mit sich selbst. Dem Wanderer durch Mitteleuropas Metropolen erscheint diese Stadt nervös, und in ihrer nervösen Unrast ist sie naturgemäß offener, aufnahmefähiger, begieriger und damit über kurz oder lang viel eher befähigt, als eine Art Durchlauferhitzer die Ströme zwischen Ost und West durch ihre Kapillare zu schleusen. Eine bequeme Stadt, gar eine gemütliche, was Wien längst ist und Prag sich zu werden anschickt, das zu sein wird Berlin kaum gelingen.

Warschau, Prag, Budapest – alles Städte, die Osten sind und Westen spielen. Wien ist Westen und macht Theater, spielt kokett den Osten, so gut ihn die Operettenbühne hergibt. Berlin ist Ost und West zugleich. Wien und Prag, deren Bevölkerung jeweils aus den gleichen ethnisch-kulturellen Reservoiren geschöpft hat, reagieren auch seit dem Zusammenbruch der bolschewistischen Weltordnung sehr verwandt, obwohl sie diese Epoche auf der jeweils anderen Seite des Eisernen Vorhanges zugebracht haben: Nichts wie weg nach Westen!

Wien ist die mitteleuropäische Stadt mit dem noch immer verzweigtesten, feinsten, sensibelsten und durchlässigsten Wurzelgeflecht in den nahen und mittleren Osten Europas. Während der Zeit der Weltenteilung durch politisch hochspannungsgeladene Demarkationslinien, lief durch Wien der Kriechstrom des intellektuellen und politischen Austausches zwischen dem Westen und den politisch-künstlerischen Schattenwelten des europäischen Jenseits. Wiewohl das Wurzelwerk noch existiert, ist es seit dem Ende der Sowjetmacht unsensibler, ja fast starr geworden.

Berlin hat diese Sensibilität – wenn es sie hier überhaupt einmal gegeben hat – schon lange nicht mehr. Aber es hat die Berührung. Geil auf das parfümierte Kinn des Westens, schmiegt es sich zugleich an die struppige Brust des unmanierlichen Ostens. Sich marmorne Paläste erhoffend, wünscht es sich diese mit der Wohnlichkeit, Geborgenheit der Hütten (gar des Panelak, des Plattenbaus). Im riesenhaften Kleinkosmos dieser Stadt muß man im Osten den Westen widerwillig kosten, während man im Westen die »Verostung« fürchtet wie die Pest, nicht ahnend, daß schon zu DDR-Zeiten die »Verostung« das Bestimmende im stillen Inselglück gewesen ist. Man entkommt sich eben nicht.

Und Prag? Im starren Blick weg von den Problemen Mitteleuropas liegt auch stille Erleichterung darüber, daß es dereinst (das häßliche, ungeliebte, unbequeme, nützliche) Berlin sein wird, das sich um die arme Verwandtschaft ringsum wird kümmern müssen, ob es will oder nicht. Man wird Berlin und damit den Deutschen, wie man jetzt schon weiß, irgendwann bitter verübeln, daß es zwangsläufig eine ganz eigene Interessenpolitik im slawischen Nachbarraum entwickeln wird. Dennoch überläßt Prag das gerne dem Schicksal. Die politische Orientierung und die geistige Horizontbetrachtung sind in eine so atemlose Westdrift geraten, daß man sich geborgen und so recht am Platze wohl erst fühlen dürfte, wenn man gleichsam am Ärmelkanal oder noch weiter westlich festgemacht hat. Nur so glaubt man sich vor unheimlichen Infekten aus dem mittelosteuropäischen Sumpfbiotop sicher, Infekten sozialer und gesellschaftlicher Art, die Berlin von außen besehen längst in sich trägt, weil selbst mittelosteuropäisches Sumpfbiotop. Typisch die große europäische Geste, mit der etwa Wien seine natürliche Nachbar- und Bruderschaft mit Preßburg (Bratislava) ignoriert, in einer räumlichen Dichte, wie sie kein anderes Hauptstädte-Paar in der Welt kennt. Das ist die klassische Attitüde des weiten Horizonts, des europäischen Horizonts, der die großen Möglichkeiten in unmittelbarer Nachbarschaft souverän übersieht. Auch Vaclav Havels, des tschechischen Präsidenten, längst geflügeltes Wort von der »Rückkehr nach Europa« bezeichnete zwar ursprünglich die authentische Sehnsucht, sich in einer verlorenen Werte- und Zivilisationsgemeinschaft wiederzufinden. Dieses Postulat ist jedoch in der massiven Absatzbewegung gen Westen zerronnen, die hinter sich nur dunkle Räume weiß, die es zu fliehen gilt. So ist Prag heute nur noch äußerlich eine paneuropäische Stadt, gleichsam ein tschechisches Museum gesamteuropäischer Architektur. Berlin hingegen ist ein schlimmer sowjet-amerikanischer Architekturabklatsch mit hübschen Sprengseln aus Moderne und letzter deutscher Bürgerlichkeit.

Aber innerlich ist es authentischeres Europa, als es die Goldene Stadt je mehr sein will: Denn Berlin hat in sich die brennenden Reibungsflächen, und mehr noch diese erstaunliche Ungleichzeitigkeit, die diesen Kontinent kennzeichnet, quält und vorwärtstreibt. Europa lebt in verschiedenen Epochen, die alle ihren Platz haben, doch allein in Berlin herrschen verschiedene Zeiten an einem Ort.

Ein letztes Bild, das Berliner Politiker gerne im Munde führen: die Brückenfunktion zwischen Ost und West natürlich. In Wien ist dieses Schlagwort (für das sich die Prager nicht im geringsten interessieren) auch schon oft bemüht worden. Der frühere Wiener Bürgermeister Leopold Gratz hat es einmal lakonisch so gesagt: »Es ist nicht sehr gemütlich, auf einer Brücke zu wohnen; da zieht's.« Wien ist heute eine sehr gemütliche Stadt. Berlin wird das – hoffentlich – nie werden.

Michael Frank

Berliner Lektionen

Jeden Tag lerne ich in unserer großen Stadt etwas dazu. Neulich zum Beispiel fanden freundliche Menschen im Deutschen Theater, nach der Vorstellung müsse man mit Neuberlinern dringend den Maler und Schriftsteller Dieter Masuhr in Falkensee aufsuchen, weil der donnerstags immer sehr interessante Gespräche am Ofen veranstaltet. Falkensee, versicherten die freundlichen Menschen, das läge im Osten, gar nicht sehr weit draußen vor Berlin, jedenfalls im Osten. Und dann fahren wir schnurgeradeaus westwärts: Unter den Linden, Straße des 17. Juni, Bismarckstraße, Heerstraße. Das wird auch die Regierung noch lernen müssen. Von Berlin aus liegt der alte Osten im Westen. Jedenfalls der größere Teil.

Damit sich die zukünftigen Hauptstädter außer den neuen Himmelsrichtungen nicht auch noch zu viele neue Namen auswendig merken müssen, hat die Verwaltung der großen Stadt die einprägsamsten Straßennamen im Dutzend vergeben: Elf Hauptstraßen, siebzehn Hauptwege, siebzehn Tulpen- und Fliederwege, fünf Bismarckstraßen; und wenn man sagt, daß man zum Beispiel in die Berliner Straße will, fängt der Taxifahrer gleich an zu lachen. Leninstraßen und Karl-Marx-Alleen braucht man im Osten dafür fast gar nicht mehr zu lernen, Clara-Zetkin-Straßen kaum noch. Und wenn im Briefkasten ein Hilferuf gegen die elende Straßen-Umbenennerei liegt, dann stammt er von der Charlottenburger CDU, die dringend Unterschriften sammeln und verhindern muß, daß die Reichssportfeldstraße, die zum Olympiastadion führt, wirklich umgetauft wird.

Auch lerne ich überhaupt neue Moral und neue Vokabeln. Montagmorgen in der U-Bahn, auf der Bank gegenüber sitzt ein trauriger Mann mit Schlapphut. Ich kenne den Mann noch aus einer anderen Stadt, er ist Intendant. Früher in München war er nie so traurig, aber früher trug er auch nicht so einen eleganten Borsalino. Der Intendant ist traurig, weil ein Schauspieler einen

Brief geschrieben hat, damit der Intendant alles erfährt, bevor es »rausgegauckt« ist. Weil ich das neue Wort gleich ausprobieren muß, frage ich, was jetzt passiert, wo der Schauspieler es also selber rausgegauckt hat? Was tut der Intendant? »Das kommt darauf an«, sagt der Intendant. Es kommt also darauf an. Darauf, wen der Schauspieler wie bespitzelt hat, nicht wahr? Und auch darauf kommt es an, ob er seinen Opfern geschadet hat, oder? »Nein«, sagt der Intendant und zupft seinen Hut mit den Spitzen von Daumen und Zeigefinger ein paar Millimeter aus dem Gesicht. »Es kommt darauf an, ob es ein guter Schauspieler ist oder ein schlechter«.

Evelyn Roll

Armer Kanzler

Die Kaufhalle, in der ich zu DDR-Zeiten einkaufte, liegt in einem Neubauviertel. Sie hatte damals den Ruf, besser beliefert zu sein als die anderen. Jetzt ist dort wie überall, wo früher Kaufhalle war, ein Supermarkt, und es gibt dort – wie überall – alles, was es eben überall gibt. Bis vor kurzem ging ich aus lauter Gewohnheit weiter dort einkaufen. Dann fielen mir zuerst die Vietnamesen auf. Die kannte ich zwar noch aus DDR-Zeiten, aber damals standen sie neben mir in der Schlange, jetzt standen sie draußen und verkauften Zigaretten. Und dann kamen andere Ausländer hinzu, die ich nur von Fernsehberichten kannte – Flüchtlinge aus Bürgerkriegsgebieten. Das waren erschütternde Berichte, und ich erinnere mich genau an mein verzweifeltes Gefühl der Ohnmacht. Vor der Kaufhalle sitzen inzwischen auch obdachlose Deutsche ganz friedlich neben dem multikulturellen Elend.

In der Kaufhalle, die jetzt einer großen, reichen Ladenkette gehört, ist es hell und schön. Und es riecht, wie früher bei uns nur die Westpakete gerochen haben. Aber draußen stinkt es. Draußen ist es dreckig. Armut im Fernsehen erregt Mitleid, da möchte man helfen. Armut vor der Haustür ist etwas ganz anderes.

Ich habe den Supermarkt gewechselt. Hier ist es zwar ein bißchen teurer, aber das Umfeld stimmt. Nein, es muß heißen, das Umfeld stimmte. Zuerst fielen mir wieder die Vietnamesen auf, die dort ihre Zigaretten verkauften. Wie gesagt, ich hab' nichts gegen Vietnamesen, und ob nun der Staat oder irgendwelche kleineren Gangster von meiner Sucht profitieren, ist mir relativ gleichgültig. Nur blieben die Vietnamesen auch hier nicht allein. Armut scheint Armut anzuziehen und fragt nicht nach der Nationalität. Nicht etwa, daß mir irgendeiner von den Leuten da etwas getan hätte. Im Gegenteil, sie sind von einer auffälligen Friedfertigkeit, wenn sie einen ansprechen. Als mich gestern nun ein deutscher Obdachloser ansprach – natürlich habe ich ihm was gegeben – wußte ich, ich muß mich nach einer neuen Einkaufsgelegenheit umsehen. Aber hier im Osten Berlins ist das schon gar nicht mehr so einfach. Soll ich vielleicht jeden zweiten Tag nach Zehlendorf einkaufen fahren? Daß wir uns recht verstehen – ich habe nichts gegen die armen Leute. Sie tun mir aufrichtig leid. Aber irgendwann kommt das ja auch mal nach Zehlendorf.

Wenn die Bonner noch lange warten, kann man ihnen den Regierungsumzug bald wirklich nicht mehr zumuten. Kann ich von meinem Kanzler erwarten, daß er sich an meinen Vietnamesen, Jugoslawen, Rumänen und dem ganzen deutschsprachigen Elend vorbeidrücken muß, um in seinen Kanzlerbungalow regieren zu gehen? Wo hab' ich das neulich gelesen: Der Berg ruft nicht mehr. Der Berg kommt.

Peter Ensikat

Der Bananen-Wirt im Wedding

Dieter Banane wurde vor rund fünfzig Jahren in der Soldiner Straße geboren. Seither ist seine Wohnung immer hier gewesen, und daß seine Adresse nun »Ritterlandweg« heißt, ändert an der Sache nichts. Der Ritterlandweg ist die Verlängerung der Soldiner über die Provinzstraße hinweg und führt noch tiefer in den Wedding. »Ick jeh nie aus den Kiez hier weg«, sagt Banane, als sei die Straße ein Dorf und die nächste Siedlung zehn Kilometer weiter und als führe nur einmal am Tag ein Bus dorthin.

Banane hat eine Kneipe, die heißt »Zur Banane«. Sie hat zehn Tische und dreißig Stühle und einen Tresen mit Hockern davor. Einen Spielautomaten gibt es, der ab und an leise wie ein Hündchen fiept, auch eine stumm frierende Eistruhe und einen Sparverein, »Zur lustigen Banane« ist sein Name. Wenn Dieter hinterm Zapfhahn telephoniert, sagt er: »Hier spricht Dieter Banane!« Oder, falls eine Frau seiner Stimme lauscht: »Süße, dein Bananchen ist da!« Er heißt nicht wirklich so, aber er war mal Obsthändler von Beruf.

Vor fünfzig Jahren gab es noch Kuhställe hier, und morgens holten sie frische Milch, »ach, war det scheen«, seufzt Banane. Elf Kinder waren sie, er war das fünfte, zwei sind schon tot. Sein Vater war Elektriker, ein braver Mann, und dennoch fanden ihn vor vierundzwanzig Jahren Schulkinder tot in der Panke, dem Flüßchen, das die Soldiner Straße kreuzt. Er hatte ein Messer im Rücken, warum, blieb unbekannt. Der Mann, den die Polizei verhaftete, wurde freigesprochen, aus Mangel an Beweisen. Bananes Mutter lebt noch. Silvester haben sie in der Kneipe ihren achtzigsten Geburtstag gefeiert, die Geschwister mußten einen Unkostenbeitrag beisteuern. »Umsonst ist der Tod«, sagt Banane.

Als er ein Kind war, hat er immer dem Obsthändler vor der Tür gelauscht, der seine Ware anpries, und sah staunend zu, wie der aus Zeitungen Tüten drehte. Das übte Dieter dann zu Hause. Er kann das noch, macht es in Sekundenschnelle vor, und ruft, als er fertig ist: »So leicht is' det Leben!« Er hat einen kleinen Sprachfehler und zieht manche Konsonanten nach wie ein Hinkender das Bein, aber dieser Satz kommt ihm flink über die Lippen.

Mit vierzehn wurde er Gehilfe des Standbesitzers, dann machte er seine eigene Bude auf. Er kennt alle Tricks: Wie man beim Wiegen ein Gewicht mit in die Tüte schmuggelt. Wie man durch ein Loch, das man unten beim Falten offenläßt, schnell einige Zwetschgen wieder hinausrieseln läßt, bevor man sie dem Kunden reicht. Wie man überhaupt Käufer lockt: Ganz laut und lebendig wird Dieter Banane plötzlich, holt ein Fünf-Mark-Stück aus der Tasche, wirft es aufs Parkett, stellt den Fuß drauf und schreit: »Wo sind meine fünf Mark? Ick habe fünf Mark verloren!« So was habe seine Wirkung nie verfehlt, sagt er. Schnell hätten da zehn Leute gestanden, und sobald es genug waren, hob er den Fuß, klaubte das Geld auf und wieselte hinter den Stand, um den Wartenden was zu verkaufen.

Schließlich hat er ein richtiges Obstgeschäft eröffnet, in der Soldiner Straße natürlich. Irgendwann übernahm er auch die Kneipe nebenan und betrieb sie neben dem Laden, zusammen mit seiner Frau. Ohne sie wäre es nicht gegangen. Nachts um eins mußte er zum Fruchthof, und wenn noch Gäste da waren, weckte er sie, damit sie weiterzapfte. Es muß ein hartes Leben gewesen sein, aber das erzählt Banane nicht. Er sagt bloß, daß seine Frau ihn vor die Wahl »Icke oder die Kneipe« gestellt habe und daß er »die Kneipe« geantwortet habe. Sie ließ sich scheiden, und Banane sagt: »Nu bin ick alleene. Is doch ooch scheen.« So klingt es aber nicht, und er schaut auf den Boden dabei.

Er hat den Laden aufgegeben und die Kneipe behalten. »Det Obstjeschäft war im Winta so kalt«, sagt er, »aber inne Kneipe war et imma scheen warm, und det Zeuch, wat man vakooft, wird nie schlecht wie die Bananen und Orangschen.« Als die Mauer fiel, nur einige hundert Meter von hier, kündigte die Hausbesitzerin seinen Vertrag und vermietete an einen Motorradhändler. »›Det is jetze Zitty hier‹, hat die zu mir jesacht«, sagt Banane, »›da is keen Platz mehr für Kneipen.‹« Er zog in den Ritterlandweg. Eine City ist aus der Soldiner nicht geworden.

Es wohnen Türken hier, deutsche Arbeiter und Handwerker, auch viele arme Leute. Und es sieht nicht aus, als würde sich das ändern.

Einmal wollte jemand aus seiner Kneipe eine Disco machen, aber das konnte er verhindern. »Det is 'ne Arbeiterkneipe hier«, sagt er. »Hier komm' die Leute zum Reden her, und wenn eina janz still is, denn weeß ick schon, warum, und sach: ›Haste wieda deine Frau inne Fresse jeschlagen? Det macht man nich! Frauen schlägt man nich! Wenn se nich aufhört zu meckern, dann ziehste ruhig dein Jackette an, und denn jehste zu Banane, und wenn se wieda ruhig is, jehste zurück.‹«

Er ist schon zum zweiten Mal geschieden. Seit einem Jahr trinke er keinen Alkohol mehr, sagt er, nur noch Kaffee – außer Fasching, da hat er eine Ausnahme gemacht. Er ist ein kleiner Mann mit glattgekämmtem Haar und einer Haut, die zu selten an der Sonne ist, und er lebt hinter dunkelbraun gestrichenen Türen in zwei Zimmern direkt hinter der Kneipe. Man muß am Klo und an den Limonadenkisten vorbei, um dorthin zu kommen. Manchmal verschwindet Dieter Banane dort und kehrt zurück mit einem kalten Eierkuchen zwischen den Fingern, den er hastig verzehrt, oder auch nur mit einem Nägelkauen und einem nervösen, nach innen gerichteten Blick.

Einmal, als er gerade wieder hereingekommen war, sprach er von einem Arztbesuch am Montag, und als ich fragte, was für ein Arzt das sei, sagte er, daß es um die Durchblutungsstörungen im Bein gehe, daß man ihm schon vor zwei Jahren ein Bein abnehmen wollte, und daß es nun wohl endgültig soweit sei. Er wechselte die Musikkassette in der Stereoanlage, während er sprach, und dann ging er wieder hinaus. Ich sah ihm nach und dachte, daß er mir sein ganzes Leben erzählt hatte und daß ich doch nichts über ihn wußte.

Axel Hacke

Indien

Als Herr T. zum letzten Mal nach Indien wollte, ging er mit einer Wollmütze über dem Gesicht und einer Pistole in der Hand in eine Bank und rief: »Nu mal rüber mit der Kohle.« Die Frau hinter dem Schalter kicherte und sagte, sie habe kein Geld, »nicht haha oder hoho, sondern hihi. Ich höre es heute noch«, sagt Herr T. vor dem Landgericht Moabit. Er schoß in die Luft. Die Frau war zu nervös, um dem Computer ihren Zugriffscode einzugeben. Ohne den gibt es aber heutzutage bei Banken kein Geld mehr. Herr T. wußte das nicht. Er hat die letzten fünfundzwanzig Jahre ohne größere Unterbrechungen im Gefängnis gesessen.

Es dauerte eine Weile, bis Herr T. 4985 Mark in der Tasche hatte. Als er die Bank verließ, war die Polizei schon da. Eine junge Beamtin stieg aus dem Wagen und ging auf Herrn T. zu. Er zog langsam seine Pistole; auch die junge Frau griff zu ihrer Waffe. Sekundenlang standen sich Räuber und Polizistin gegenüber. »Warum haben sie nicht geschossen?« fragt die Richterin die Polizistin. »Ich weiß es nicht«, sagt sie, »er wirkte so unsicher.« Sie brüllte den Räuber an, er sollte die Waffe fallenlassen und sich hinlegen. Herr T. zögerte nur kurz, dann gehorchte er. Er wurde gefesselt. Im Auto sagte ein Polizist zu ihm: »Du Blödmann, wir hätten Dich fast erschießen müssen.« Herr T. antwortete: »Das wäre besser gewesen.«

Herr T. ist jetzt einundfünfzig Jahre alt; wenn er aus dem Gefängnis entlassen wird, wird er ein alter Mann sein. Dies war seine letzte Chance, nach Indien zu kommen. In seiner Zelle in Tegel hat Herr T. zwanzig Jahre lang von Indien geträumt. Jede Nacht, wochenlang, monatelang, jahrelang, jahrzehntelang. Jedesmal wenn er entlassen wurde, wollte er so viel Geld verdienen, daß es für Indien reicht. Etwas anderes als Bankräuber hat Herr T. nie gelernt. Er ist kein besonders guter Räuber. Für Indien hat es nie gereicht.

Indien – »mein Kumpel kennt da ein Dorf im Südosten, da

gibt's keinen Bürgermeister und keine Polizei«, sagt Herr T. der Richterin, und sie versteht ihn nicht. Wovon er denn in Indien leben wollte, fragt die Richterin. »Na, Handel und Wandel«, antwortet Herr T. Indien ist da ein bißchen wie Tegel. Da leben die Männer auch von »Handel und Wandel«. Herr T. hatte versucht, der Richterin das zu erklären. Sie wollte wissen, wovon der Heroinabhängige denn in Tegel seinen Drogenkonsum bezahlt hat, und Herr T. konnte keine regelrechte Tätigkeit vorweisen.

Tegel ist die größte Strafanstalt Europas. Über tausend Männer leben da. Erfahrung ist in Tegel bares Geld wert. Aber die Richterin versteht das nicht. Sie ist eine junge Frau. Der Vorsitzende ist krank, und sie mußte für ihn einspringen. Sie versucht gar nicht erst, sich vorzustellen, wie es ist, ein Vierteljahrhundert hinter Gittern zu verbringen. Auf einem anderen Planeten. Ein Gutachter muß prüfen, ob der Wiederholungstäter T. aus medizinischer Sicht in Sicherheitsgewahrsam genommen werden soll. Es geht um mindestens acht zusätzliche Jahre. Es ist das erste Mal, daß sich jemand wirklich Zeit für diesen Menschen genommen hat. Immer wieder war Herr T. ohne jede Vorbereitung in die Freiheit entlassen worden. Er konnte immer weniger mit dieser Freiheit anfangen. »Hospitalisierung« nennt der Gutachter das. Man kenne das aus dem Zoo.

Der Bankräuber, der nicht mehr U-Bahn fahren kann, der im Supermarkt Angst bekommt, der vor der Freiheit und vor dem Gefängnis nach Indien fliehen wollte, sagt: »Das ist wie mit einem Goldfisch, der jahrelang in einem Glas lebt und dann wirft man ihn in den Fluß und da soll er sehen, wie er zurechtkommt.« Der Gutachter sagt: »Herr T. braucht eine sozialtherapeutische Betreuung, keine medizinische.« Und er sagt: »Man muß einem Menschen eine Perspektive geben.« Die Richterin verurteilt Herrn T. zu neun Jahren Haft und zu Sicherheitsgewahrsam. Sie fragt den Angeklagten, ob er für die Zeit nach seiner Entlassung »Perspektiven« habe. Herr T. hat keine mehr. »Für Indien bin ich dann zu alt.«

Jakob Augstein

Prost, Vater

Eine Kneipe, die Ecke Richard-Wagner-Platz/Richard-Wagner-Straße gelegen ist, könnte mit gewissem Recht »Richard-Wagner-Eck« heißen – heißt sie aber nicht. An nämlicher Stelle befindet sich statt dessen »Wendels Restaurant«, benannt nach Max Wendel, der das Lokal 1919 kaufte und 1963 seinem Sohn Klaus vermachte. Und jeder, der die Stadt durchstreift auf der Suche nach einem Ort, an dem es zwölf vom Faß gezapfte Biere gibt und Buletten wie aus dem Bilderbuch, auch saftiges Eisbein mit Erbspüree und Speckstippe sowie Schweinskopfsülze mit perfekt zubereiteten Bratkartoffeln, jeder also, den ein Sehnen überfällt nach diesen Dingen, der präge sich die Adresse ein. Denn Wendels Restaurant, dessen Einrichtung seit fast siebzig Jahren kaum eine Veränderung erfuhr, kommt dem, was wir als Ideal einer bürgerlichen Berliner Gastwirtschaft im Kopfe tragen, sehr nahe. So denken andere auch, und deshalb finden sich viele Abnehmer für Wendels Biere.

Auch hält die U-Bahn vor der Tür, die Westberliner Oper ist nah, und gegenüber steht das Charlottenburger Rathaus, welches, anderen Rathäusern nicht unähnlich, »ein schier unerschöpfliches Potential an Freunden des Alkohols« birgt, wie Klaus Wendel schrieb, ganz richtig: schrieb. Dieser Wendel hat nämlich 1980 den Zapfhahn einem kongenialen Nachfolger namens Hilliges übergeben und ein Buch verfaßt, welches aus dem Leben einer Berliner Wirtefamilie erzählt: von den Gründerjahren des Lokals, als die Händler vom nahen Pferdemarkt ein und aus gingen und schon mal ein Pony zum Tresen führten, um es aus der Spülwanne zu tränken; vom Todestag des Wendelvaters Max 1963, dessen Sarg der Sohn im Lokal absetzen ließ, damit er dem Alten zu Ehren eine Lage Bier zapfen und ihn mit »Prost Vater, gute Reise« verabschieden konnte; und von Klaus' eigener Pensionierung, als acht Musiker der Oper, Stammgäste allesamt, ein »Halali« bliesen. Wer das gelesen hat, wird nicht ohne Rührung hier einkehren.

Einen Stammgast gab es, der von allen zwölf Bieren stets je einen halben Liter trank, einen anderen Routinier, der nur Pilsner Urquell soff, davon aber neunzehn Halbe, einen Dritten, der wieder und wieder einsam versuchte, fünf Liter Guiness zu vertilgen und doch in Jahren das letzte Glas nie zur Gänze niederkämpfen konnte. »Er verließ die Arena mit dem aufgezogenen Gang eines Roboters«, schrieb Wendel, »nicht rechts noch links blickend, auch nicht etwa schwankend, aber im Hinterkopf trug er schon den Gedanken an den nächsten Rekordversuch. Das sah man ihm an.« Ich brachte es bloß auf vier Budweiser und zwei Korn ... aba kann ja wiederkomm', beschtimmppt, insssss Wagner-Restorang am Wendelsplatz, oda wie diss gleich wieder hajsst.

Axel Hacke

Alte Gewohnheiten

Besuch in der Entziehungsanstalt

Der Mann mit dem Bild von Brigitte Bardot auf der Stirn weiß nicht genau, warum er hier ist: »Ich bin heute noch am überlegen, wie es dazu gekommen sein könnte«, sagt er. Die Tätowierung ist wirklich gut gelungen. Sie muß aus den frühen sechziger Jahren stammen; das erkennt man schon an der Frisur der Bardot. Er hat zwei Männer in der Kneipe niedergeschlagen, einen mit den Fäusten, einen mit dem Barhocker. Aber er kann sich daran nicht mehr erinnern. Er war zu betrunken. Das beunruhigt ihn. »Wenn ich im nüchternen Zustand jemanden zusammenlege, weiß ich, was ich gemacht habe«, sagt er und zieht die Bardot in Falten. »Ob ich wirklich einen Gegenstand genommen habe? Das ist gar nicht meine Art, was in die Hand zu nehmen«.

Mike hat wegen gefährlicher Körperverletzung zwei Jahre und sechs Monate bekommen und den Paragraphen 64: Suchttherapie in der Psychiatrie. Er ist seit vier Wochen hier, Aufnahmestation 18b Haus III, Psychiatrisches Landeskrankenhaus Berlin. Mit ihm noch siebzehn weitere Verurteilte. Mike trägt auch an den übrigen sichtbaren Teilen seines Körpers beeindruckende Tätowierungen. Er versichert, daß es unter Hemd und Hose so weitergeht. Den harten Entzug haben alle schon hinter sich.

Den haben sie in der Untersuchungshaft durchgemacht, in der Beobachtungszelle im Keller des Justizgebäudes Moabit, auf einer Matratze und einem Betonbett, das Wasser kommt aus der Wand, und das Licht ist die ganze Nacht an. Manche bekommen Valium. Jetzt soll die Therapie folgen. Und wenn die nicht anschlägt, wird man sie wieder in den Knast schicken, zum Absitzen der Reststrafe. Mike war schon oft im Knast, früher in der DDR, in Brandenburg. Dort hat er auch die Tätowierungen machen lassen. Das war streng verboten. »Da gab es drei mal sieben und 'ne Decke«, sagt Mike, also einundzwanzig Tage im Bunker.

Ohne Tabak: »Da haben wir das Neue Deutschland geraucht.«

Er hat jetzt die Chance, später ein suchtfreies und straffreies Leben zu führen. Keine große Chance. Mike und die siebzehn anderen sind schon lange kriminell, sie sind schon lange gewalttätig, und ihre Sucht hat sie zu Kindern gemacht. Sie können das Gesetz draußen nicht achten, für sie gibt es nur das Gesetz im Knast. Sie können nicht auf Gewalt verzichten und sie können keine Verantwortung tragen. Die Ärzte müßten ihnen die Sucht aus den Köpfen treiben, die Gewalt und den Knast. Aber das alles ist da tief eingebrannt, genau wie Mikes Tätowierungen. Und die Ärzte müßten ihnen etwas ganz Neues beibringen: Reife, Verantwortungsgefühl, Selbstbewußtsein, Stolz.

Die Männer von Station 18b sind aufgrund eines sonderbaren Paragraphen des Strafgesetzbuches hier gelandet. Er beginnt mit den Worten: »Hat jemand einen Hang, alkoholische Getränke oder andere berauschende Mittel im Übermaß zu sich zu nehmen ...« Er setzt voraus, daß die Tat im Rausch begangen wurde oder auf den »Hang« zurückgeht und daß neue »erhebliche rechtswidrige Taten« zu erwarten sind, und schließlich befindet er: »... so ordnet das Gericht die Unterbringung in einer Entziehungsanstalt an.« Der Paragraph 64 lügt. Würden die Gerichte jedesmal eine Entziehungskur anordnen, wenn Alkohol und andere Drogen »im Übermaß« bei einer Straftat im Spiel waren – Tausende müßten sich die vierundachtzig Betten teilen, die in Reinickendorf für diese Klientel bereitstehen. Die Männer aus Station 18b waren schon so oft im Knast, immer wieder wegen der gleichen Delikte, die mit ihrer Sucht zu tun haben, daß ihre Richter ihnen einen der begehrten Plätze in der Therapie zugewiesen haben. Das war reines Glück.

Sonderbar ist dieser Paragraph aber auch in seiner Wortwahl: Das Gesetz spricht von »Hang«, nicht von »Sucht«: Es schafft sich anstelle des medizinischen einen eigenen juristischen Begriff. Der Richter kann über krank und gesund nicht entscheiden. Er ist kein Arzt. Der »Engel des Rechts« muß also den »Engel der Medizin« um Hilfe bitten. So hat Robert Musil das ungleiche Gespann im Gerichtssaal einmal genannt.

Ob ein Mensch seine Freiheit verliert, ob er sie als Täter

verliert oder als Patient, das darf aber nach dem Gesetz kein medizinisches Urteil sein. Der Richter muß die medizinische Bewertung des Arztes ins Juristische übersetzen, in seine eigene Sprache. So kommt es zu Übersetzungsproblemen, zu Mißverständnissen und zur Vermischung von zwei Begriffswelten. Der Begriff vom »Hang« faßt viel weiter als der medizinische Suchtbegriff. Eine körperliche Abhängigkeit muß gar nicht vorliegen, damit der Richter einen »Hang« feststellen kann. Deshalb könnte auch ein Haschischraucher in der Anstalt landen. Aus ärztlicher Sicht hat er da nichts zu suchen. Aber das Gesetz kümmert sich nicht um die Realität der Therapie, in der es einen großen Unterschied macht, ob ein Patient wirklich süchtig ist oder nicht.

Der Trinker Mike ist süchtig und krank. Er will seine Sucht überwinden. Schon wegen seiner Familie. Er ist mit einer Frau verheiratet, die er seit dreiundzwanzig Jahren kennt, und er sagt: »Ich bin stolz auf meine Frau.« Einmal hat er sie aber trotzdem richtig verprügelt: »Ich hatte so 'ne Vorstellung gehabt, da war ich im Delir. Ich habe sie mit 'nem anderen gesehen, und da war jar keen anderer.« Da ist sie mit den beiden Kindern in ein Frauenhaus geflüchtet. »Sie hofft jetzt, daß ick die Therapie schaffe, und ich auch«, sagt Mike.

Er hat sich nach der letzten Schlägerei freiwillig der Polizei gestellt, weil er fand, daß es so nicht mehr weitergehen konnte. Immer saufen und prügeln und saufen und prügeln. Er ist richtig froh, daß er die Therapie in der geschlossenen Anstalt machen kann, sagt er: »Draußen hätte ich das nie geschafft. Man kann siebzehn Jahre nicht einfach wegwischen.« So lange trinkt der große Mann mit den Tätowierungen schon, der Anfang dreißig ist, viel älter aussieht, aber in seinem Kopf wie ein Kind ist.

Er sitzt in einem Raum mit Stühlen und Bänken, in Reihen aufgestellt, mit Tafel und Kreide und einem schwarzen Brett, durch die Fenster sieht man hohe Bäume und einen weiten Park. Das könnte ein Klassenzimmer sein. Aber die Fenster sind vergittert und zwischen dem Raum und dem Park sind sechs verschlossene Türen und zwei übermannshohe Drahtzäune. Er könnte ein Schulkind sein, er grinst schüchtern, wenn er spricht, und seine Hände verschränkt er verlegen im Schoß. Aber für ein Schulkind ist er viel zu gefährlich.

»Ich bin mit Prügel aufgewachsen«, sagt er, »das ist für mich Normalität. Ich kenn' das nicht anders; ich wurde von den Eltern geschlagen, das war normal, und im Heim auch.« Und mittlerweile macht ihm das Zuschlagen selber Spaß, ob mit oder ohne Alkohol. »Das ist 'ne Befriedigung für mich. Ist wie 'n Abgang. Wie Sex. Egal was vor mir steht, spielt keine Rolle. Sobald ich Blut sehe, verliere ich die Kontrolle, das Schreien törnt mich an, das Wimmern«, sagt Mike und grinst.

Vielleicht sagt er das nur, um seinen Kumpels zu imponieren, die neben ihm sitzen: Peter, der Schlesier, mit dem rasierten Schädel und dem stechenden Blick, der wegen eines Überfalls drin ist; Pit, der kleine Berliner mit den langen Haaren und dem zarten Gesicht, der auf Heroin war und in einer Kneipe eine Handgranate gezündet hat; Aliba der freundliche Araber, der mit vierzehn Jahren seinen ersten Totschlag hatte und diesmal wegen Beschaffung sitzt, und Andi, der Kokser mit dem gelblichen, welken Gesicht, den sie hier für intelligent halten, weil er lauter Fremdwörter kennt und seine Raubüberfälle so schön mit den gesellschaftlichen Verhältnissen rechtfertigt.

Die haben alle schon ihre zehn, elf Jahre Tegel hinter sich. In Europas größter Strafanstalt leben tausendzweihundert Männer in einer eigenen Welt. Mike hat immer nur in Ostgefängnissen gesessen. Wenn er Geschichten aus Tegel hört, sagt er: »Also ick muß janz ehrlich sagen, wenn ick det so höre, ick habe Angst, nach Tegel zu gehen.« Alkohol und Drogen zu bekommen, das ist in Tegel überhaupt kein Problem. Geld gibt es genug: Einbruch, Erpressung, Raub und Prostitution, das funktioniert im Knast alles viel besser als draußen. Peter sagt, in Tegel hat man schon mal jemanden wegen zwanzig Mark umgebracht.

Stoff gibt es auch genug. Der Alkohol wird selbst gebrannt: dreißig Liter ansetzen, mit Kartoffeln, Zucker, Hefe oder Weißbrot, in einer Nacht sechs Flaschen ziehen, zu fünfzig Mark das Stück verkaufen – das rechnet sich. Die Drogen kommen von draußen: Die Versorgung für so viele Menschen mit

Lebensmitteln, Wäsche, Material muß täglich die Mauern passieren. Das läßt sich nicht vollständig überwachen. Die Drogen können in einem Tischbein stecken, zwischen den Laken, in einer Konserve. Vollzugshelfer können sie mitbringen oder Arbeiter.

Der Schließer guckt weg. In Tegel kann er sich echten Streit mit den Gefangenen gar nicht erlauben. In Moabit ist das anders, in der Untersuchungshaft. Da verprügeln die Schließer schon mal einen Häftling, oder sie sagen den Türken: »So was wie euch hätten wir früher ausgerottet.« Nicht so in Tegel. »Ich verbring' in Tegel Jahre mit dem Schließer«, sagt Peter der Schlesier, »den greif' ich mir, wo ich will.« Manchmal ist der Schließer selber der Dealer.

Peter und der Araber Aliba sagen, sie seien in Tegel heroinabhängig geworden. Andi, der vorher Koks geschnupft hatte, sagt, er sei in Tegel auf Heroin umgestiegen und habe dort auch angefangen, Koks zu spritzen. Die Drogen machen den Knast kaputt. Und der kaputte Knast läßt sich nur mit Drogen ertragen. Mike sagt, im Osten sei der Knast »härter und schöner« gewesen: »der Zusammenhalt war besser, keene Drogen, nur Pillies und Alkohol. Abziehen, so wie ich das hier rausgehört habe, das gab's da gar nicht.«

Wenn sie dann rauskommen aus Tegel, nach ein paar Jahren, was passiert dann mit den Männern? Peter ist letztes Jahr erst entlassen worden. »Vom Tag der Entlassung bis zur neuen Inhaftierung ein paar Monate danach hintereinander nur Straftaten zur Beschaffung«, sagt er. Pit hatte nach der Entlassung einen Job als Dachdecker. Daß er im Knast war, hatte er bei der Einstellung verschwiegen. Pit flog raus, als sein Chef es erfuhr.

Und dann sind da die Schulden: Andi hat noch anderthalb Millionen Mark zu zahlen. Allein vierhundertachtzigtausend Mark an einen Zahnarzt, dem er mal den Tresor ausgeräumt hat. Devisen waren da drin, Wertpapiere, Schmuck und ein großer Haufen Zahngold. Er sagt: »Ich habe zehn Jahre Tegel gemacht und dreißigtausend Mark verdient, mit meiner Hände Arbeit. In der gleichen Zeit ist die Zinsbelastung um das Zehnfache gestiegen.« Pit muß bis an sein Lebensende an den Mann zahlen, den er mit seiner Handgranate in den Rollstuhl befördert hat, und Peter hat vierzigtausend Mark bei der Berliner Bank offen, für Anwälte, Gerichtskosten und Gutachter. Wenn sie wieder draußen sind, dürfen sie genau 1250 Mark im Monat verdienen und behalten, der Rest wird gepfändet. »Warum soll ich da eine ehrliche Arbeit machen?« fragt Andi.

Das sind die zwei Gründe, warum diese Männer in den Knast zurückkehren: Sucht und Schulden. Aber könnten sie ohne Sucht und Schulden ein anderes Leben überhaupt noch führen? Peter war nach seinem Totschlag nach elf Jahren entlassen worden, mit 1200 Mark, ohne Wohnung. »Dann habe ich wieder einen Raubüberfall gemacht, weil ich draußen nicht klargekommen bin«, sagt er.

Peter, der Schlesier mit dem kantigen Kopf und der zackigen Stimme, der gesagt hat, daß man in Tegel schon einmal jemanden für zwanzig Mark umgebracht hat, kommt in Tegel besser zurecht als draußen, wo niemand für zwanzig Mark umgebracht wird. »Das hört sich blöd an«, sagt er: »Aber drinnen kenn' ich alles, da weiß ich was abgeht, draußen nicht; da muß ich um alles bitten und was tun, wo ich gar nicht durchblicke; wenn ich zum Amt gehe, sagen die, du mußt zum Rathaus Friedrichshain, und ich weiß gar nicht wo Friedrichshain ist. Ich bin mit den Leuten gut klargekommen in Tegel. Der Knast hält mich fit, da bin ich immer auf dem Posten, das ist überschaubar. Draußen ist mir zuviel, das habe ich nicht geschafft, da bin ich Einzelgänger.« Für die Drogensüchtigen ist die Rückkehr in die zivile Gesellschaft besonders schwer. Ihre Sucht läßt sie jeden Tag kriminell werden, manchmal sogar mehrmals: Wenn sie Geld beschaffen, wenn sie Stoff kaufen, wenn sie ihn nehmen. Das wird zur Gewöhnung. »Man nimmt die kriminellen Dinge nicht mehr bewußt wahr, sie werden zur Selbstverständlichkeit«, sagt Andi. Und genauso selbstverständlich ist es, nicht zu arbeiten: »Wir haben uns daran gewöhnt, leichter an Geld ranzukommen«, sagt Aliba.

Jetzt soll das also alles anders werden. Im Durchschnitt haben die Therapeuten zwei Jahre Zeit, das Vollzugsziel zu erreichen, das im Gesetz so beschrieben wird: »Ziel der Behandlung in einer Entziehungsanstalt ist es, (den Täter) von seinem Hang zu heilen und die zugrundeliegende Fehlhaltung zu beheben.« Aber die »Fehlhaltung« war für die Männer äußerst erfolgreich: Die Gewalt hat ihnen im Gefängnis das Überleben und eine gewisse Position gesichert. Die Sucht hat ihnen Aufmerksamkeit und Pflege verschafft. Warum also sollten sie ihre »Fehlhaltung« aufgeben, wenn sie die Freiheit mehr abschreckt als das Gefängnis? Was können die Therapeuten einem Mann wie Pit bieten, der seine Lage so realistisch einschätzt: »Die Gesellschaft pißt auf mich, und ich pisse auf die Gesellschaft.« Die Therapie wird versuchen, den Männern alles zu nehmen, was sie hatten. Vielleicht hat es etwas mit Würde zu tun, wenn Pit sagt: »Ich will später wieder dahin, wo ich herkomme: ins Rotlichtmilieu.« Seine Mutter ist nämlich auf den Strich gegangen, und seine Tante hat einen Puff und sein Onkel auch. Dort ist er groß geworden und will das nicht einfach hinter sich lassen.

Über die Chancen der Therapie machen sich die Therapeuten am wenigsten Illusionen: »Es gibt für Berlin keine Nachuntersuchungen«, sagen sie, »aber wir treffen unsere Patienten in der Gosse wieder, am Bahnhof Zoo.« Sie trösten sich mit dem Gedanken: »Vielleicht leben sie hier sogar besser als draußen.« Das ist für einen Therapeuten ein ziemlich verzweifelter Gedanke. Aber er ist richtig, und die Männer wissen das. Es wäre ein leichtes, sich Alkohol und Drogen zu besorgen. Es wäre nicht einmal schwierig, von hier zu fliehen. Und auch in der Therapie könnte man das Klima der Unterdrückung schaffen, das in Tegel herrscht. Aber die Männer tun das alles nicht. Einigen wird die Therapie helfen. Die Statistik besagt: Nur rund vierzig Prozent der Patienten werden innerhalb von zwei Jahren nach der Entlassung wieder straffällig. Der Anteil ist höher als bei den psychisch kranken Straftätern. Aber er ist weitaus niedriger als bei den normalen Strafentlassenen.

Jakob Augstein

Juhnke

von Evelyn Roll

Ach, Harald. Bitte nicht! Nicht schon wieder! Wenn Schlagzeilen dieses Kalibers aus den Blättern fallen, muß Herbst sein in unserer großen Stadt, hohe Zeit endlich für Depressionen, Quartalssäufer und rassistische Delirien. ›Bild‹ und ›BZ‹ schreiben Artikel über unseren Trinker immer schon so wie Reich-Ranicki seine Grass-Rezensionen: in herzlicher Briefform. Juhnke bedankt sich dafür traditionell, indem er drei Minuten vor dem großen Showdown bei ›Bild‹ anruft und sagt, daß seine Frau ihn jetzt wirklich nicht mehr richtig liebhabe und er sich möglicherweise nun totsaufe. Niemand findet das Spiel degoutant. Trotz allem nicht. Im Gegenteil: Wenn Juhnke wieder einmal abgestürzt ist, stürzt die Stadt mit. Dann entzieht sie mit, kollektive Herbst-Katharsis. Wir repetieren den großen Entgiftungs-Crash-Kurs, wissen ja sowieso längst alles über Gamma-Alkoholiker und Synapsen-Dämpfung, freuen uns, daß Starfriseur Udo Walz, der gute Freund, den Mann wieder einmal gerade noch rechtzeitig in sein Stamm-Krankenhaus gefahren hat.

Erstaunlich ist, wie lange Juhnke und die Stadt das Spiel schon treiben. Länger, als die meisten Berliner sich zurückerinnern können: Das älteste Photo in unserem Archiv, das einen benebelten Harald Juhnke mit der Bildunterzeile »Der Blaue Bengel« zeigt, stammt aus dem Jahr 1955. Vierzig Jahre später sollte Harald Juhnke im »Berliner Ensemble« auf Jewgenij Jewtuschenko treffen und die »Berliner Festwochen« eröffnen. Das fiel wegen Entzug aus. Die Festspielleitung nahm es herbstlich-nüchtern und fand als Ersatz den damals noch real existierenden Maharadscha von Whisky-Pur: »Dankenswerterweise hat sich Berlins zweitgrößter Entertainer bereit erklärt, Juhnkes Part zu übernehmen: Heiner Müller.«

Die Türkin

Der Staatsanwalt sagt, es war Mord. Nurdan lächelt und schweigt. Ihr Mann hat ihren Liebhaber getötet. Nurdan schlägt die Beine übereinander und sagt kein Wort. Sie ist der Beihilfe angeklagt. Nurdan tuschelt mit dem Dolmetscher und läßt ihren Anwalt die Angaben zur Person vorlesen. Ihr Anwalt ist klug. Er ahnt, daß seine Mandantin nichts gewinnt, wenn sie den Mund aufmacht. Ihr Mann hat den Schuß abgefeuert, aber die Verantwortung trägt sie.

An einem langen Sommerabend des vergangenen Jahres treffen sich Hasan, das Opfer, und Eyrüp, der Täter, an einem Kanal, der durch ein Industriegebiet fließt. Hasan hat ein Verhältnis mit Nurdan gehabt. Er hat Nacktphotos von ihr gemacht und sie damit erpreßt. Er hat sie vergewaltigt und der dreijährigen Tochter Heroin gegeben, damit sie die Vergewaltigung nicht stört. Hasan ist Dealer. Eyrüp ist Maschinenführer in einer Zigarettenfabrik. Hasan ist ein Schweinehund. Eyrüp ist ein guter Junge. Hasan hat eine Pistole. Eyrüp ist Ringer. Hasan oder Eyrüp – einer von beiden wird nicht lebend aus dem Industriegebiet zurückkehren. Weiß Nurdan das nicht? Oder organisiert sie gerade deshalb das Treffen?

Nurdan hatte Eyrüp verlassen, weil er lieber zum Sporttraining ging, als sich um seine Frau und sein Kind zu kümmern. Vielleicht hat aber auch der Dealer das junge Mädchen mit seinem Drogengeld beeindruckt. Eines Tages kehrt Nurdan zu ihrem Ehemann zurück und erzählt ihm alles: Nacktphotos, Vergewaltigung, Heroin fürs Kind. Eyrüp hat mehr als einmal die norddeutschen Ringermeisterschaften gewonnen. Der Sport geht ihm über alles. Nurdans Nachricht trifft den kräftigen Mann genau dort, wo seine Lebensenergie sitzt: Er kann plötzlich seine Beine nicht mehr bewegen, er hat Schmerzen im Rücken. Ein Arzt schreibt ihn für vier Wochen krank.

Eyrüp hatte seine Frau geliebt, als er sie heiratete, er liebt seine Tochter. Er ist Ehemann und Vater, und er ist Türke. Unter

Türken wird für die Ehre gemordet. Das jedenfalls meint der Staatsanwalt. Er glaubt, Nurdan und Eyrüp hätten Hasan in einen Hinterhalt gelockt, um ihn zu töten und Nurdans Ehre wiederherzustellen. Aber so war es nicht. Nurdan hatte ihren Ehemann zum Spaziergang aufgefordert. Plötzlich bleibt sie stehen und sagt: »Ich habe eine Überraschung für dich.« Sie läßt den arglosen Eyrüp stehen und holt den ebenso ahnungslosen Hasan am nahen S-Bahnhof ab. Die beiden Männer sehen sich; Hasan zieht seine Waffe, Eyrüp rast auf ihn zu. Sie kämpfen. Der Stärkere greift sich die Waffe und feuert mit geschlossenen Augen, bis das Magazin leer ist. Am Ende liegt der Dealer in seinem Blut, tot. Der Überlebende geht fünfzig Meter bis zum Kanal und wirft die Waffe fort.

Der Richter mag den Angeklagten. Er schätzt es, daß Eyrüps Arbeitgeber das Gericht wissen läßt, man warte in der Fabrik auf ihn. Der Richter sagt, der Angeklagte habe auf ihn »den Eindruck eines offenen, anständigen Menschen gemacht. Er hat einen glaubhaften, hohen moralischen Anspruch an sich.« Der Richter informiert die Angeklagten, daß es nicht mehr um Mord, sondern um Totschlag gehe. Eyrüp sagt, er habe in Notwehr gehandelt. Er bitte um den Freispruch, nicht als Gnade, sondern »wie ein Arbeiter um eine Lohnerhöhung bittet, wenn er gut gearbeitet hat«. Auch das gefällt dem Richter. Er spricht den jungen Türken frei. Nur dafür, daß er die Pistole fünfzig Meter weit trug, erhält Eyrüp eine Geldstrafe wegen unerlaubten Waffenbesitzes. Auch Nurdan wird freigesprochen. Der Richter hält sie für die Schuldige. Sie sitzt vor ihm und lächelt und schweigt. Sie weiß: Für das, was sie getan hat, kennt das Gesetz keine Strafe.

Jakob Augstein

Frauentag

von Regine Sylvester

Meistens traf es die älteren und schwächeren Männer, die sich nicht wehren konnten. Die wurden am 8. März nachmittags zusammen mit uns in den Versammlungsraum gesperrt. Da war eine Kaffeetafel für alle Frauen gedeckt, und als Präsent, das mit den Jahren seinen Überraschungseffekt einbüßte, lag neben jeder Tasse das Doppelpack von Konfektschachtel und Frotteehandtuch. Die Männer schoben sich karierte Küchenhandtücher in den Hosenbund und gossen den Frauen Kaffee ein. Später auch Schnäpschen, nachdem der Chef seine Frauentagsrede beendet hatte, in die er zwischen Betriebsbilanz und Weltlage anerkennende Worte über unsere Tüchtigkeit einwob.

Am Alexanderplatz im Fernsehladen lief auf allen Bildschirmen die Spätausgabe der Aktuellen Kamera: Erich Honecker im Staatsrat zwischen verdienten Frauen, die an diesem Tag die Clara-Zetkin-Medaille erhielten. Die Männer des Politbüros saßen wortkarg zwischen Bäuerinnen und Brigadierinnen. Die leeren Rituale unserer eigenen Frauentagsfeier wiederholten sich auf Regierungshöhe. Bis 1989 erschien das ›Neue Deutschland‹ am Tag nach dem 8. März immer mit dem gleichen Titelphoto – Honecker stehend in der Zentralperspektive, das gleiche Arrangement, der gleiche Raum, die gleiche Überschrift. Zum Verwechseln ähnlich. Nur die Jahreszahl auf dem Banner war anders. So ehrten die oberen Männer die Frauen, indem sie sich selbst ehrten. Das Ritual ist abgeschafft. Was Besseres fiel den neuen Chefs nicht ein. Jetzt feiern wir alleine.

Im Zimmer der großen Schwester

Die Kommunistin Sahra Wagenknecht

Die Veranstaltung auf der Halbinsel Alt-Stralau endete gestern spät. Da hat das ›Neue Deutschland‹ sein Hauptquartier, in einem Industriegebiet zwischen Rummelsburger See und Spree-Osthafen, hart an einer stählernen Eisenbahnbrücke, unweit der ausgedehnten Gleisanlagen des Ostkreuzes. In der alten Fabrikhalle haben die PDS-Mitglieder Sahra Wagenknecht und André Brie wieder einmal lange über die Zukunft ihrer Partei geredet. Dafür interessieren sich vor allem die sehr Jungen und die sehr Alten im Osten. Und darüber hat André Brie, der »Vordenker der PDS« genannt wird, eine ganz andere Meinung als die junge Kommunistin Sahra Wagenknecht.

Sie hat nicht mit ihm gestritten. Sie hat ruhig festgestellt, daß es die PDS »nicht mehr als Gegenmodell« gibt und leise gefordert: »Das Kapital muß von unten unter Druck gesetzt werden.« André Brie hat für ein Bündnis mit den Sozialdemokraten geworben und für einen vorsichtigen Umbau der Bundesrepublik. Sarah Wagenknecht hat für die Revolution geworben. Ganz nüchtern, wie das ihre Art ist.

Heute trägt Sahra Wagenknecht dasselbe Kleid wie gestern abend. Ein schwarz-graues Kostüm mit Samtkragen und darunter eine weiße Bluse. Sie hat die Haare streng nach hinten gekämmt, zum Knoten gebunden, und im Gesicht zuviel Make-up. Männer achten bei Frauen immer auf das Äußere, bei anderen Männern tun sie das nicht. Sahra Wagenknecht empfängt Besucher bei sich zu Hause. Das ist in Karlshorst, am östlichen Rand Berlins, in einem Viertel, das später mal der vornehme Vorort sein wird, der er bis 1945 war, so wie Dahlem oder Zehlendorf.

Sie geht voran in ein Zimmer, wie große Schwestern es meist haben, wo die Bücher aus den Regalen quellen und der Schreibtisch in Papieren versinkt und doch alles irgendwie viel ordentlicher ist, als kleine Brüder es hinbekommen, und irgendwo steht auch eine kleine Blume. Mit kerzengeradem Rücken sitzt Sahra Wagenknecht auf einem Sofa und lächelt kaum. Sie redet mit derselben Stimme, die sie gestern auf dem Podium hatte. Eine Stimme, die der Kehlkopf zusammenpreßt, bevor sie Worte formt. Man fragt sich, welche Stimme sie wohl hat, wenn man sie privat trifft. Daß Sahra Wagenknecht Besucher zu Hause empfängt, heißt nicht, daß man sie privat trifft. Die junge Frau gehört zur »Kommunistischen Plattform« ihrer Partei. Da haben sich Ostdeutsche zusammengetan, die mit der DDR keine Probleme hatten und die Mauer für notwendig hielten. Sie verachten den Eiertanz der Realpolitiker in der PDS, die immer noch keinen Weg gefunden haben, sich von der DDR-Vergangenheit zu distanzieren, ohne sie ganz über Bord zu werfen. Diese fundamentalistische Splittergruppe der PDS ist zu klein, um die Partei zu beherrschen, und ist zu groß, um rausgeschmissen zu werden.

Deshalb kommen viele Journalisten zu Sahra Wagenknecht, der einzigen lebenden prominenten Kommunistin der Bundesrepublik Deutschland, und lassen sich in ihrer ostdeutsch überheizten Wohnung ihre Sicht der Dinge erklären. Sie redet von der Ausbeutung der »Dritten Welt« durch die westlichen Industrienationen, davon, daß das Roulette der ungebremsten Kapitalmärkte von der Arbeit der Lohnabhängigen genährt wird. Sie sagt, ein »winziger Kreis von Topmanagern und Großaktionären« bestimme das Schicksal »tausender Menschen« und das habe mit Demokratie nichts zu tun. Daraus folgert sie, daß die Bundesrepublik die sozialistische Revolution braucht. Sie selbst befindet sich »in Opposition zu dieser Gesellschaft in ihren Grundstrukturen« und will deshalb auch nicht im parlamentarischen System mitarbeiten.

Diese Kombination aus links-pubertärem gesamtgesellschaftlichen Rundumschlag, aus treffsicherer System-Kritik und aus sehnsüchtiger Vision vom gerechten Leben ist an sich nicht so bemerkenswert. Man kann das allerorten an den politologischen Seminaren hören. Aber Sahra Wagenknecht sagt das, während sie kerzengerade auf dem Sofa sitzt, in ihrem grau-schwarzen

Sahra Wagenknecht

Kostüm mit Samtkragen und weißer Bluse, über ihr das große Bild von Goethe, daneben kleine Bilder von Richelieu, Ludwig XIV., Marx und Lenin. Das ist schon eine bemerkenswerte Kombination. Es gibt vermutlich nicht viele Leute, die die Enteignung des Produktivvermögens fordern und sich beschweren, das moderne Theater inszeniere die guten deutschen Klassiker bis zur Unkenntlichkeit.

Sie will das Bürgertum bekämpfen und wirkt dabei so durch und durch bürgerlich. Aber das ist nicht ihr Problem, sondern das des Beobachters, den der sonderbare Kontrast verwirrt. Man kennt so konservative Linke im Westen nicht. Als sie über das Theater spricht, das sie früher gerne besuchte, heute aber nicht mehr, weil die Regisseure den Klassikern »gar nicht mehr gerecht werden«, sagt sie noch etwas, das einen aufhorchen läßt. Sie sagt: »Was ich an westlichen Inszenierungen gesehen habe ... der blanke Irrationalismus.«

Die junge Frau ist darauf angewiesen, die Unordnung der Dinge mit ihrem Verstand zu durchdringen. Die konzeptionelle Reinheit des Sozialismus findet ihre Bewunderung, das Chaos des Kapitalismus ist ihr ästhetisch zuwider. Daß sie nach ihrem Schulabschluß in der DDR auf einen Studienplatz warten mußte, bis sie genügend sozialistische Reife hatte, findet sie völlig in Ordnung.

Sie redet stets ohne sichtbare Emotionen, ohne Eifer, aber auch ohne Enthusiasmus. Gar nicht wie man sich vielleicht eine Revolutionärin vorstellt, deren Herz doch in ihren Worten mitschwingen sollte. Eher wie eine begabte Schülerin, die eine schwierige Aufgabe gelöst hat und der die Lösung jetzt ganz selbstverständlich vorkommt. Kant, Fichte, Schelling, Hegel, Marx hat sie gelesen, und für sie ist alles sonnenklar. »Wenn man bei Hegel ist, muß man zu Marx weiter«, sagt sie, blickt dabei vor sich in die Luft und schüttelt sachte den Kopf, »ich verstehe gar nicht, wie man diesen Schritt nicht gehen kann.«

Das Ende der DDR ist in ihrer Erinnerung nicht nur das Scheitern des besseren Gesellschaftssystems. Für die junge Frau, die sich noch kurz vor dem Untergang ihres Staates, dessen Hymne hinter ihrem Computer an die Wand gepinnt ist, in die

SED aufnehmen ließ, war dieser Untergang vor allem eine ungeheure Demütigung. Die Mauer ging auf, die Ost-Bürger wurden mit Bananen empfangen und die Trabis mit Sekt übergossen: »Das war so erniedrigend«, sagt Sahra Wagenknecht. Sie blieb am 9. November 1989 zu Hause und las Kant, »die ›Kritik der reinen Vernunft‹, oder schon die der praktischen«.

Da war sie zwanzig Jahre alt, lebte in einem Plattenbau in Marzahn bei ihrer Mutter, die sich aus Politik immer noch nichts macht, wollte eigentlich Philosophie studieren und an der Akademie arbeiten. Als der Schock der Einigung vorüber war, beschloß sie jedoch, ihre Bücher wegzupacken und Politik zu machen. Das ging sehr schnell. Ein Jahr später war sie im Vorstand der Partei und ärgerte dort die Realpolitiker. Im Januar 1996 wurde sie auf deren Druck hin nicht wiedergewählt, im Januar 1997 stellte sie sich erst gar nicht zur Wahl.

Sie machte bald die sonderbare Erfahrung, daß man Frauen in der Politik ganz anders behandelt als Männer. »Frau aus Marmor« wurde sie genannt und »Frau mit kalten Augen«, man machte sich über ihre Frisur lustig und fragte sich, wann sie die Rosa-Luxemburg-Imitation so weit treiben würde, daß sie mit dem Hinken anfinge. Selbst für westdeutsche Verhältnisse ausgesprochen linke Journalisten spotteten über die Wandlung der »realsozialistischen Barbiepuppe zur kommunistischen Jeanne d'Arc«.

Sahra Wagenknecht befindet sich in Fundamentalopposition zu den gesellschaftlichen Verhältnissen. Man kann also schon vermuten, daß sie zu einer paranoiden Position neigt. Die Angriffe auf ihre Weiblichkeit tun dann ein übriges, damit sich die junge Frau verfolgt fühlt. Vielleicht hat sie aber auch nur leichtfertig den archaisch anmutenden Sprachgebrauch des Klassenkampfes übernommen. Auf jeden Fall redet sie ständig über »Kampagnen«, »Denunziationen« und »Säuberungen«, mit denen sie fertiggemacht werden soll. Über ihren Bundesvorsitzenden Lothar Bisky, der sie aus dem Vorstand drängte, sagt sie: »Bisky ist Medienwissenschaftler, der weiß also, was man rausgeben muß, um eine entsprechende Wirkung zu erzielen.«

Seit sie aus der Parteispitze geflogen ist, kann sie die Öffentlichkeit nur noch über Interviews und Auftritte erreichen. Sie reist dafür zweimal im Jahr durchs Land und tritt auf irgendwelchen Podien in Gelsenkirchen, München, Osnabrück oder Schwäbisch-Hall auf. Sie nennt das die »Frühjahrstour« und die »Herbsttour«. Sahra Wagenknecht ist keine einflußreiche Politikerin mehr. Der Gedanke, daß das ungebrochene Interesse an ihrer Person mit ihrem Äußeren und ihrem Frau-Sein zusammenhängt, ist ihr zuwider. Sie möchte für ihre Feinde nicht das bedrohliche Flintenweib sein. Aber für ihre Freunde auch nicht das rote Sexsymbol.

Gestern abend haben sich die Menschen vor der Tür gedrängt und dahinter, im Flur, auch. Der Saal war längst überfüllt. Durch die Menschenmenge bahnte sich Sahra Wagenknecht einen Weg und blickte dabei starr geradeaus. Hinter ihr her sagte ein alter Genosse kaum hörbar: »Die muß mal ein bißchen zunehmen.« Das war liebevoll gemeint und zärtlich. Sahra Wagenknecht hat es nicht gehört. Es hätte ihr sicher nicht gefallen.

Jakob Augstein

Der Winter

von Elke Schmitter

Der Winter gilt gemeinhin als Jahreszeit. In Berlin handelt es sich allerdings um einen Seinszustand, dessen Beginn durch das Zusammenspiel folgender Faktoren gekennzeichnet ist: Nachtfröste und Lichtverlust, erhöhte Niederschläge und Depressionen. Der Berliner Winter setzt gewöhnlich im Oktober ein und endet etwa Mitte Juni. Strahlende Herbsttage verzögern den Einbruch um ein Geringes; es sind dann, besonders im Grunewald, lächelnde Spaziergänger auszumachen, deren jubilierend fester Schritt als klassisches Kennzeichen des sogenannten Herbstirreseins gilt.

Es handelt sich bei Trägern dieses Symptoms im Regelfall um Neuberliner, die ihre Gewohnheiten und ihr Gewohntsein an die vier Jahreszeiten auf die Hauptstadt übertragen; nach einigen Jahren ist diese Täuschung dann überwunden.

Den erfahrenen Berliner hingegen erkennt man an der Einteilung des Jahres in genau zwei Phasen: Winter und Nicht-Winter. Letztere Phase kann eine Differenzierung in frühlingshafte, brütend-sommerliche und fröstelnd-herbstliche Tage erfahren; erstere bleibt, was sie ist – ein Seinszustand.

Die Bevölkerung, wiewohl statistisch im wesentlichen unverändert, wird mit dem machtvollen Wintereinbruch komplett ausgetauscht. Ehemals wirsche und nachtaktive Personen wandeln sich zu einer grauen und teilnahmslosen Menschenmasse, deren äußere Verdrossenheit ihre innere Melancholie abbildet. Wie im Berliner Zoo gibt es den Typus des REM-(Rapid Eye Movement)-Schläfers und den des Muskelzitterers. Naturgemäß prägt letzterer das öffentliche Bild.

Das Winterende ist gekommen, wenn das erste Café den ersten Stuhl nach draußen setzt und der erste Berliner darauf eine Viertelstunde hat verweilen können.

Eine Badewanne für vier Präsidenten

Vielleicht sollte ich mit dem Interessantesten beginnen, damit das schon mal weg ist. Das war nämlich so, als ich zum ersten Mal im sagenumwobenen »Palasthotel« war, an einem scheußlichen Dezembertag des Jahres 1986: Kaum war ich am Abend in die sogenannte Sinus-Bar des damals prächtigsten aller sozialistischen Hotels auf deutschem Boden gegangen, da trat mir schon – noch war ich keine Minute im Raum – eine mitteljunge Dame, tief dekolletiert, unter die Augen, um mir folgendes mitzuteilen: Sie sei nicht zu ihrem Vergnügen hier, und es koste dreihundert Mark, Demark natürlich, schließlich handele es sich um ein Devisenhotel.

So sehr hat mich diese frische, unverstellte Art des Flirts seinerzeit beeindruckt, daß ich den Vorgang sogleich meinen Lesern schildern mußte, nicht ohne insgeheim für mich zu der sicheren Erkenntnis zu kommen, ein Staat mit derart tüchtigen Bürgerinnen, mit Frauen, die soviel Sinn für das Wesentliche haben, ein solcher Staat könne niemals untergehen. Außerdem hat mich der Vorgang natürlich für die erotische Komponente gerade des Ostberliner Hotelwesens insgesamt sensibilisiert – ein Aspekt, der dann auch noch in die Literatur eingehen sollte. Mehr als zwei Jahre und eine Revolution später hat nämlich auch der ›Spiegel‹-Kollege Matthias Matussek in einem (in Fach- wie Hotelkreisen berühmt gewordenen) Buch über das Erotische im Palasthotel geschrieben, nur daß er von einem glückhafteren Ergebnis berichten konnte als ich: Er hatte damals, das muß gleich nach dem Fall der Mauer gewesen sein, in seiner Eigenschaft als Revolutionsreporter eine gewisse Karen aus der DDR kennengelernt, der er in langen Gesprächen »vom Umbruch ihres Landes berichten wollte – und sie schmiß mich aufs Bett«. (Es war noch dazu ein rundes.)

Der Titel des auch sonst lesenswerten Bandes ist übrigen ›Palasthotel Zimmer 6101‹ – es ist ein Buch, wie es so bekenntnishaft nur in besonderen Zeiten entstehen kann. Diese Zeiten machen dann auch erst einmal den Charme dieses Hotels aus, das zwar einerseits noch ziemlich jung ist, das aber schon eine Menge erlebt hat. Irgendwann, wenn dieses Volk wieder so etwas wie Sinn für Geschichte entwickelt haben wird, werden in die Mauern dieses Fünfecks aus Naturstein ein paar Tafeln eingeschraubt sein, auf denen ein paar der wichtigsten Daten aus der Geschichte des Landes festgehalten sein werden: In diesem Haus – wird man dann lesen können – hat die Staatssicherheit von einem Zimmer im fünften Stock aus die sittlichen Verfehlungen westlicher Diplomaten oder Journalisten in der Hoffnung auf spätere Verwendbarkeit und alsbaldige eigene Erregung auf Videos und auf Kassetten gebannt; in diesem Haus hat Ministerpräsident Modrow ein Gespräch mit ›Spiegel‹-Redakteuren geführt und – als überraschend ein Journalist anwesend war, den er ausdrücklich nicht hatte dabeihaben wollen – von Erich Böhme die fröhliche Auskunft bekommen: »Da haben wir Sie angeschmiert«, in diesem Hotel hat, wieder etwas später, Hubert Burda in seiner Suite die ersten Entwürfe seiner ›Super‹-Zeitung vor einem beeindruckten Journalisten aus München aufgeblättert und ihm, sich immer mehr in Begeisterung redend, mitgeteilt, er mache immer dann ein Blatt, wenn »there is a need of communication«.

Es war dann ja, was das betraf, doch kein so großer »need« wie gedacht, dafür herrschte insgesamt ein umso größerer »need of change«. Der hat sich dann vor allem beim Hotel selbst ausgewirkt. Es gibt vermutlich wenig Häuser in Berlin, die in so kurzer Zeit so oft ihre Besitzer gewechselt haben. Zuerst, in den DDR-Zeiten, war die schwedische Saab für den in solchen Sachen unerfahrenen Arbeiter- & Bauernstaat tätig geworden, nach der Wende gehörte das Hotel der Treuhand und wurde so lange hin- und herverkauft und geleast, bis es mit der mächtig expandierenden Hotelkette »Radisson« (die es nun zusammen mit der SAS betreibt) in offenbar kompetente Hände geriet. Die haben inzwischen sechzig Millionen ausgegeben für Sanierung und Renovierung, mit dem Ergebnis immerhin, daß Manager Alexander Huschka, ein Österreicher, nicht sichtbar rot wird, wenn er behauptet, er verfüge jetzt (Marmorbäder! Eigens gebaute Möbel!) über die fünfhundertvierzig schönsten Zimmer von Berlin. Das eindrucksvollste von ihnen ist zweifellos eine Präsidentensuite von zweihundertfünfzig Quadratmetern, die man für zweitausendfünfhundert Mark pro Nacht ohne weiteres anmieten kann. Die ehrfurchtsgebietende Sitzbadewanne, direkt vis-à-vis dem Berliner Dom, ist so geräumig, daß sie jederzeit vier Präsidenten gleichzeitig Platz bieten würde. Ob sie, wenn im Hotel gelegentlich die deutsche Ministerpräsidentenkonferenz tagt, wirklich für alle sechzehn gemütlich wäre, muß allerdings bezweifelt werden.

Was sich ansonsten seit der Eröffnung vor siebzehn Jahren geändert hat, läßt sich schnell erzählen: Die Restaurants (die heute »Orangerie« heißen oder – das ist ein amerikanischer Edel-Hamburger – »T.G.I. Friday's«) sind inzwischen auch für Einheimische offen, sofern sie genug Geld haben; das Personal – hundertsiebzig Angestellte plus achtzig Lehrlinge – rekrutiert sich weitgehend aus Ostberlinern und hat sein Benehmen seit DDR-Zeiten um etwa tausend Prozent gesteigert, was wohl doch damit zusammenhängt, daß der Kapitalismus wenigstens im Hotelgewerbe tendenziell für gute Manieren sorgt. Dafür wird leider gerade der schöne Ballsaal abgerissen, weil der Kapitalismus irrtümlich glaubt, auf lange Sicht mit Büros mehr Rendite zu machen als mit der Organisation festlicher Stunden. Veranstalter aller Art können – allerdings nur, wenn sie den Hoteleingang finden, der an der Karl-Liebknecht-Straße eher versteckt ist – trotzdem mit zwölf vollklimatisierten Konferenzräumen rechnen. In denen ist – wie der Gast gelegentlich am lebhaften Treiben in der Hotelhalle merkt – der Bär los, soweit Bären in Konferenzräumen überhaupt etwas verloren haben.

Was es ebenfalls nicht mehr gibt, ist die oben erwähnte »Sinus-Bar« – die mit den geschäftstüchtigen Damen. Das muß den erotischen Möglichkeiten des Hauses nicht unbedingt geschadet haben, kann aber letztlich nicht überprüft werden seit Auflassung jenes Stasi-Zimmers im fünften Stock. Was die Tradition angeht, so hat man inzwischen auch den Übergangsnamen »Plaza« getilgt, dafür darf die Direktion unter jedem Namen den Dauer- und Ehrengast Günther Gaus begrüßen, der hier sogar seine runden Geburtstage feiert. Außerdem hat sich der Konzern offenbar dazu entschlossen, wenigstens die kupferbraunen Fenster unangetastet zu lassen, die so harmonisch mit dem gegenüberliegenden Palast der Republik harmonieren.

Wenn der demnächst nicht mehr in die neuen Zeiten paßt, muß das gewesene »Palasthotel« ganz schnell unter Denkmalschutz, bevor auch seine Fassade für kommunistisch verseucht erklärt wird. Auf Anfrage der Gauck-Behörde würden wir aber gerne bestätigen, daß das »Radisson/SAS« trotz seiner Architektur eine Hochburg der Marktwirtschaft ist. Nur acht Prozent seiner Kunden, sagt der Manager, zahlen die regulären Zimmerpreise. Das werden jetzt womöglich noch weniger.

Herbert Riehl-Heyse

»Lieber Theo als Adolf«

Alles könnte schlimmer sein. Wo hinter dem Haus des Rundfunks an der Masurenallee, dem Pavillon von Info-Radio und den Messehallen das zahme Westend beginnt und die städtische Kulturszene endet, gibt es einen ziemlich unwirtlichen Platz, der sich heute Theodor-Heuss-Platz nennt.

Früher einmal hieß er Reichskanzler-Platz, danach Adolf-Hitler-Platz. Es hätte also schlimmer kommen können: »Das Theodor« wäre dann »Das Adolf« und dort, wo jetzt eine ewige Flamme Freiheit, Recht und Frieden einklagt, stünde ein Mussolini-Denkmal.

Ein denkwürdiger Standort für ein »Restaurant & Croissanterie«. Hier zogen einst feldgraue Scharen vorbei, um auf der Heerstraße gegen irgendeinen angeblichen Erzfeind nach Westen zu marschieren. Hier sammelten sich die braunen Horden zum Marsch auf das Reichssportfeld. Hier um die Ecke wurde am 22. März 1935 die erste Fernsehsendung in Deutschland ausgestrahlt, um »das Bild des Führers unverlöschlich in alle deutschen Herzen zu pflanzen«. Hier in nächster Nähe tummelt man sich heute auf Funkausstellungen, Messen und Kongressen. Und wenn man sich vor der achtspurigen Bismarckstraße nicht fürchtet, kann man zu Fuß auch in die Deutsche Oper gehen. Geht man in die andere Richtung, so erreicht man, ebenfalls zu Fuß, das Olympiastadion.

Die Kellner begrüßen den Gast aufmerksam, helfen bei der Suche nach dem richtigen Tisch, beraten zurückhaltend die Auswahl und servieren mit routiniertem Schwung das etwas zu warme Bier, die Croquetten aus der Tiefkühlpackung und die gut gewürzte, aber zähe Entenbrust.

Das »Theodor« ist schön anzusehen. Die ursprüngliche Jugendstil-Einrichtung ist jetzt Teil einer postmodernen Collage aus Karmesinrot, Schwarz und Gold, mit Intarsien auf den Tischplatten, Spiegeln und Kerzen. Der hohe Raum ist harmonisch und weit genug, um zu jeder Art von Berliner Kneipengemütlichkeit auf Distanz zu bleiben. Raum genug, um sich wohlfühlen zu können.

Bis dann ein Stammgast erzählt, hier in diesem Haus habe ein gewisser Josef Goebbels 1933 eine Wohnung gehabt. Am Abend des 27. Februar 1933 sei Reichskanzler Hitler zu einem privaten Essen bei den Goebbels' gewesen. Dabei habe ihn die Nachricht vom Reichstagsbrand erreicht. Das »Theodor« also auf der Achse zwischen dem Reichstag und dem Olympiastadion, zwischen 1933 und 1945. 1933 brannte der Reichstag als Auftakt zur Vernichtung der politischen Gegner, und das Olympiastadion war die Bühne, auf der das Regime die Welt täuschte. 1945, in den letzten Tagen des zwölf Sommer währenden tausendjährigen Reiches, wurden in der heutigen Waldbühne, unter den Hetz- und Durchhalteappellen der Herren Axmann, Diem und Ritter von Halt deutsche Kinder in die Schlacht um Berlin geschickt oder, wenn sie sich weigerten, als Deserteure standrechtlich erschossen.

Der aufmerksame Kellner der ersten halben Stunde widmet sich inzwischen anderen Aufgaben. Schwierig wird es, wenn man um ein weiteres Bier bitten möchte. Doch schließlich gelingt es, den Neuen an den Tisch zu locken. Er fragt sogar, gelernt ist gelernt, ob es geschmeckt habe. Aber wenn man dann schweigt, weil man immer noch entschlossen ist, sich wohlzufühlen, dann ist das auch in Ordnung. Keine weiteren Fragen. Man kann wirklich in Ruhe über Berlins Geschichte oder ein Dessert nachdenken und der funktionalen Musik aus den Lautsprechern lauschen.

Vielleicht gefällt das den gestreßten Besuchern der Messen und Ausstellungen, den angespannten Mitarbeitern des SFB von der anderen Seite des Platzes oder den Nachbarn aus dem weiten Westend zwischen dem Ende der städtischen Kultur und dem Reichssportfeld, die sich sonst immer von der italienischen oder chinesischen Küche verwöhnen lassen müssen. Zumindest die möchten ja ganz gern einmal wiederkommen und in der postmodernen Harmonie ein Frühstück oder nur einen Kaffee genießen – es muß ja nicht gerade der Eiskaffee mit den Klumpen im trüben Preßglasbecher sein. Natürlich könnte alles schlimmer sein. Aber sagen wir's doch umgekehrt und voller Hoffnung: Es könnte besser sein. So wie Theodor allemal besser ist als Adolf.

Ingo Hermann

Groß-Berlin

von Evelyn Roll

Das liest sich viel furchtbarer, als es gemeint ist: Deutschlands Hauptstadt feierte am 1. Oktober 1996 fünfundsiebzig Jahre Groß-Berlin. Klar, fiese Assoziationen von Großkanzlern und Großkritikern stellen sich da ein, möglicherweise gleich auch deren abgekürzte Steigerung mit Aller-Zeiten-Zusatz. Fünfundsiebzig Jahre Gröbaz. Dabei ist alles viel harmloser und liegt auch nur an der Schwerfälligkeit der deutschen Sprache beim unterscheiden von »groß« im Sinne von »groß, schwer und unüberschaubar« und diesem anderen »groß« im Sinne von »groß, bedeutend und unübersehbar«. Englisch ist es einfacher: Da feierten wir hier am ersten Oktober überhaupt nicht Great-Berlin, das geschieht erst zwei Tage später, aber unter einem anderen Titel. Wir feierten am ersten Oktober fünfundsiebzig Jahre Big-Berlin, was ja auch schon gleich etwas niedlicher klingt.

Bis 1921 bestand Berlin aus den Bezirken Mitte, Tiergarten, Wedding, Prenzlauer Berg, Friedrichshain und Kreuzberg. Dann wurden mit den Stimmen von SPD, USPD und DDP sieben Städte, neunundfünzig Landgemeinden und siebenundzwanzig Gutsbezirke eingemeindet, darunter Charlottenburg, Wilmersdorf, Dahlem, Steglitz, Tempelhof, Neukölln, Treptow und Pankow. Berlin vergrößerte sich um das Neunfache, bevölkert plötzlich von knapp vier Millionen Menschen. Obwohl das im Gesetz so nicht vorgesehen war, hieß das neue Gebilde bald Groß-Berlin. Fortan wurde der Begriff auch in allen offiziellen Papieren, zuletzt in die Verfassung von Berlin aus dem Jahr 1950, übernommen. Die Landgemeinden und kleinen Städte aber sind bis heute auch im größten Berlin aller Zeiten Dörfer geblieben, weswegen sich besonders Bonner und andere Kleinstädter bei uns in Big-Berlin immerzu so sauwohl fühlen, wenn sie das erst einmal gemerkt haben.

Blick über die Spree

Beim Friseur

Frau Prof. Ursula Männle ist Bayerische Staatsministerin für Bundesangelegenheiten und Bevollmächtigte des Freistaates Bayern beim Bund. Sie schreibt mir nach meinem Bummel durch Berlin-Mitte: »Sie haben auch die Behrenstraße durchstreift. Schade, daß Sie, der ›Bayer aus Bonn‹, nicht in der Bayerischen Vertretung vorbeigeschaut haben. Um Sie beim nächsten Berlin-Besuch zu einer Einkehr zu animieren, darf ich Ihnen unsere kleine Berliner Informationsmappe sowie das Jahresprogramm unserer Veranstaltungen übermitteln ...«

Genauso ist es: Du brauchst Berlin nur anzutippen und schon haben sie dich. Neulich in Bonn: »Wer hat Ihnen denn das vorige Mal die Haare geschnitten?« Friseure merken ja sofort, wenn mal ein anderer dran war. »Och, das war in Berlin. Da hatte ich zwischen zwei Terminen gerade Zeit, und es war dringend nötig.« Der Friseur ist eine Frau, aber das tut eigentlich nichts zur Sache. Ihre Schere verharrt über meinem linken Ohr. »Sind Sie oft dort?« – »Nicht sehr oft.« – »Und? Gefällt es Ihnen da etwa?« Die Schere ist immer noch an der Ohrmuschel.

»Ich habe mal ein Jahr dort gearbeitet. Und dann habe ich Verwandte dort – angeheiratete Verwandte«, beeile ich mich hinzuzusetzen. Sie scheint beruhigt, die Schere klappert am Hinterkopf entlang. »Müssen Sie denn auch nach Berlin umziehen?« Jetzt ist es heraus. Sonst klagt sie immer über unsere rheinische Kleinstadt, besonders heftig dann, wenn sie sich nach dem Jahresurlaub in Arenal wieder einleben muß. Aber jetzt: voller Mitgefühl, daß ich dieses Bundesdorf Bonn – »was haben wir hier nicht alles: die Uni, Beethoven, die Oper ...« – irgendwann verlassen soll. Hat es Sinn, darauf hinzuweisen, daß in Berlin alles zwei- und dreifach vorhanden ist, von Beethoven mal abgesehen?

Pause. Es arbeitet in ihr. Sie hat die Schere umklammert wie einen Dolch. »Das Schlimmste an Berlin sind die Berliner«, sagt sie dann. »Von wegen Humor! Ich hab' da meine Erfahrungen.

Als die Mauer noch stand, sind wir mal mit der Schulklasse nach Berlin gefahren. Ich habe an einem Abend meine Tante in Zehlendorf besucht. Wir mußten pünktlich um Mitternacht in der Jugendherberge sein, also habe ich mir aus dem Fahrplan den letztmöglichen Bus der Linie 48 herausgesucht. Es wird spät. Ich renne zur Bushaltestelle. Da steht schon einer von den Doppeldeckern, und hinten – damals waren die Busse hinten noch offen – lehnt der Schaffner. Ich kann die Nummer des Busses nicht genau erkennen und rufe schon von weitem dem Mann zu: ›Sind Sie der 48er?‹ Und der schreit zurück: ›Nee, ick bin der Schaffner!‹ Drückt auf den Signalknopf, und der Bus fährt los. Und ich steh' da wie blöd.«

Martin E. Süskind

Die Berliner Republik

Die Bedenken waren groß, vor allem aber bedeutend. Weil es als unfein gilt, bei historischen Debatten – in Deutschland gibt es fast nur historische Debatten – mit schlichten Zahlen zu argumentieren (was kostet der Umzug, ist es uns das wert, haben wir auch was davon?), mußte sofort alles überhöht werden: philosophisch, geopolitisch, historisch. Als die Debatte auf ihrem Höhepunkt angelangt war, fürchtete halb Deutschland sich vor der furchterregenden Gewichtsverlagerung, die nun bevorstand, die unausweichliche und grundstürzende Veränderung. Östlicher würde das Land werden, preußischer, zentralistischer, protestantischer. (Weil die Republik bisher so katholisch war, vermutlich. In Wirklichkeit wären Protestanten und Katholiken schon längst gemeinsam froh, wenn ihr Einfluß auf die deutsche Politik nur halb so groß wäre wie jener der Bundesvereinigung der Deutschen Arbeitgeberverbände.)

Ist alles so eingetroffen, wird es so kommen, kann man schon etwas erkennen? Eher nicht. Was sich wirklich dramatisch geändert hat seit der Verschrottung des Eisernen Vorhangs, das ist die Welt – da fällt das bißchen Deutschland womöglich weniger ins Gewicht, als wir uns das gerne einreden. Und das gilt besonders für die Frage, von wo aus es eigentlich regiert wird. Wenn es denn regiert wird.

Da ist sowieso die ganze Zeit über auch viel hineingeheimnist und unterstellt worden. Es stimmt zum Beispiel nur bedingt, daß es die Politiker der deutschen Bundesrepublik in den letzten vierzig Jahren nicht geschafft hätten, über die Kirchtürme der kleinen Stadt Bonn hinauszuschauen. Manchmal beschlich einen eher das gegenteilige Gefühl: Gerade weil Bonn so langweilig ist, drängte sich dem Beobachter manchmal der Eindruck auf, der parlamentarische Staatssekretär im Wirtschaftsministerium nehme nur zu gerne jede Gelegenheit wahr, die kleine Stadt am Rhein zu verlassen. Es war eben attraktiv für ihn (und für die Mitglieder des Bundestagsuntersuchungsausschusses zur Reform des Spielautomaten-Wesens), regelmäßig auch woanders zu sein – in Paris und Rom, in Washington, Peking und Las Vegas. Vielleicht wird sich künftig in dieser Hinsicht sogar einiges ändern. Denn wegen des teuren Umzugs muß an den Reisekosten gespart werden. Und vielleicht wird man künftig leichter als heute den brasilianischen Vize-Finanzminister zu einem Besuch in Deutschland überreden können. Es ist in Berlin einfach mehr los. Es läßt sich kaum ernsthaft behaupten, daß die geographische Lage einer Landeshauptstadt im Zeitalter von Concorde und Internet ein besonders prägendes Element für die Politik dieses Landes sei. Jedenfalls machen sechshundert Kilometer mehr oder weniger östlich keinen so gewaltigen Unterschied aus. Wenn sich überhaupt etwas ändert, dann ist es viel eher die Art, in der eine Demokratie sich in stark veränderter Umgebung selbst erlebt, und die Art, wie sie sich darstellt.

Der erste Aspekt spielt natürlich auf das vielbeschriebene Phänomen der Abkapselung des Bonner Apparats vom wirklichen Leben an, ein Phänomen, für das sich im Laufe der Jahre ein paar immer wieder variierte Umschreibungen eingebürgert haben: Käseglocke ist die vermutlich am häufigsten gebrauchte Metapher, Raumstation eine andere, nicht weniger gerne verwendete. Vermutlich hätte man, wäre Bonn Hauptstadt geblieben, irgendwann die beiden Begriffe miteinander kombinieren müssen. Eine im Orbit schwebende Käseglocke wäre ein hübsches Bild.

Das wird nun nicht mehr nötig sein, denn soviel ist klar, daß die Berliner Republik unter anderen äußeren Bedingungen regieren und Gesetze machen wird, als das die Bonner getan hat, und zwar erst einmal aus dem ganz handfesten Grund, daß ihre Repräsentanten andere Dinge zu sehen bekommen werden. Die Politik wird gar nicht umhinkommen, das Ghetto zu verlassen, in dem sie es sich allzu gemütlich gemacht hat all die Jahre über. In Berlin gibt es mehr als fünfzehn Prozent Arbeitslose, gibt es zehntausende von jungen Akademikern ohne Perspektive, wird die kriminelle Szene immer gefährlicher und die geistige Teilung des Landes in Ost und West immer sichtbarer. Da wird, so steht zu befürchten oder auch zu hoffen, selbst der entschlossenste

Brandenburger Tor mit Quadriga

Freund der Provinz – gegen die ja im übrigen nichts zu sagen ist – gelegentlich über Menschen, Probleme, Vorgänge stolpern, von denen er daheim in seinem niederbayerisch-westfälischen Schwarzwalddorf, aber eben auch in Bonn, höchstens gelesen hat. Die Welt in Berlin ist anders als draußen auf dem flachen Lande, wo sie zwar auch schon lange nicht mehr heil ist, wo man sich das aber sehr viel leichter vormachen kann. Und sie ist facettenreicher. Selbst die Bretter vor den Hirnen sind dort vielgestaltiger, genau wie die Versuche, Löcher durch sie zu bohren.

Diese Erweiterung des Gesichtsfeldes kommt dann vielleicht auch dem Journalismus zugute, der immer schon ein Spiegelbild der Gesellschaft gewesen ist, in der und für die er arbeitet. Auch für die Medien wird die Zeit der Idylle endgültig vorbei sein, es wird sie ebensowenig geben, wie es sie je in der ersten deutschen Republik gegeben hat.

Das ist nicht nur eine freudige Nachricht für die Betroffenen. Die reine Freude kann es jedenfalls nicht gewesen sein, in den ersten Monaten nach dem Zusammenbruch des Kaiserreichs in Berlin als Journalist zu arbeiten. Als am 5. Januar 1919 die Spartakisten ins Mosse-Haus eindrangen und es mit Waffengewalt besetzt hielten, konnte das ›Berliner Tageblatt‹, wie die anderen Berliner Blätter auch, eine Woche lang (und ausgerechnet kurz vor der Wahl zur Verfassungsgebenden Versammlung) nicht erscheinen. Nicht zufällig konzentriert sich der Aufstand, wie schon der im November 1918, auf das Zeitungsviertel. Wo die Druckmaschinen stehen, sagen die Revolutionäre, steht die Macht, zumal man außerdem mit Maschinengewehren die Gegend bis zum Dönhoffplatz bestreiten kann. Theodor Wolff, der Chefredakteur des ›Tageblatts‹, dem ein Spartakist all das erklärt, meint später lakonisch: »Es ist schön, ein strategischer Punkt zu sein, aber es ist nicht immer vorteilhaft.«

Dies sei vorausgeschickt, auch um keine falsche Romantik aufkommen zu lassen. Die wäre auch in anderer Hinsicht nicht angebracht: Es ist wahr, daß in der Stadt Berlin zwischen 1919 und 1933 neben viel Schund auch großartiger Journalismus produziert worden ist; es ist aber auch wahr, daß die Geistesverwirrungen der Zeit einiges mit geistesverwirrten Journalisten zu tun hatten, die mit der Republik nichts anfangen konnten und sie von links wie vor allem von rechts in Grund und Boden schrieben.

Es ist leicht zu beweisen, daß alles, was schiefging in dieser sogenannten Weimarer Zeit, auch in den Zeitungen und Verlagshäusern schiefging und von dorther verschlimmert wurde. Die Erfolgsgeschichte einer langsam erwachsen werdenden Demokratie stand jedenfalls nicht in den Berliner Blättern der zwanziger Jahre, ebensowenig wie in den Zeitungen aus Frankfurt oder München, deshalb freilich hätte ein eifriger und gründlicher Zeitungsleser damals auch schon sehr viel frühzeitiger als der Rest des Landes ahnen können, wie das alles enden wird.

Das war später dann ganz anders, als aus der Hauptstadt Bonn detailliert und – bei aller Schärfe der Kritik – durchaus verständnisvoll die Abläufe der Politik und die Möglichkeiten und Zwänge der Demokratie beschrieben und kommentiert wurden. Auch daher hat sie immer ihre Stabilität bezogen, aber möglicherweise auch einige ihrer Illusionen über eben diese Stabilität, die ihrerseits nicht wenig gefährlich sein können. Ein anderer Einwand ist vermutlich gewichtiger: Die Stadt Bonn hat erst gar nicht für sich beansprucht, mit Hilfe ihrer Zeitungen oder auch nur der dort arbeitenden Korrespondenten das geistige Klima und den intellektuellen Diskurs des Landes zu bestimmen. Der fand und findet in Bonn nämlich wenig statt, weshalb darüber auch wenig zu berichten war. Statt dessen war und ist der Bonner Korrespondent auf die Politiker angewiesen und die auf ihn. Mit allen Folgen für beide Seiten, die zur Erzeugung des nötigen Kontrastes hier noch einmal geschildert werden müssen.

Wahrscheinlich ist es unfair, wenn über dieses Thema jemand schreibt, der nie in Bonn und nie in Berlin gelebt hat und die Szene in beiden Städten nur von allerdings recht häufigen Besuchen kennt. Andererseits macht das den Beobachter vielleicht etwas weniger befangen in seinen zwangsläufig ungerechten Pauschalurteilen. Für mich jedenfalls zerfällt die Bonner Presse schon lange in drei Abteilungen. Eine Abteilung sind die verhinderten Politiker; die (oft jüngeren) Kollegen aus dieser Sparte verbringen ihre Abende gerne damit, den Politikern von SPD und Grünen (bei der CDU hätte das wenig Sinn) zu erklären, wie falsch sie doch liegen. In der zweiten Abteilung finden wir die Trinkkumpane, die in immer neuen In-Lokalen, die »Provinz« heißen oder »Mierscheid« oder »Ossis Bar« mit immer denselben Politikern die immer selben Dinge durchsprechen; die Kollegen erfahren dabei zwar eine ganze Menge, dürfen aber nicht immer über das so in Erfahrung gebrachte schreiben, weil Leute, mit denen man sich schon ewig duzt oder denen man einmal die Freundin ausgespannt hat, nur schwer Gegenstand seriöser Berichterstattung sein können. Und dann sind da noch die vielen hochprofessionellen Kollegen, denen derartige Verfilzungen mindestens so klar sind wie einem Besserwisser aus München, die aber gegen bestimmte Zwänge nun einmal nichts ausrichten können. Abstand halten? Gewiß wolle er das, hat der langjährige Bonner ›Spiegel‹-Mann Jürgen Leinemann in seinem schönen Bekenntnisstück ›Richie, Rita und ich‹ geschrieben und hinzugefügt: »Mein Herz ist rein, aber Bonn ist klein. Und Politik ist immer und überall. Gingst du Gurken kaufen, wartetest du am Stand hinter Herbert Wehner, an der Ampel winkte der Bundespräsident.« Die Passage ist deshalb in der Vergangenheitsform geschrieben, weil Leinemann schon vor ein paar Jahren nach Berlin umgezogen ist, zu einem Zeitpunkt, als noch gar nicht klar war, daß die Regierung auch eines Tages umziehen würde. Er hat einfach früher als andere die Chancen gesehen, die Berlin für den politischen Journalisten bietet und künftig immer mehr bieten wird. Berichterstattung aus dieser Haupt- und Riesenstadt – das könnte im Glücksfall zu anderen Ergebnissen führen als zu immer noch einer präzisen Beschreibung der Stimmungslage im Seeheimer Kreis oder zur fünfzigsten Analyse des Kräfte-Parallelogramms unter den Kronzprinzen des Kanzlers, der ohnehin ewig regieren wird.

Diese letzte Bemerkung ist überhaupt nicht als Vorwurf gemeint, nur als Feststellung. Viele der größten Probleme des Landes sind in Bonn einfach nicht zu besichtigen, weshalb in der Bonner Mikrowelle, schon mangels anderen Materials, fast zwangsläufig in schöner Regelmäßigkeit dieselben Gerichte aufgewärmt werden müssen, die man langsam nicht mehr essen mag und die deshalb auch eine Menge zu der vielbeschriebenen Verdrossenheit an der Politik beitragen. In Berlin wäre zum mindesten die Chance gegeben, Politik in dem gesellschaftlichen Umfeld zu beschreiben, für das sie gemacht wird.

Der Korrespondent jedenfalls, der nach einiger Zeit in Berlin noch immer nicht weiß, wie es in deutsch-türkischen Schulklassen zugeht, der nichts weiß über das Verschwinden ganzer Branchen in Richtung Polen und Ukraine, der nichts darüber weiß, was in den Theatern und Ateliers passiert, der hat seinen Beruf verfehlt und wird bald nicht mehr für die Tagespresse schreiben. Wenn wir also Glück haben, wird die Berliner Republik eine Menge an spannendem Journalismus hervorbringen, der sowohl dieser Republik guttäte wie auch dem angeschlagenen Ruf des Journalismus.

Es kann aber natürlich auch ganz anders kommen, weil ja die Gefahr nicht von der Hand zu weisen ist, daß die Bonner ihre Art von Politik ganz einfach unter ihre berühmte Käseglocke zu packen und am Spreebogen wieder abzustellen versuchen. Dafür, daß es so kommen könnte, gibt es Indizien; zum Beispiel hat die kleinkarierte Art, in der die Elite des Landes über das Holocaust-Mahnmal am Brandenburger Tor diskutierte, einigen Beobachtern nicht gerade sehr viel Mut gemacht.

Wir dürfen mit Sicherheit davon ausgehen, daß auch in Berlin manche Politiker und Journalisten versuchen werden, sich gemeinsam über die Irritationen der Großstadt hinwegzutrösten, wir ahnen schon, daß auch in Berlin jede Woche wieder Politiker und Journalisten einander großzügig einladen werden zum Grünkohl oder zum bayerischen Oktoberfest. Elf der berühmten Landesvertretungen, in denen diese Feste stattfinden, werden direkt nebeneinanderstehen, damit niemand zu lange laufen muß, wenn er unter seinesgleichen bleiben will. Wer es als Journalist wie als Politiker auf keinen Fall möchte, braucht also vielleicht gar nicht zu merken, daß sich etwas geändert hat. Die anderen werden sich beeindrucken lassen von den Veränderungen und von den Plätzen, auf denen man sie mit Händen greifen kann. Was die Beteiligten mit dem Kulturschock anfangen werden, ist wieder eine andere Frage. Dafür ist Berlin aber dann schon nicht mehr verantwortlich.

Herbert Riehl-Heyse

Der grüne Pfeil

Ob es mir noch manchmal an den Kreuzungen im Osten der großen Stadt passiert, daß hinter mir einer hupen muß? Eigentlich ist Lothar de Maizière ein freundlicher, kluger und zurückhaltender Mensch. Und jetzt so eine Frage. Man antwortet in solchen Situationen und Montag morgens ja möglicherweise immer ein bißchen zu schnell und zu beflissen: Wie prima und sinnvoll und vernünftig das mit diesem grünen Rechts-Abbiegepfeil doch wirklich ist. Und wie klug, daß wir ihn in die gesamtdeutsche Straßenverkehrsordnung übernommen haben. Man hätte ja überhaupt durchaus ruhig noch einiges mehr aus den ehemaligen neuen Bundesländern übernehmen können, nicht wahr? Alles ist ja nun wirklich nicht schlecht gewesen, kann man nicht sagen. Schade nur, daß man sich in Westdeutschland bis jetzt nur an zwei oder drei ausgesuchten Kreuzungen getraut hat, diesen wunderbaren grünen Pfeil auch anzumontieren. Und ... Hören Sie noch? »Ja, sicher werde ich manchmal angehupt. Rechtsabbiegen bei Rot. Das hat man eben noch nicht so richtig im Blut, wenn man erst ein paar Monate in Berlin lebt.«

Der grüne Pfeil ist die einzige Anpassungsleistung, die den Westlern im Alltag abverlangt wird, hat Lothar de Maizière noch gesagt und auch: Ein Ostler erlebt hundert solche Anpassungssituationen am Tag. Und trotzdem nimmt Westberlin jetzt kalte Rache für die dramatische Ver-Ostung, die der grüne Pfeil über die Hauptstadt gebracht hat. Die ersten Opfer sind die alten Ost-Ampelmännchen, das sind diese kleinen kräftigen Kerlchen mit ausgebreiteten Armen und Hut, die bei Grün mit tapferem Preußenschritt den Weg weisen. Sie »entsprechen nicht mehr der DIN VDE 0832« und müssen deswegen abmontiert werden. Obwohl sie natürlich nicht nur im Sinne der DIN VDE 0832 wegmüssen, sondern vor allem »im Sinne der inneren Einheit der Stadt«, wie der Leiter der Abteilung Technische Steuerung in der Berliner Senatsverwaltung erklärt.

Natürlich hätte man im Sinne der Einheit auch die Ampeln

Ost in den Westen der Stadt übernehmen können. Glücklicherweise wäre das aber etwas teuer geworden, weil im Westen mehr Fußgängerampeln stehen und mehr Schablonen ausgetauscht werden müßten. Sachsens Wirtschaftsminister hat seine Straßenverkehrsbehörden angewiesen, vorzugsweise die »ehemaligen DDR-Fußgänger-Sinnbilder« zu benutzen, und zwar »weil nicht nur die Kinder die lustigen Männchen liebgewonnen haben«. Glückliches Sachsen. Über Berlin aber fegt der kalte Ostwind. Die Hauptstädter ziehen sich warm an. Das Ampelmännchen wird aus dem Dasein ins Design gestoßen. Und wer bei Rot am grünen Pfeil rechts abbiegt, ist sowieso schon ver-ostet.

Evelyn Roll

Die Mocca-Milch-Eisbar, da ist es gescheh'n

Nirgendwo schmeckte das Eis so gut wie in der Mocca-Milch-Eisbar, glaubten wir damals zumindest. Manchmal, wenn das Taschengeld reichte, luden wir sogar ein Mädel in die »Mokke« ein, flirteten beim »Pittiplatsch«-Eisbecher, um anschließend, sofern die Eltern dies noch erlaubten, ins benachbarte Kino International zu gehen und im Dunkeln heimlich zu küssen. »In der Mocca-Milch-Eisbar hab' ich sie geseh'n, in der Mocca-Milch-Eisbar, da ist es gescheh'n«, hieß ein von Thomas Natschinski gesungener DDR-Hit. Selten, daß ein Schlagertext soviel Wahrheit enthält.

Manche behaupten heute, aber das sind dann die Nostalgiker, die »Mokke« sei so eine Art »Kulttempel des Ostens« gewesen. Das ist stark übertrieben, weil natürlich auch in dieser HO-Lokalität die Sie-werden-plaziert-Regeln sozialistischer Gastronomie galten. Im einzig erhalten gebliebenen Gästebuch aus dem Jahre 1987 beschwert sich jedenfalls ein Herr Paul aus Berlin darüber, daß es »um 23.10 Uhr weder Milch-Mixgetränke noch Eisvariationen gab« und bittet um »Überprüfung dieser Mängel«. Eine Marion B. empört sich an anderer Stelle über die »etwas aggressive Art und Weise des Kollegen B.«. Und ein Herr Wedekind mußte mehr als eine Stunde warten, ehe er seine Eisbestellung los wurde. Nur die Parteiveteranen aus Hoyerswerda loben das Gaststättenkollektiv sowie die ausgezeichnete Qualität der Speisen und Getränke.

Weil nach der Wende die alten Genossen keine Exkursionen mehr nach Berlin unternahmen und wir auf »Mövenpick«-Eis im Europa-Center umgestiegen waren, wurden 1991 auf Geheiß der Treuhand die Stühle auf unabsehbare Zeit hochgestellt und das schmucklose gelbe Gebäude zum Verkauf angeboten. Einem englischen Investor sei Dank, daß nicht McDonalds seine Hamburger dort künftig verkauft. Kleiner und feiner präsentiert sich dafür heute der Ort unserer Jugendtreffs. Verschwunden sind die angestaubten Gummibäume und das geschmacklose Interieur. Von den neuen Betreibern erfahren wir allerdings, daß es leichter sei, ein Restaurant Baujahr 1905 zu übernehmen, als ein ehemaliges DDR-Lokal wiederzueröffnen. Gewerbeaufsicht, Denkmalschutz, Arbeitsamt, Hygieneinspektion – sie alle durchstreiften die Räume, prüften Küche und Toilette, saßen Probe an den Tischen mit blauen, abwischbaren Decken und kosteten jenen legendären »Pittiplatsch«-Eisbecher. Von der süßen Fruchteis-Versuchung ist allerdings nur der Name übriggeblieben.

Hans-Jörg Heims

Vermüllt, verrucht, vital

Nachts kommen Diebe in mein Haus und klauen Fahrräder. Sie sägen das gedrechselte Geländer ab. Bei der Nachbarin war das Schloß schon abgeschraubt, als sie wach wurde und im Nachthemd die Männer davonjagen konnte. Der vollgekiffte junge Obdachlose, der auf unserm Hausboden übernachtete und mit Zigarettenschachteln kokelte, zückte schreiend ein Messer, als die Polizei kam, und wurde in Handschellen abgeführt. Vor meinem Fenster hockte nachts eine schluchzende Prostituierte, der ein geflüchteter Freier das Täschchen entrissen hatte. Ihre Kolleginnen eilten tröstend herbei, und von oben sah der geschlossene Frauenkreis aus großen Busen und einladenden Hinterteilen wie eine prächtige Torte aus. Lange Zeit stand ein alter Sessel im Hausflur, der gelegentlich für Quickies genutzt wurde, und wenn ich spät von der Arbeit kam, schlich ich mit kleinem Gruß an dem Paar vorbei, das kurz innehielt. Kondome fegte ich nach kurzer Gewöhnungsphase leidenschaftslos zusammen. Im Monbijou-Park gegenüber liegen die Schulkameraden meiner Tochter auf dem Rasen und rauchen schweigend Hasch, das ganz leicht zu haben ist, in einem Ethno-Laden um die Ecke. Neuer Alltag, neues Leben vor der Haustür. Ostszene, vermüllt, verrucht, vital.

Ich wohne in Berlin-Mitte. Der ganze kleine Bezirk wird sich verändern wie kein anderer in Berlin. Momentan gleichzeitig über tausend Baustellen. Jeder geht mit Sand im Schuh. Der Aufschwung Ost liegt in Baugruben, er wickelt sich in blauen Folien um die Häuser, er ächzt auf Schuttrutschen, er steht als Staubwand vor Augen. Und es braucht die ganze visionäre Kraft der Anwohner, darin eine vorübergehende, notwendige Etappe zu sehen, damit aus der alten, grauen Ecke der Regierungssitz werden kann. Die würdige Hauptstadt.

Eine neue Formel heißt »Architainment« – Bauetappen dekorieren sich festlich mit Kultur, mit Spiegelzelt, Ballett, Pickelhaubenblaskapelle und Gauklern. Zum Richtfest des Linden-

korso flanierte eine Komparserie Berliner Typen über die Friedrichstraße, Hans-Dietrich Genscher hielt für dreißigtausend Mark eine kleine Rede. Aber weil das Käfer-Büfett verfrüht eröffnet wurde, mußte er mit starker Stimme gegen Wachtelgalantine antreten. Heerscharen langbeiniger Hostessen stehen an allen Ecken der City auf Empfang und lächeln den Förderern neuer Baugruben entgegen. In der Mitte entstehen die Großprojekte – der Potsdamer Platz, der Alexanderplatz, die Friedrichstraße, der Pariser Platz, der Schloßplatz, eine neue U-Bahn, ein Eisenbahntunnel mit vier Gleisen –, und weil das nicht wachsen kann über Generationen, sondern mit einem großen Hauruck und mit dem architektonischen Impetus einer begrenzten Zeitspanne herausgehauen wird, weiß jetzt noch keiner, wie es wirklich funktionieren wird.

Nur in Berlin haben sich die getrennten Teile seit jener Novembernacht so schnell verbinden lassen – die Leute fuhren eine S-Bahn-Station weiter, gingen ein paar Meter über die Straße. Da war dann schon die andere Seite. Die berühmte eiserne Tür am Bahnhof Friedrichstraße, die auf der Ostseite keinen Griff hatte und aus der im Kontrolltakt Westbesucher und heimkehrende, schwerbepackte Ostrentner durchsickerten, stand nun weit offen. Die Westverwandtschaft, die seit 1971 mit Passierscheinen in den Osten durfte und denen der Habitus von Weltreisenden anhaftete, wohnte plötzlich in der Nähe. Politische Welten schrumpften zu Stadtbezirken in Autominutenentfernung.

Die Spuren der Trennung sind zugewachsen und überbaut. Nach acht Jahren deutscher Einheit wissen selbst die Anwohner nicht mehr so ganz genau, wo mal die Mauer stand. Neue Straßen und S-Bahn-Linien stellen die alten innerstädtischen Verbindungen wieder her. Die Stadt plant sich logistisch als zusammengehöriger Organismus und vergesellschaftet sich neu. Aber sie hat sich nicht gemischt.

Diese Nacht kann mir keiner nehmen. »Mach mal den Fernseher an«, sagte meine Schwester am Telephon, »halte mich nicht für verrückt, ich glaube, die Mauer ist auf.« Dann stand ich mit meiner Tochter am Grenzübergang Invalidenstraße im Menschenklumpen. Für ein paar Minuten in Todesangst, weil sich die Menge und dann noch ein Motorrad neben uns durch die schmale Öffnung drängten, die nur für eine Autobreite bemessen war. Ich bekam keine Luft mehr. Aber der Druck spuckte uns aus, direkt in fremde Arme, da gab's schon Sekt, Momper und Diepgen winkten fassungslos aus dem Kontrollhäuschen auf der westlichen Seite.

Im August 1961, mit vierzehn, war ich das letzte Mal hier gewesen, und seitdem hatte ich mehrmals jedes Jahr, die ganze Mauerzeit hindurch, einen bestimmten Traum geträumt: Irgendwoher hatte ich den Tip, wie ich über die Mauer kam. Es gab einen geheimen Spalt im Boden. Ich tauchte verstaubt im Westen auf und besuchte meine Lieblingstante Lisa. Sie schälte eine Apfelsine für mich. Aber da bekam ich schon Panik, lief zurück, lief an der Mauer entlang, bis ich eine Stelle fand, über die ich klettern konnte. Mit zerschrammten Fingern und Knien fiel ich auf der anderen Seite ins Laub und weinte. So war immer der Traum gewesen. Viele Jahre später haben wir Ostredakteure in der ›Wochenpost‹ überrascht festgestellt, daß wir alle dieses wiederkehrende Traummuster kannten – wegwollen und heimkehren dürfen. Wir nahmen unsere Zerrissenheit auch in den Alp der Nächte mit. Nach der Wende kamen diese Träume nie wieder, bei keinem von uns.

Im Morgengrauen des 10. November 1989 fuhr ich zurück, besoffen vor Glück und von geschenktem Wein. In der Kneipe Zwiebelfisch am Savignyplatz ließ ich mir noch eine Zeitung geben, damit ich nach dem Aufwachen zu Hause einen Beweis dafür hatte, daß jetzt alles anders werden würde. Aber als ich zwei Tage später sah, wie Ostdeutsche türkische Gemüsehändler beklauten, und als ich die Blicke der Westdeutschen auffing, wenn meine Leute in die Luft sprangen, um den Kaffee zu fangen, den Eduscho vom Lastwagen warf, als die Abzocker im Osten eintrafen und schnell, schnell für wenig, aber schon für Westgeld den Bauern ihr Land abkauften, auf dem bald Großmärkte wie Containerschiffe standen, als die Pornohändler ihre verluderten Kassetten und die Autohändler ihren Schrott den ausgehungerten Ostlern andrehten, da sank meine gehobene Stimmung.

Ich bin ja selbst auf alles reingefallen. Gleich nach der Wende alle umgerubelten halbierten Ersparnisse weg an einen Anlagebetrüger aus dem Westen, gegen den ich zwar vor Gericht gewann, der sich aber als zahlungsunfähig erklärte, schlauerweise Vermögen und Villa seiner Frau überschrieben hatte und heute noch als freier Mann die Leute reinlegt. Aus unsinnigen Versicherungen haben mich meine erfahrenen Westkollegen rausgepaukt, die mir gerade jetzt beibringen, daß Vorkasse bei Dienstleistungen nicht geleistet wird, ich hätte sonst schon wieder was falsch gemacht und viel Geld verloren. Ich mußte erst lernen, daß der Mann, der vor meiner Tür die Arme ausbreitet und mich mit meinem Vornamen überschwenglich wie eine Freundin begrüßt – und dem ich dann überrumpelt ein Zeitungsabo unterschreibe –, daß der einfach nur aufs Türschild gesehen hat. Solche Geschichten kann im Osten fast jeder erzählen.

»Die bauen mit unserem Geld da drüben ihre Straßen aus«, sagt eine Kundin in einer Westberliner Boutique, als ob sie nie ihren Weg über diese Straßen nehmen möchte. Mein eigener

Cousin rechnet mir seine verschlechterte Lage seit der Solidaritätsabgabe vor und weiß nicht, daß ich die auch abführe. Ich stehe zwischen Geschäftsleuten von der City West bei einem Empfang und höre, wie über unsereinen geredet wird: »Doch, ich habe Leute aus dem Osten eingestellt, anstellig sind sie ja, aber man muß ihnen halt alles beibringen.« Ein Ressortleiter vom SFB behauptete allen Ernstes, die Ostler schon am Gang erkennen zu können, an einer gemächlichen Schrittart, die wenig Effizienz verheißt. Trottende Primatendeppen sind wir, alimentierte Schulanfänger, undankbare Typen.

Innere Einheit entsteht freiwillig und individuell. Wer sie nicht verwirklicht sieht, praktiziert sie selber nicht. Vielleicht ist es ja ganz normal, daß die Leute nach neugierigen Ausflügen wieder in ihrem Kiez bleiben, daß sie sich ihre alten Freundeskreise erhalten, die Stammrestaurants, die gesellschaftlichen Zirkel. Aber die Verächtlichkeit, die aus Erfahrungen gekommen sein muß, ist neu und bedrohlich. Ende der Schonzeit und der Höflichkeit. Leute, die nie in der DDR waren und auch keine Kontakte über Freunde hatten, sprechen über das vergangene Land, als ob dort alle unter der Knute der Stasi in Bruchbuden hungern und frieren mußten. Es habe ja auch nie Fleisch gegeben. Sie wissen inzwischen alles besser als wir.

Der westdeutsche Kanzler einer ostdeutschen Universität verbietet in einem Brief dem entlassenen Direktor eines Instituts die Benutzung der Bibliothek und spricht Hausverbot aus, weil der Mann, dem er zwar »keine Vorwürfe konkreter Menschenrechtsverletzung« machen kann, schon durch seine Funktion »an der Festigung dieses Spitzel- und Denunziantenstaates mitgewirkt« habe. Stasi als Kennzeichnung des ganzen Staates. Aber zu dem gehörten auch Bürgerrechtler, stille Verweigerer, mittelmutige, redliche Leute, die anständig arbeiteten. Ein ganz normales Volk eben. Der Mann müßte doch wissen, daß nur zwei Prozent der Bevölkerung der Stasi dienstbar waren.

Alle Generalisierungen machen wütend und hilflos. Wie soll ich mich wehren, wenn ein Hamburger Psychologe behauptet, wir im Osten hätten unsere Kinder doch nicht aus Liebe, sondern nur der Wohnung wegen bekommen? Ich widerspreche und erzähle von meinem Kind. »Ach hören Sie doch auf!« antwortet er.

Bei einer Veranstaltung der Urania in Westberlin sprach der Psychotherapeut Hans-Joachim Maaz, dem nun wirklich keiner eine unkritische Haltung zur DDR nachsagen kann, über neue Arbeitsschwierigkeiten: Patienten trauen sich heute nicht in seine Behandlung, weil sie einen Karriereknick befürchten. Auch da kam gleich der Knüppel aus dem Saal: »Wollen Sie die Mauer wiederhaben?« Nein, will er nicht, wollen wir alle nicht. Daß das klar ist.

Wir sind doch froh, daß wir reisen können und die Tochter in den USA zur Schule geht. Daß es die vielen Bücher gibt. Alle Facetten von Kultur in der Stadt. Unzensiertes Schreiben und Lesen, kluge, hochprofessionelle Kollegen, Meinungsvielfalt. Da möchten wir dabeisein. Wir haben uns angestrengt, taumelnd zwischen Selbstbehauptung und Anpassung. Im Sturzflug lernten wir die Hierarchien, arbeiteten mit neuen Chefs und neuen Zielen, buchstabierten die Formulare der Behörden, kauften die dicken Zeitungen und lasen sogar den Wirtschaftsteil. Wir haben gelernt, auf die Frage, wie es uns geht, mit einem strahlenden Lächeln zu antworten: »Hervorragend.« Wir suchten unseren Platz. Irgendwo zwischen den Außenposten von Betonkopf und Wendehals mußte es doch den rechten Weg geben. Kaum jemand in meiner Umgebung macht noch die Arbeit von früher. Macht irgendwas. Hektischer Eifer und blinde Gänge. Hauptsache, man ist von der Straße. Hauptsache nicht abhängig von den armen Frauen beim Arbeitsamt in verschwitzten Pullovern, die hilflos den neuen Antrag auf den Aktenberg legen. In den langen Korridoren der ehemaligen Stasizentrale, die mein zuständiges Arbeitsamt geworden ist, brennt ein trübes frauenfeindliches Licht und gibt mir den Rest.

Am Wochenende traf sich zum erstenmal meine Studiengruppe, mit der ich vor vielen Jahren an der Humboldt-Universität das Studium begann. Aus den Erzählungen über die Lebenssituation ergab sich die Grundmelodie von begrenzten Forschungsaufträgen, ABM, Umschulung und Arbeitslosigkeit. Die meisten leben seit der Wende in Provisorien. Manchmal sieht man darin eine Chance. Und manchmal hat man einfach Angst. Drei von uns sind während der Mauerzeit in den Westen gegangen, eine lag hochschwanger im Kofferraum eines Diplomatenautos. Zum ersten Mal hat sie uns das richtig erzählt. Eine arbeitet als Rechercheurin bei der Gauckbehörde. Die, von der wir inzwischen wissen, daß sie als hochkarätiger IM auf eine berühmte Regisseurin angesetzt war und auch über unseren alten Professor einen dicken Ordner zusammengeschrieben hat, ist nicht gekommen. Beinahe alle Ostprobleme saßen mit am Tisch.

Heute sind die Bilanzen ernüchternd, was die Aufbauziele im Osten betrifft. Politiker sprechen von einer Schieflage der Nation. Schieflage. Wahrscheinlich unvermeidbar und existent von Anfang an, weil Westler und Ostler von unterschiedlichen Eigentumspositionen in die Einheit starteten. Diese Ungleichheit wird hier hautnah persönlich erlebt. Zum Beispiel durch den fachlich keineswegs immer gerechtfertigten Austausch der Chefs durch neue Männer aus dem Westen, die da nicht mit Erfolgen glänzten. Zum Beispiel durch das Verschwinden unserer Ostgeschichten aus den Medien. Zum Beispiel durch unsere Kreditunwürdigkeit mangels Sicherheiten. Zum Beispiel beim Wohnen. Wir haben doch nicht gewußt, daß unsere Häuser eigentlich dem Westen gehören. Auch durch mein Mietshaus ging ein wortkarger Besitzer mit dem bekannten Sanierblick. Bei einer Freundin photographierten die glücklich Restituierten rund ums Haus mit zuckendem Blitzlicht, während sie im Zimmer saß und nicht wußte, wie lange noch. Bei anderen Bekannten gab der neue Besitzer das Haus zum Verkauf frei – von nun an zogen wochenlang ganze Pulks von Interessenten quer durch die Wohnung, begafften gleichgültig das erstarrte Paar in der Küche und überlegten laut, wie ganz anders sie sich das hier einrichten würden.

Das Land, die Arbeit, die Wohnung – vielen Leuten sind die Grundlagen ihrer Existenz unter dem Hintern weggezogen worden. Und es ist ihnen egal, ob es ihnen jetzt aus den besseren Gründen schlechtgeht.

In meiner Gegend siedeln auf leeren Grundstücken mit unklaren Besitzverhältnissen vorübergehend Imbißbuden, ein dankbar akzeptiertes Angebot für die alten Trinker, die ihre Budiken verloren haben. Auf letzten billigen Inseln pusten sie den Schaum vom Bier. Hinter einem Mäuerchen füllen sich schweigsame Männer ab, und die Touristen auf dem Bürgersteig gucken wie in ein Reservat. »Osten, das ist der Osten!« ruft eine Frau voller Begeisterung. Aber näher ran geht sie nicht.

Regine Sylvester

Heiner Müller.
So ist das eben, wenn einer stirbt.

Rein oberflächlich betrachtet ist in Berlin von ihm ein Grab übriggeblieben, ein Grab, auf dem unlängst mal ein Manuskript lag. Ein Zahnarzt aus Charlottenburg hatte es geschrieben, irgendwas über Liebe, und er hatte ein paar Zeilen hinzugefügt, daß er eben Zahnarzt sei, als Autor aber immer noch unbekannt, und wer sich für den Text interessiere, dürfe sich bei ihm gerne melden. Wahrscheinlich dachte der Doktor, daß doch sicher ab und zu ein berühmter Verleger an der Grabstätte von Heiner Müller auf dem Dorotheenstädtischen Friedhof vorbeischaue, und schließlich sei es ja letztlich egal, auf welche Weise man entdeckt werde. Heiner Müller hätte das sicher gefallen, und vermutlich hätte er darüber gelacht, so wie er immer amüsiert von Bertolt Brechts Bemühungen erzählt hat, wie der sich noch zu Lebzeiten durch Schiebung und Bestechung einen Ruheplatz auf diesem Friedhof mit den schönen Birken organisiert hat. Wie auch immer, Nachbarn sind sie nun geworden, die Herren Brecht und Müller.

So ist das eben, wenn einer stirbt: Übrig bleiben die Erinnerungen. Einige Monate vor seinem Tod saß ich mit Heiner Müller in einer Kreuzberger Kneipe, die gleich bei ihm im Haus war, im dritten Stock lag die gemeinsame Wohnung, wo er zusammen mit Ehefrau Brigitte Mayer und Töchterchen Anna lebte. Es war eine laute Kneipe, voll mit jungen Leuten, und mittendrin der kleine, immer schwarzgekleidete Mann mit diesem Gesicht, das beinahe schon einem Denkmal glich, mit der sehr weißen Hautfarbe und der schwarzen Brille. »Ich bin sehr gerne hier, das ist so was wie mein Wohnzimmer geworden«, hat er gesagt. Zigarre, Whisky, wie immer. Hier wurde er geduzt. »Für mich ist das eine neue Berlin-Erfahrung«, sagte Heiner Müller, »ich bin ja ein Ossi, aber dieses Kreuzberg gefällt mir. Hoffentlich gibt es das noch lange.«

Er erzählte von einer Wende in seinem Leben, davon, daß er

früher immer dachte, das Wichtigste sei die Literatur. Ja, früher habe er sein Leben in erster Linie über die Literatur definiert und da hauptsächlich über seine eigenen Texte. Aber seit einiger Zeit sei das anders, »vielleicht weil ich doch immer mehr sehe, wie wenig die Literatur mit der Realität zu tun hat«.

Und dann sagte er etwas, was ich im nachhinein am liebsten gerahmt sähe, er redete nämlich über Berlin, und natürlich tat er das auf seine Art. Was bedeuten Orte in einem Leben, fragte er, was eine Stadt, eine Straße, ein Haus? Was hat Berlin in seiner Biographie für eine Rolle gespielt? Wäre sein Leben anders verlaufen ohne die Berliner Mauer? Nein, sagt Heiner Müller, Beton bedeutet gar nichts, auch Räume nicht viel. »Alles Kulissen, nichts weiter. Und Kulissen waren mir noch nie wichtig.«

Seine Koordinaten in Berlin waren im März 1995, zur Zeit unseres Interviews, seine alte Wohnung im Osten, die einen Wasserschaden hatte (»deshalb sind zweihundert Bücher von mir abgesoffen, macht aber auch nichts«), seine neue Wohnung in Kreuzberg, inklusive Kneipe, sowie das »Berliner Ensemble«, das berühmte Theater, in dem er gerade Intendant geworden war. Aber er sprach kaum von diesen Orten, sondern von den Menschen, die ihm dort begegneten. In seiner alten Wohnung war es ein Handwerker, der nie die Ursache für den Wasserschaden fand. Im Theater war es Peter Zadek, dessen wütende Angriffe, die vom Vorwurf der Faschismusnähe bis zum »schlechten Dramatiker« und »depressiven Ossi« reichten, er auf typische Müller-Art abtropfen ließ: Zadek sei am »Berliner Ensemble« erfolglos gewesen, aber »ich mag ihn sehr, auch seine Aufwallungen«. Ansonsten interessiere er ihn als Regisseur »und nicht so sehr als Journalist«.

Jetzt in der Kneipe deutet er auf einen Mann, der an der Theke steht. »Der repariert gerade unser Klavier. Er versucht es wenigstens mit bewundernswertem Einsatz. Das Klavier ist sehr alt, da hat schon der Biermann drauf gespielt.« Der Mann stamme aus Tübingen, war ursprünglich Physiker. Dann habe er mal was Positives über diesen Terroristen Raspe gesagt » und so gingen seine Schwierigkeiten los.« Jetzt lebe er schon seit langem allein mit seinen zwei Hunden in Kreuzberg, »ja, so kann es gehen im Leben.«

Komisch, sagte Heiner Müller, daß ihm zur Zeit so viele Menschen einfallen, die ihm irgendwann in seinem Leben begegnet sind, manchmal waren das nur ganz flüchtige Begegnungen. Zum Beispiel ganz früher, damals noch in Sachsen, da war er so zwanzig, da habe es einen Mann gegeben, der auf jeder Party, immer, wenn er genug getrunken hatte, auf den Tisch gestiegen sei und die Sozialistenballade vom »Roten Schmied« mit ihren achtundzwanzig Strophen vorgetragen habe, bis er völlig betrunken zu Boden gefallen sei. »Den Typen hatte ich jahrelang völlig vergessen«, sagte er, aber jetzt sehe er ihn auf einmal wieder ganz klar vor sich, »seltsam ist das.«

Oder die Geschichte seines Schulfreundes, des Psychiaters Herbert Richter, der eine wahnsinnige äußere Ähnlichkeit mit Franz Kafka hatte. Psychiater habe er werden müssen, erzählte Heiner Müller, weil der Vater eines Tages seine Angst vor Spinnen bemerkt habe und ihn von da an gezwungen habe, jeden Tag eine anzufassen »was soll man da sonst schon werden«. Der sei dann ein wirklich guter Psychiater in Ostberlin gewesen, »ich habe mir von ihm mal Geld für eine Weihnachtsgans geliehen, als ich wieder mal völlig pleite war. Er hat auch nicht viel gehabt, aber er hat es gemacht. Das habe ich ihm nie vergessen.« Irgendwie habe er sich aber als Arzt mit der Stasi eingelassen, und nach der Wende sei das bekannt geworden. Zum Schluß habe er mit zwei Schimpansen zusammengelebt. Und dann brachte er sich um, »er hat seinen Selbstmord regelrecht zelebriert. Eine Stunde lang hat er sich abwechselnd zwei verschiedene Gifte injiziert, bis es vorbei war.«

Manche Menschen erzählen so gerne Geschichten, weil sie sich auf diese Weise am besten vergessen können. Bei Heiner Müller lag der Fall nach meiner Einschätzung ein wenig anders. Er erzählte von der Vergangenheit, von seiner zweiten Frau, der Kinderbuchautorin Inge Schwenker, die sich 1966 nach bereits einigen vorherigen Selbstmordversuchen das Leben nahm (Heiner Müller hat darüber ein Gedicht geschrieben, in dem er beschreibt, wie er sie mit seinen Händen aus dem Grab gräbt). Er erzählte von der unerfreulichen Gegenwart, davon wie seine Münchner Ärzte witzelten, ihm scheine München so gut zu gefallen, daß er sogar seine Speiseröhre dort lasse. Er redete und redete, von Menschen, von Gefühlen, von Lebenden und Toten, vielleicht aus dem Grund, den Gottfried Benn einmal so formulierte: »... und schon so nahe an den Klippen, du kennst dein schwaches Boot – kommt, öffnen wir die Lippen, wer redet ist nicht tot.«

Heiner Müller kannte seine Diagnose, wußte sehr genau, daß er nicht mehr lange zu leben hatte. Ein paar Monate sind es noch geworden. Wie gesagt, wenn einer stirbt, bleiben einem nichts als Erinnerungen. Bei Heiner Müller muß ich daran denken, wie er nach dem Interview in die Wohnung ging und seine dreijährige Tochter Anna dadurch zum Lachen brachte, daß er Artikel über den hundertsten Geburtstag von Ernst Jünger anzündete. Wie er da stand mit den kleinen Fackeln in der Hand und wie er vor Vergnügen am ganzen Körper vibrierte.

Stephan Lebert

Ostwind

von Evelyn Roll

Manchmal in den langen, finsteren Hauptstadt-Wintern gibt es plötzlich endlich Sonne. Endlich Licht. Gletschergrüne Risse im Eis auf der Havel, blauer Himmel und: »Temperaturanstieg auf bis zu minus acht Grad bei mäßigem Wind aus Ost/Nordost.« Temperaturanstieg auf minus acht Grad. Da könnte man vielleicht ja mal auf das Angorahemdchen verzichten und auch auf die Lammfellsohlen. Kann man natürlich nicht. Acht Grad minus machen noch keinen Frühling. Außerdem sind wir in Berlin. Hier weht auch bei acht Grad minus ein in Westdeutschland vollkommen unbekannter, mäßiger bis saumäßiger Ostwind durch Mark und Bein.

Weil er aus Sibirien kommt, beschwören wir diesen Wind hier mit einer amerikanischen Vokabel. Die Vokabel heißt Windchill, und die lokalen Blätter kommen gar nicht mehr los von diesem Wort. Im Osten der Stadt wird es gerne, und auch sehr treffend, »Windkill« ausgesprochen. Die Windchill-Temperatur in Grad Celsius (Twc) gibt die subjektiv empfundene, vom Ostwind also verstärkte Kälte an. Man kann sie in ›Tagesspiegel‹-Tabellen nachschauen. Danach war es zum Beispiel am ersten Montag des Jahres 1997 in Berlin minus 22,7 Grad Twc. Falls man gerade keinen ›Tagesspiegel‹ zur Hand hat, kann man die Windchill-Temperatur auch unter Anwendung einer einfachen Formel selbst ausrechnen: Twc= 33+(0,478 + 0,237 SQRT(V) – 0.0124 V) (T-33). Mathematiker finden es möglicherweise etwas blödsinnig, subjektives Empfinden numerisch ausdrücken zu wollen. Das macht aber gar nichts, wenn eine Stadt sich erst einmal am subjektiven Faktor erwärmt wie an Eiszeit-Hochdruckgebieten, die Detlef heißen, solange die SPD einen Kultursenator sucht, oder Erich, wenn die PDS einen Parteitag vorbereitet.

Meine Akte, nicht mein Leben

Wir Deutschen sind ja im Vergessen und Verdrängen nicht schlecht. Wahre Meister aber sind wir im »Bewältigen« von Vergangenheit, sofern es sich nur nicht um die eigene handelt. Und sollte es sich doch mal wie jetzt im Osten Deutschlands um die eigene handeln – im Westen fand ja in den letzten vierzig Jahren bekanntlich eine Vergangenheit nicht statt –, dann kann man doch wenigstens die Verantwortung für diese Vergangenheit nachträglich anderen übertragen.

Selbst für nichts verantwortlich zu sein, daran hatten wir uns schließlich in der DDR so schön gewöhnt. »Die da oben« waren schon immer an allem Unglück schuld, und »da oben«, das konnte ziemlich weit unten beginnen. Wer in der DDR Leiter wurde, war selber schuld, und wenn er nur Verkaufsstellenleiter war. Aber wer will denn heute früher bei uns ein Leiter gewesen sein? Selbst Politbüromitglieder stellen ihr einst führendes Licht längst unter jeden demokratischen Scheffel.

So wie der Deutsche in der ja auch nicht immer glücklichen Gegenwart stets noch einen findet, der unter ihm ist, so findet er in der Vergangenheit, wenn sie mal wieder ganz und gar mißglückt ist, ganz bestimmt noch einen, der über ihm war. Des Deutschen liebster Stand ist der Befehlsnotstand. Denn wenn der Deutsche muß, kann ihm keiner. Am liebsten aber ist er gar nicht dabeigewesen.

Je älter nun die »neue Zeit« mal wieder wird, desto weniger können sich viele von uns an die noch gar nicht so alte »alte Zeit« erinnern. So wurden und werden sie mit jeder neuen Zeit fertig, indem sie die alte einfach ablegen. Motto: Was man mir nicht beweisen kann, das war auch nicht.

Anders als andere neue Zeiten begann man die neueste neue Zeit nicht mit einem alles vergebenden Schlußstrich, sondern mit einer Aktenöffnung. Und da steht nun, wie es der Deutsche am liebsten hat – schwarz auf weiß, wer schuldig ist und wer unschuldig. Mancher, der da meinte, den Sprung in die neue Zeit besonders elegant geschafft zu haben, wurde sehr unsanft von seiner aktenkundig gewordenen Vergangenheit eingeholt. Ich gestehe, daß mich der eine oder andere in die Schlagzeilen gekommene Fall mit hämischer Freude erfüllt. Daß sich meine niederen Instinkte in der Demokratie nicht mehr melden würden, war eine Hoffnung, die sich nicht erfüllt hat.

Dank der konzertierten Arbeit aller öffentlich-rechtlichen und privaten Medien haben Stasiakten inzwischen einen Unterhaltungswert erlangt, an den Lady Di und Prinz Charles in ihren besten Zeiten nicht herangekommen sind. Manchmal denke ich, hätte die Stasi auch Zugang zum englischen Königshaus gehabt, wir hätten endlich letzte Gewißheit über das, was da wirklich gelaufen ist. Denn soviel ist wohl sicher: Stasiakten lügen nicht!

Schließlich wurden diese Akten von deutschen Beamten angelegt, denen es nur um die Wahrheit und nichts als die Wahrheit ging. Ihre überwiegend freiwilligen Helfer, fleißige Spitzel aus allen Schichten der Bevölkerung, taten ihre Dienste fast ausschließlich aus Liebe zur Wahrheit. Wenn man heute so liest, für wie wenig Geld die meisten von ihnen ihre gesellschaftliche Nebenarbeit verrichteten, muß man niedere Beweggründe einfach ausschließen. Hier wurde für eine gute Sache geschnüffelt. Es war kein Dienst an der Waffe, es war ein Dienst an der Wahrheit.

In der DDR gab es sie nämlich noch, die von uns heute so schmerzlich vermißte absolute Wahrheit. Und diese Wahrheit wenigstens über unsere Vergangenheit zu erfahren, das läßt heute so viele professionelle Wahrheitsforscher, aber auch solche, die das aus reiner Liebhaberei betreiben, einfach nicht ruhen. Sie wissen nicht, was Karl Kraus im Jahre 1909 schon erkannte, also ohne die DDR, ihre Staatssicherheit oder gar die Gauck-Behörde gekannt haben zu können: »Es gibt Wahrheiten, durch deren Entdeckung man beweisen kann, daß man keinen Geist hat.« Die Stasi hat das hunderttausendfach bewiesen. Ob es sich lohnt, ihr darin heute noch nachzueifern, wage ich manchmal zu bezweifeln.

Daß ein Opfer wissen will, wer ihn warum verraten und gepeinigt hat, ist gewiß einsehbar. Auch Rachegefühle sind zu verstehen. Wie oft aber handelt es sich bei der Spurensuche in Mielkes Erbe um die reine Jagdleidenschaft? Und wie viele alte oder neue Rechnungen kann man mit Hilfe solcher Akten begleichen? Gewiß können sie auch mal helfen, einen falschen Verdacht auszuräumen. Aber angelegt waren sie immerhin von Leuten, deren Beruf es war, Verdacht zu schöpfen und zu schüren.

Natürlich ist es eine Genugtuung, miterlebt zu haben, wie eine staatliche Allmacht zusammengebrochen ist, und jetzt ihre Hybris in ihren eigenen Akten nachlesen zu können. Auf diese Weise kann man ja vielleicht auch endlich mal erfahren, wie viel oder auch wie wenig Gewalt nötig ist, um ein ganzes Volk im Zaum zu halten. Es gab in der DDR einen Witz, in dem Mielke seinen sowjetischen Amtskollegen fragte, wie viele Staatsfeinde es in der Sowjetunion seiner Schätzung nach noch gäbe. Darauf antwortete der Russe: »Fünfzehn bis sechzehn Millionen.« Mielke beruhigt: »Mehr sind es bei uns auch nicht.« Zumindest im nachhinein möchten wir natürlich alle solche Staatsfeinde gewesen sein, schließlich haben wir ja alle immer gemeckert. Trotzdem aber waren wir, das könnte man den Akten vielleicht auch entnehmen, alle viel mehr Teil des Systems als uns heute lieb ist.

So etwas Allgemeines interessiert natürlich viel weniger als die Entdeckung dieses oder jenes möglichst Prominenten als IM. Fast alles, was ich bisher in den Zeitungen über die Stasi gelesen habe, befriedigte jedenfalls eher meine Sensationsgier als meinen Wissensdurst. Wie gesagt, ich habe eben noch diese niederen Instinkte... Ja, ich gestehe, daß ich mir fast jede Zeitung kaufe, in deren Schlagzeile wieder so eine Stasienthüllung angekündigt wird. Danach habe ich dann jedesmal dieses Ekelgefühl, das einen unweigerlich überkommt, wenn man in Scheiße gefaßt hat. Gewiß, sie wurde in der DDR produziert. Aber ist das ein Grund, aus dieser Scheiße heute Kapital zu schlagen? Während andere Skandale und Skandälchen in den seriöseren Zeitungen meist nur unter »Vermischtes« zu finden sind, stehen die Stasi-Skandale, mögen sie noch so vage und unbewiesen sein, immer ganz vorn, da wo der Leser geworben wird. Ich scheine also mit meinen niederen Instinkten gar nicht so allein zu stehen, wie ich manchmal fürchte, wenn ich von der hochmoralischen Entrüstung über alles, was Stasi war, lese. Diese Entrüstung ist überall gleich – im Drei-Groschen-Blatt wie im Edelmagazin.

Am konsequentesten in seiner Entrüstung war seinerzeit Fritz J. Raddatz, der in der ›Zeit‹ in aller Form bereit war, das Werk von Christa Wolf und Heiner Müller vor ihren Autoren in Schutz zu nehmen. Diese hatten nämlich, wie gemeldet worden war, auch mal irgendwie, ist ja auch egal wie, mit der Stasi zu tun. Und keiner hat gelacht. Was für ein republikweites Gelächter war dagegen einstmals ausgebrochen, als derselbe Raddatz den toten Goethe mit dem Frankfurter Bahnhof in eine sehr lebendige Verbindung brachte. Wenn das Wort Stasi fällt, erstarrt alles in hochmoralischer Betroffenheit, je unbeteiligter, desto betroffener. Und wie beweiskräftig ist doch ein dem Klarnamen in Klammern hinzugefügter IM-Sekretär oder Notar. Ein IM-Verdacht ist sich selbst Beweis. Das verbindet übrigens den IM von heute mit dem Klassenfeind von gestern. Dem mußte man auch nichts beweisen. Das Urteil lag in der Bezeichnung.

Ich weiß, um so etwas zu schreiben, muß man schon sicher sein, daß nicht von einem selbst noch etwas bei Gauck gefunden wird. Denn daß in so einem Fall gesucht wird... Also das ist nur ein Verdacht, den ich nicht beweisen kann. Jedenfalls bin ich mir ziemlich sicher, daß da nichts ist, obwohl ich Akteneinsicht nicht beantragt habe und auch nicht zu beantragen beabsichtige. Ich will nämlich einfach nicht wissen, welche Wahrheiten die Stasi über mich gespeichert hat. Ich gestehe ihr auch nachträglich nicht das Recht zu, über mich urteilen zu dürfen. Ich habe zu DDR-Zeiten nicht mit ihr geredet und sehe nicht ein, warum ich mich nachträglich von ihr belehren oder beleidigen lassen sollte. Keine Macht der Welt also außer einem IM-Verdacht wird mich veranlassen, in den Dreck zu gucken, den die Stasi über mich hinterlassen hat.

Daß sie mich übrigens in ihr Aktenherz geschlossen hat, weiß ich aus der Kenntnis anderer Leute Akten und durch einen lustigen Zufall. Ein mir unbekannter Herr ist beim Studium seiner Akten auf solche getroffen, die mich betreffen. Ist doch lustig so ein Zufall, nicht wahr. Der Herr wußte zwar nicht, wer da falsch abgeheftet hatte, Mielkes heimliche Garde oder Gaucks öffentliche Behörde, aber er konnte mir sagen, wovon meine Papiere handelten. Von einer Kabarettveranstaltung irgendwo im Sächsischen, auf der Texte von mir vorgetragen wurden. Der Stasimann hatte sich nicht nur die Mühe gemacht, alle Texte aufzuschreiben, er hat sie auch analysiert. Und mein Aktenleser meinte lachend, er habe die Stasikommentare lustiger gefunden als meine Texte. Schon deshalb verlange ich, daß meine Akte dahin kommt, wo sie hingehört: in den Reißwolf. Denn daß die Stasi komischer ist als man selber – welcher Komiker könnte das ertragen? Wie gesagt – meine niederen Instinkte ...

Peter Ensikat

Die Schapka

von Adalbert Zehnder

Als noch nicht die Mauer, aber wenigstens der erste Schnee gefallen war, da lauerten sie in Berlin hinter jeder Ecke: die echten Wölfe und falschen Schafspelze, die Polarfüchse, Kaninchen und Bisamratten, die beschlossen hatten zu sterben, um – zur Russenmütze umgeschneidert – ewig zu leben. Reinkarnation millionenfach, auf den Köpfen von Grenzern (grau), Postboten (blau) oder Jägern (grün). Plastikstoff und Plastikfell – fabelhaft resistent gegen eine der heimtückischsten Machenschaften des Klassenfeindes, das Wetter. Und da: die hochherrschaftlichen Pelzwolken der Politbüro-Phalanx, die bei den Kampfdemonstrationen der marschierenden Arbeiterklasse eine Schneise schlugen durch den matschigen Februarschnee. Honis Rotfuchs.

Aber die Russenmützen, unsere geliebten »Schapki« – zieht sie denn keiner mehr an? Haben die Alt-Genossen ihr Statussymbol beleidigt in die Ecke gepfeffert, bloß weil Genosse Michail Sergejewitsch ein bißchen den Sozialismus verraten hat? Sie gar für ein paar Groschen an Souvenirhändler verscherbelt, die sie nun am Brandenburger Tor als Scherzartikel an Touristen verkaufen? Ist die Schapka nur noch etwas für Sonderlinge? Für Feuilleton-Journalisten großer Tageszeitungen (Bisam) oder Stadtstreicher wie Fredy vorm KaDeWe (Katze)? Zum Glück nicht. Der Mythos von den zärtlichen, herunterklappbaren Fellohren lebt. Aus einem Dossier des russischen Geheimdienstes, das uns vorliegt, geht hervor: Noch immer gibt es Zigtausende Schapki in Berlin. Aber daß sie keiner aufsetzt, daran sind die Medien schuld. Genauer gesagt: die ARD. Seit Gerd Ruge in Rente ist und nicht mehr schapkabewehrt seine Neuigkeiten aus der Moskauer Eisigkeit zu uns herüber ins Wohnzimmer haucht, weiß keiner mehr, wann es eigentlich losgeht. Daher fordern wir: eine Fernsehansprache von Mr. Russenmütze im Anschluß an die »Tagesschau«, in der er die Schapka-Saison offiziell eröffnet.

Ein Freund der Frauen in Kaulsdorf

Neulich hat Horst Krüger die Bekanntschaftsanzeigen studiert, »und da stand denn«, sagt er, »so etwa: ›Barbara, vollbusig, ein Meter fuffzich groß, macht allet, kann allet.‹ Na, wat mach' ick? Hin!« Da saß er dann im Institut für Eheanbahnung, und eine Dame breitete Photos vor ihm aus. Aber er guckte die Bilder gar nicht an, bloß immer die Dame, bis sie ganz irritiert war. Dann sagte er: »Nu lassen Se det ma' allet beiseite! Wissen Se, wie die Frau meiner Träume aussieht? So wie Sie!« Das fand die Dame nett. Sie war bereit, mit Krüger zum Essen zu gehen, und nun sitzt er hier in seinem kleinen Büro und wartet auf ihren Anruf. Er sagt: »Vierzig Jahre isse alt, sieht aba aus wie neununddreißig. Blond. Ne richtich schöne Frau is' det.«

Horst Krüger ist zweiundfünfzig und sieht auch so aus. Seine untere Gesichtshälfte ist bedeckt mit einem grauen Einwochenbart, durch den gerötete Haut schimmert. Das gibt seinem Aussehen etwas zugleich Nervöses und Ruppiges, Verletzliches und Aggressives.

Er redet schnell und viel, aber dann schweigt er von einer Sekunde auf die andere. Man sitzt ihm gegenüber und denkt, daß man nie einen getroffen hat, der gleichzeitig so lauernd-schlau-wachsam und draufgängerisch-unvorsichtig ist. Na, und wovon erzählen wir nun zuerst? Von Horst Krüger, dem Berühmten? Von Krüger, dem Kaufmann? Oder von Horst, der viermal verheiratet war, zweimal mit derselben Frau?

Also: der Berühmte. Krüger war so etwas wie der James Last der DDR, schrieb tausendzweihundert Songs, von denen einige jahrelang Hits waren, spielte mit der Horst-Krüger-Band in der beliebten Fernsehshow ›Ein Kessel Buntes‹, war mit deren Moderator Wolfgang Lippert befreundet, komponierte zwei Rockopern, ›Rosa Laub‹ und ›Zaubersprüche‹ – ein Großer in der Musikbranche. Damit ist es vorbei. Irgendwie will ihn niemand mehr, und er selbst sagt, er habe im Musikgeschäft des Westens »viele Miestypen, nur Aufdreher« kennengelernt, mit denen er nichts anfangen könne. »Und so'n Klinkenputzer bin ick nich'.«

Er hat Kassetten verschickt mit seinen Liedern, aber es kamen immer die gleichen Antworten. Einer Plattenfirma hat er dann ein leeres Tonband übersandt. Die Antwort war, man finde die Musik gut, aber sie passe nicht ins Programm. Nun tritt er hier und da bei Veranstaltungen auf, hat eine Band, schreibt Lieder, produziert selbst mal eine CD – mehr nicht.

Zwei Jahre lebte er so dahin, bis er eines Morgens aufwachte mit der Frage: »Was machste mit dem bißchen Jeld, daß de noch hast? Jibstes aus, oda machste noch ma' wat Neuet, wat de noch nie jemacht hast?« So habe er es immer praktiziert, zum Beispiel hat er mal (»Ick mit meinen langen Haaren!«) ein ganzes Symphonieorchester dirigiert, obwohl er keine Ahnung davon hatte. Er ließ, um sich Respekt zu verschaffen, den Klarinettisten, der einen schweren Part hatte und ihn nicht sauber spielte, das Ganze noch mal vorführen – »da war denn doch Ruhe«.

An diesem Morgen jedenfalls beschloß Horst Krüger, ein Kaufhaus zu eröffnen. Das hat er auch getan. Es heißt »Alles Billiger – Warenhaus für Preisbewußte« und befindet sich weit im Osten der Stadt, in Kaulsdorf. Und noch ein bißchen weiter östlich, Hoppegarten, hat Krüger einen Supermarkt aufgemacht, in dem es nur Produkte gibt, die in den neuen Ländern hergestellt wurden: Worcestersauce aus Cottbus, Speisewürze aus Gotha, Fabiola Eiernudeln aus Waren, Klarofix Fensterputzmittel aus Leipzig und auch, wie Krüger sagt, Schrippen, »aba nich die uffjepumpten aus'm Westen, nee, die juten alten Ossi-Schrippen, fünfundzwanzig Fennich det Stück. Hat lange jedauert, bis ick 'nen Bäcker dafür jefunden hatte. Aba nu kommse, die Leute.«

Sein Warenhaus hingegen, sagt er, sei mehr »ein offener Lagerverkauf«, für Möbel in erster Linie. Mit einem Zweitausend-Mark-Gutschein vom Sozialamt, sagt er, könne man sich hier die ganze Wohnung einrichten, »allerdings stehn Se dann in zwei Jahren wieda hier«. Nebenbei verkauft er auch Zahnbürsten, Schallplatten und solche Sachen, Hauptsache preisgünstig. Das Geschäft läuft nicht schlecht, die Leute im Osten brauchen billige Einkaufsmöglichkeiten. »Man muß sich selbständig machen«, sagt Krüger. »Aber die Leute haben Angst davor. Ich war schon immer selbständig, da geht es.« Sechs Leute beschäftigt er, alles alte Freunde, auch den früheren Kulturamtsleiter von Wittenberg zum Beispiel. Die Frau, mit der er zweimal hintereinander verehelicht war, steht an der Kasse.

Er sei ohnehin, sagt Horst Krüger, der Meinung, man solle die Bekanntschaft mit früheren Ehefrauen pflegen: »So übel könn' se ja nicht jewesen sein, sonst wär' man nich zusamm' jewesen.« Eine Tochter hat er, die ist dreiunddreißig, und eine Tochter hatte er, die war zehn, als sie von einem Moskwitsch überfahren wurde und nach drei Tagen Koma starb. Sie habe im Ballett getanzt, sagt er, »und sie war richtig gut. Die hab' ich so geliebt«. Er starrt aus dem Fensterchen seines Büros, dann sagt er: »So'n Bündelchen Schuhe und Wäsche, das ich aus dem Krankenhaus abholen durfte, war alles, was übrigblieb von meiner Tochter. Da war ich ein Jahr lang besoffen. Und dann, eines Morgens, habe ich mir gesagt: ›Wat soll det? Willste ooch noch sterben?‹ Dann ging es weiter.«

Er findet, daß man früher in der DDR leichter heiratete. »Wir ham det nich' so vabissen jesehen«, sagt er, eine Scheidung habe dreihundert Mark gekostet, das sei nun viel teurer und zu riskant, seit Deutschland wiedervereinigt ist, »seit wir zusammengehören«, wie Krüger sagt. »Ich weiß nicht, ob wir wirklich zusammengehören. Aber es ist nicht mehr zu ändern.« Für die »zwischenmenschlichen Beziehungen« sei das eher schädlich gewesen, vieles ging in die Brüche. Er hält ein kleines Kolleg über »Ost-Frauen und West-Frauen«, demzufolge die Ost-Frau »ein bißchen natürlicher, ländlicher, deftiger« sei und mehr auf wahre Liebe bedacht. Die West-Frau hingegen wisse, daß nur eines im Leben entscheide: Geld. Indes: »Inzwischen sind se ja kaum noch zu unterscheiden, gleiche Klamotten ham se sowieso. Aber ick erkenne sie imma noch auf den ersten Blick. Na ja: nach dem ersten Satz.«

So spricht Krüger. Dann stellt er fest, daß sein Handy ausgeschaltet war, während es die ganze Zeit senkrecht auf dem Tisch stand. Kaum knipst er es an, ist die Dame aus dem Ehe-Institut am Apparat. Er sagt ihr, er werde sie gleich abholen, legt auf, kichert und sagt: »Die hat immer noch den Auftrag, mir so 'ne Mappe mit Frauen zu zeigen. Die guck' ich mir natürlich trotzdem an.« Er fügt hinzu: »Aber wahrscheinlich sortiert sie jetzt die Schönsten aus.«

Axel Hacke

Jugendweihe

von Hans-Jörg Heims

Neulich war es wie früher. Im Nikolaiviertel wollten wir einen Tisch reservieren. Doch überall hieß es: »Reservierungen nicht möglich, alles voll.« Das erinnerte uns fatal an DDR-Zeiten. Und kaum gedacht, sagte ein Gastwirt auch: »Jetzt sind Jugendweihefeiern.« Daß wir das als geweihter DDR-Jugendlicher vergessen konnten! In den Monaten April und Mai war ein spontaner Restaurantbesuch am Wochenende schlichtweg unmöglich. Überall Jugendweihefeiern.

Als wir vierzehn Jahre alt waren, standen wir auch festlich gekleidet auf der Bühne eines Kulturhauses, um in den Kreis der Erwachsenen aufgenommen zu werden. Die Aufnahmeprüfung bestand darin, daß wir an Jugendstunden teilnehmen mußten, die im wesentlichen der Vertiefung des Unterrichtsstoffes im Fach Staatsbürgerkunde dienten. Der 1. Sekretär der SED-Kreisleitung überreichte uns schließlich das Buch ›Der Sozialismus – Deine Welt‹ mit einem Geleitwort von Erich Honecker. Obwohl wir dieses Buch zur Abschreckung immer noch im Schrank stehen haben, will sich unser Kind, wie viele andere in Ostdeutschland auch, unbedingt jugendweihen lassen. Zur Begründung sagt unser Zehnjähriger: »Zwischen Ostern und Weihnachten soll es noch einmal Geschenke geben.« Der Kapitalismus – Deine Welt. Und so sind wir losgezogen, einen Tisch zu reservieren.

Ach, Sie meinen Rockmusik?

Schwester Maria Mechthildis hat die Berliner Mauer nie gesehen. Weil sie die eigenen Mauern nie verlassen durfte. Und das ist eine erstaunliche Vorstellung, die um so erstaunlicher wird, je länger man darüber nachdenkt: Da leben also in dem Teil der Stadt, der 1961 eingemauert wurde, achtundzwanzig Frauen, von denen einige damals selbst schon seit vielen Jahren eingemauert waren. Und denen es deswegen gleich sein konnte, ob Berlin neuerdings von einer weiteren, aber vollkommen absurden Mauer geteilt war, oder ob es wie jetzt wieder eine vereinigte Stadt ist.

Die Mauer von St. Gabriel ist etwa zweieinhalb Meter hoch und einen halben Meter dick. Ganz oben windet sich weißgestrichener Stacheldraht vor einer Reihe spitzer, grüner Glassplitter. Hinter der Mauer muß ein großer, schöner Garten sein. Und sogar eine Tischtennisplatte. An manchen Sommerabenden jedenfalls kann man das fröhliche Ta-tok, Ta-tok-tok eines Tischtennisballes hören. Im Osten der Mauer liegt die Preußenallee, die zweimal in der Woche für Autos gesperrt wird. Dann ist Markt. Hinter dem Käsestand öffnet sich die Klostermauer für eine kleine Kapelle aus dunkelrotem und weißgetünchtem Klinkerstein. An der Kapelle steht ein Schaukasten mit Photographien und Informationsblättern. Es zeigt betende Ordensschwestern in ungewöhnlichen, pinkfarbenen Gewändern mit weißem Schleier und weißem Skapulier. Dazu der Text: Anbetungskloster St. Gabriel. Dienerinnen des Heiligen Geistes von der Ewigen Anbetung.

Heiliger Geist von der ewigen Anbetung. Ein Kloster also. Hier. Mitten in Berlin. Direkt an der Straße, nur ein paar Häuserblocks entfernt von der Messe, vom SFB und vom Olympiastadion. Das Westend ist nun wirklich nicht gerade eine Gegend, in der man ein Kloster vermuten könnte. Künstler, Schauspieler und Journalisten, Corpstudenten und Beamte wohnen hier. Es ist eine bräsige, bürgerliche Gegend. Einige der prachtvollen Villen sind in den finsteren deutschen Jahren »arisiert« worden. Und die unbehaglichen Gefühle darüber lassen sich noch steigern, wenn man auf dem Weg zum Olympiastadion Straßen passiert, die bis vor kurzem noch »Am Heilshügel« heißen mußten oder »Reichssportfeldstraße«. Um die Ecke gibt es eine lebhafte Einkaufsstraße, mit noblen Italienern und preiswerten Chinesen.

Werden Klöster nicht eigentlich aufs Land und in die Abgeschiedenheit gesetzt? Und wenn das hier ein Kloster ist, warum sieht man diese rosa Schwestern dann nie auf dem Markt, im Kindergarten, auf dem Friedhof oder wenigstens in der Kirche? Weil sie sich zur ewigen Anbetung eingemauert haben. Weil sie niemals diese Mauern verlassen dürfen, außer wenn sie zum Arzt müssen oder wenn sie eines Tages in ein anderes Kloster verlegt werden.

Daß die Berliner Mauer jetzt weg ist, das hat Schwester Mechthildis aber doch gesehen, aus Versehen allerdings. Weil sie eines Tages zum Arzt mußte. Und weil der Fahrer sich nicht auskannte und bis Potsdam durchgefahren ist. Schwester Mechthildis wird ein bißchen rot, als sie diese Geschichte erzählt. Schwester Mechthildis hat sowieso schon glühende Wangen vom vielen, ungewohnten Sprechen. Das Sprechzimmer von St. Gabriel ist, ähnlich wie der Besuchsraum in einem Gefängnis, durch eine Holzwand mit vergittertem Schaufenster geteilt. »Erschrecken Sie nicht, wir sind hier hinter Gittern«, hatte Schwester Oberin Maria Gabriela zum Glück schon am Telephon gesagt. Und dann ist es doch sehr fremd und etwas peinlich auch, die Hand durch das Gitter zu strecken, um guten Tag zu sagen. »Die Mauer, die Glasscherben und dieses Gitter sind Symbole unserer Abgeschiedenheit, die wir brauchen, um das Gebet besser pflegen zu können«, sagt Schwester Gabriela sanft und freundlich. Wie Schwester Mechthildis hat sie erst vorsichtig zurückhaltend und fast scheu erklärt, was dieser Dienst der ewigen Anbetung bedeute, daß der Beruf, und sie sagt wirklich Beruf, dieser achtundzwanzig Frauen das Beten sei. Tag und Nacht zu jeder Stunde seit sechzig Jahren kniet immer eine der Schwestern in der kleinen Kapelle und betet. Siebenmal am Tag versammeln sich außerdem alle in der Kapelle, um gemeinsam das Chorgebet zu singen. Und eine tägliche Stunde private Gebetszeit im Garten oder auf dem Zimmer gibt es außerdem.

Wenn sie nicht beten, dann schweigen sie. Deswegen sind nach einer Weile ungewohntem Erzählendürfens im Sprechzimmer wohl auch beide Schwestern so heiter geworden, fast schwatzhaft und rosig. In Bad Driburg bei Paderborn steht das deutsche Generalatshaus dieser Kongregation, die sechzehn Häuser in vier Kontinenten hat. 1936 hat Prälat Lichtenberg angeregt, gerade jetzt und gerade an dieser Stelle in Berlin ein Kloster für die ewige Anbetung zu gründen. Schwester Maria Leutgardis, die bei der Gründung und beim Bau des Klostergebäudes schon dabei war, ist heute fünfundachtzig Jahre alt. Die jüngste Schwester, Maria Katharina, ist vor vier Jahren mit vierundzwanzig eingetreten. Aus sechs Nationen stammen die Schwestern. Und sie dürfen nach der Profeß die Klostermauern nicht mehr verlassen, nicht einmal, wenn die eigene Mutter im Sterben liegt. Lebensmittel, geistliche Bücher, Gesellschaftsspiele und Handarbeitszeug werden von Wohltätern aus der Nachbarschaft zur Klosterpforte gebracht oder von den Läden der Umgebung angeliefert. Auch die Eierfrau vom Markt klingelt zweimal in der Woche und fragt, ob die Schwestern etwas von den Ständen bräuchten. Zum Putzen des verbotenen Außenbereichs haben die Schwestern eine Frau angestellt. Alles andere, die Zimmer und Säle, die Kapelle, den Gemüse- und den Blumengarten bewirtschaften die Schwestern selbst. Der Tag beginnt um fünf Uhr in der Früh und vergeht mit Arbeiten und Beten und Schweigen.

Nur beim Abendessen wird reihum vorgelesen. Danach gibt es eine Stunde, in der erzählt, musiziert, gelesen und gespielt werden darf. Die übrige Zeit und auch während der anderen Mahlzeiten wird geschwiegen. Außer an Sonntagen, an Namenstagen und an den Nationalfeiertagen, da darf auch beim Frühstück gesprochen werden. Dann ist es ja wohl sehr günstig, daß die Schwestern aus sechs Nationen kommen? Schwester Mechthildis und Schwester Oberin Gabriela lächeln nachsichtig und schauen auf den Fußboden.

»Wir müssen bei der Auswahl unserer Mitschwestern sehr

wählerisch sein«, sagt Schwester Gabriela. »Es kommen mehr, als wir nehmen können. Wer aber bei uns bleiben will, muß Gebetsgeist haben, gesund und anpassungsfähig sein, sonst wäre die Stille schädlich, weil der Raum der Stille so groß wird.«

Schwester Gabriela hat die Berliner Mauer gesehen, als sie 1987 aus Amerika nach Berlin kam. Da war sie schon fünfundzwanzig Jahre in St. Louis (Missouri), in zwei Häusern in Texas und in Lincoln (Nebraska). »Willst du dir die Welt besehen, mußt du in ein Kloster gehen«, habe man in ihrer Familie im Odenwald immer gescherzt. Über ihre Familien, über ihre Leben »früher« wollen beide Frauen nicht erzählen. Das würde zu weit führen und die innere Stille stören.

Wieder die Stille. Und die Geräusche von außen? Der Lärm der großen Stadt? Wenn morgens um sechs die Lastwagen kommen, Böcke und Bretter für die Marktstände abwerfen? Wenn der Schreihals vom Blumenstand zwanzig Rosen für nur zehn Mark anbietet? »Den summenden Markt hören wir alle gern. Und wenn ich nachts bei der Anbetung draußen den Krankenwagen höre, dann bete ich für den Menschen, der da drinliegt.«

Wenn aber im Olympiastadion zum Beispiel die Stones ein Konzert geben oder ein Fußballspiel ist, dann wackeln doch hier die Wände? »Ach, Sie meinen Rockmusik?« sagt Schwester Gabriela. Und sie schaut von unten über ihren Brillenrand so, als sei sie einerseits ein bißchen stolz, wie selbstverständlich ihr das Wort »Rockmusik« über die Lippen geht, und andererseits aber auch ein wenig selbstironisch über diesen Stolz. »Nein, das stört uns nicht, auch wenn wir diese Art von Musik nicht mögen. Und Fußball ...« Schwester Gabriela senkt die Augenlider. »Wir haben hier zwei Schwestern, die sind ... die waren, bevor sie eintraten, Fans von Fußball. Die hören das sehr gerne. Und dann lesen sie am nächsten Tag auch im ›Tagesspiegel‹ nach, wie das Spiel gelaufen ist.«

Die Wintersonne ist schon lange untergegangen. Die Schatten der Nacht senken sich auf Berlin. Die Komplet, das letzte Stundengebet des Offiziums, ist verklungen. Im Chorraum beginnt die nächtliche Gebetswache. Schwester Mechthildis hat erzählt, die Anbetung spät nach Mitternacht sei das Allerschönste. »Man ist da so hellwach, und es ist besonders herrlich, mit der schlafenden Millionenstadt im Rücken zu beten. Einer muß da sein, der wacht und betet, wenn der Herr kommt.«

Evelyn Roll

Von Hosen und Hasen – Katharina Thalbach

Premierenfeier im »Wintergarten«. Die Regisseurin klettert auf den Tresen und kann jetzt die sektselige Menge einigermaßen überblicken. Sie bedankt sich artig, spricht von einem »Experiment«, das hoffentlich geglückt sei, und erinnert an die ziemlich kurze Probenzeit, die zur Verfügung stand: zwei Wochen und ein paar zerquetschte Tage. Katharina Thalbach, außer Atem. Sie macht viel, irrsinnig viel. Deswegen darf man sie auch ein Theatertier nennen.

›Lebenslänglich‹ hat sie an jenem Abend gerade hinter sich, eine Herz-Schmerz-Revue mit Schauspielern, Musikern und Akrobaten. Die Sache ist irgendwie ein bißchen danebengegangen, doch niemand will ihr ernsthaft böse sein. Die Kati, wie sie alle nennen, darf das. Sie wird geliebt von den Theaterleuten und den Leuten, die ins Theater gehen, die ihretwegen auch mal in den »Wintergarten« gehen, der dem nicht sonderlich beliebten Berliner Show-Krösus Peter Schwenkow gehört. Unterhaltung, sagt sie, ist in diesem Lande sehr schwer zu machen. Entertainment hält man hierzulande immer noch für ein Schimpfwort. Und deswegen war diese »Wintergarten«-Sache nicht bloß ein Ausflug in die Gefilde der U-Kultur, wie das die schubladenversessenen Kritiker immer nennen. Katharina Thalbach läßt sich kein E für ein U vormachen. Mit Lessings ›Minna von Barnhelm‹ hat sie vor ein paar Jahren gezeigt, wie saukomisch ein deutscher Klassiker sein kann – und daß hinter den hehren Buchstaben dramaturgischer Gesetze die blanke Fleischeslust lauert.

Apropos Schwenkow. Dem gehört jetzt auch das »Schiller-Theater«, und dort hat 1987 die Karriere der Regisseurin Katharina Thalbach mit einem richtigen Hammer begonnen. ›Macbeth‹ hatte die Debütantin in einen heißen Hexentanz verwandelt – und dabei selbst die Hekate, die Herrin der Unterwelt, ge-

Katharina Thalbach

spielt. In der Rückschau zählt diese Shakespeare-Inszenierung zu den wenigen erinnerungwürdigen Momenten in der langen Agonie der ehemals Staatlichen Schauspielbühnen, die der Senat im Sommer 1993 aufgab. So wie im Leben, gibt es auch im Theater keine Zufälle, sondern nur verrückte Fügungen. Als an der Bismarckstraße am 4. Oktober 1993 der allerletzte Vorhang fiel, stand Katharina Thalbach mit Tränen in den Augen auf der Bühne. Benno Besson, ihr Vater, hatte Regie geführt. Das Stück hieß ›Weißalles und Dickedumm‹. Eine Clownsgeschichte. Theater, sagt Katharina Thalbach, ist die Form zum Überleben.

Sie ist Berlinerin, und sie lebt in Berlin. Es gibt auch eine Berliner Telephonnummer von Katharina Thalbach: die ihrer Assistentin. Nicht etwa, daß sie sich verstecken wollte. Aber sie hält sich doch für einen scheuen Menschen. Und Arbeit, pausenlose Arbeit bietet einen starken Schutz. Und schließlich weiß die Assistentin am besten, in welchem Stück sie gerade steckt. Bei ›Mutter Courage‹ in Hamburg, bei Shakespeare in Paris, bei Hauptmanns ›Ratten‹ in Berlin. Immer ein bißchen außer Atem.

Lange Zeit gab es so gut wie keine Regisseurinnen im deutschsprachigen Theater. Da hat sie, womöglich unbewußt, eine Mauer durchbrochen. Aber sie war auch schon, als sie mit dem Regieführen anfing, eine berühmte Schauspielerin.

Man könnte nicht sagen, daß sie eines Tages zum Theater kam, nach Schauspielschule, Hospitanz oder dergleichen. Sie wurde ins Theater hineingeboren. Sie hat nie eine Schauspielschule besucht. Alles war Praxis. Ihre Mutter, Sabine Thalbach, war Schauspielerin, ihr Vater Intendant und Regisseur. Benno Besson, ein Schweizer in Ost-Berlin. Mit vier trat die Kati zum ersten Mal im Fernsehen auf, mit fünf war sie schon beim Film. Die Mutter starb früh, und Katharina Thalbach kam zu Helene Weigel ans »Berliner Ensemble«. Eine Hure in Brechts ›Dreigroschenoper‹, noch in der Uralt-Inszenierung von Erich Engel, war ihre erste Rolle. Damals wurde eine junge, blutjunge Neubesetzung gesucht.

Die Polly in der ›Dreigroschenoper‹ gehört zu ihren drei Lieblingsrollen. Die beiden anderen sind der außerirdische Rotzlöffel in Coline Serreaus Komödie ›Hase Hase‹ und Kleists ›Käthchen von Heilbronn‹. Das Käthchen – bei Jürgen Flimm in Köln – war einer ihrer ersten Auftritte nach der Übersiedlung in den Westen. Zusammen mit ihrem damaligen Partner, dem Schriftsteller Thomas Brasch, hatte Katharina Thalbach 1976 die DDR verlassen. Er ging aus künstlerischen, politischen Gründen, sie folgte ihm. Sie sagt, daß das Politische für sie nicht die entscheidende Rolle gespielt habe. Sie war damals Anfang Zwanzig und setzte anscheinend bruchlos ihre Karriere fort. Die Maria in Volker Schlöndorffs ›Blechtrommel‹ war ihr erster Kinoerfolg im Westen.

Merkwürdig – sie spielt so viele Film- und Fernsehrollen und wird doch zunehmend vom Theater beansprucht. Auch wenn sie das »Schiller-Theater« verloren hat, auch wenn die Verhältnisse nicht so sind, daß sie ans »Berliner Ensemble« zurückkehren möchte. Jetzt scheint Katharina Thalbach an einer anderen Berliner Bühne so etwas wie ein Zuhause gefunden zu haben – im alten Osten. Und mit Katharina Thalbach schiebt sich das kleine »Maxim-Gorki-Theater« aus dem Windschatten der großen Häuser heraus. Unter den Linden wird plötzlich ein Theater gespielt, das sich eine verloren geglaubte Popularität zurückgewinnt.

Katharina Thalbach inszeniert Carl Zuckmayers ›Hauptmann von Köpenick‹. Das war an sich schon eine ziemlich brillante Idee. Doch weil sie das Märchen vom armen Schuster, der die Obrigkeit bloßstellt, partout mit Harald Juhnke besetzen wollte, bekam das Unternehmen einen genialischen Anstrich. Juhnke, der Showstar, strebte stets ins Charakterfach, und die Thalbach, die mit Shakespeare und mit Brecht ihre Regiearbeit begann, hält jede Unterscheidung von seriösem und unterhaltsamem Theater sowieso für kriminell. Würde sie diesen altmodischen, ins Triviale abgerutschten ›Köpenick‹ mit den Erfahrungen des neuen Berlin auffrischen, mit Juhnke und all dem dazugehörigen Rummel?

Was dann auf der Bühne des »Gorki« geschah, war so etwas wie die Wiedergeburt der Berliner Posse, richtig rührend mit Schmalzstulle und Musike. Und irgendwie harmlos. Juhnke war gut, Juhnke hielt durch. Und Katharina Thalbach hatte hübsche Einfälle gehabt. Und sie zeigte etwas von sich, was immer schon ein wenig zu ahnen gewesen war: einen Hang zum Sentimentalen und Versöhnlichen. Die Medien hatten nach einem Fehltritt gedürstet. Und Juhnke machte ihnen das Geschenk und ließ die eine oder andere Vorstellung absagen. Katharina Thalbach meint es ernst, wenn sie sagt, Theater ist die Form zum Überleben. Sie läßt im Theater nichts verkommen. Also zieht sie, wenn Juhnke sich krank meldet, die Uniform an und marschiert als Hauptmännin auf die Bühne. Die Zuschauer, die stundenlang für Juhnke-Karten angestanden haben, trauen ihren Sinnen nicht. Da gibt es jemanden, der vielleicht noch schöner berlinern kann, als ihr unübertrefflicher Harald, und durchdringender sowieso. Da ist einer – nein eine – zackiger als der berühmte Schlaks. Im Jargon der Theaterkantine hörte sich das ein bißchen anders an und ist doch lieb gemeint. Harald Juhnke über Katharina Thalbach: Die säuft genausoviel wie ich, sie macht nur nichts draus.

Hosenrollen stehen ihr. Hasenrollen auch, wie man gesehen hat. Man glaubt Katharina Thalbach auch sofort, wenn sie sagt, die Grande Dame sei nicht unbedingt ihr Fach. Burschikos – ein altertümliches Wort. Aber es paßt zu einer Erscheinung, die sich zwischen Göre und guter Seele bewegt. Katharina Thalbach sieht sich selbst gleichzeitig als junges Mädchen und als alte Frau. Das ist die Perspektive einer Schauspielerin, ihr Blick auf den stetigen Rollenwechsel. Wahr ist, daß sie eine erwachsene Tochter hat. Anna Thalbach hat sich den Beruf der Mutter und der Großmutter ausgesucht. Wie in einer Zirkusfamilie. Und ›Alles auf Anfang‹, wie die Filmkomödie heißt, in der Katharina Thalbach eine Regisseurin spielt: Tochter Anna spielt auch schon am Berliner Ensemble.

Eines Tages wird auch Katharina Thalbach an den Schiffbauerdamm zurückkehren. An der Volksbühne, wo Papa Besson in den siebziger Jahren Intendant war, hat sie schon mal einen kleinen Auftritt gehabt, im November 1996, zum siebten Jahrestag des Mauerfalls. Denn sie muß viel machen, immerzu irrsinnig viel. Und ein festes Theater wäre ihr dann doch am Ende wie ein Brett vor dem Kopf. Sie braucht das Familiäre, um immer wieder abzuhauen.

Rüdiger Schaper

Ideen wollen nie ins Bett

Marc Wohlrabe, der große Kommunikator

Das erste Tageslicht erleuchtet die Häuserfassaden, in denen man noch Einschußlöcher von 1945 sieht. Aus dem Hinterhof pocht ein House-Rhythmus, derangierte Mädchen stolpern auf ihren Plateausohlen nach draußen. Es ist nicht ganz klar, ob sie bemerkt haben, daß es schon sieben Uhr morgens ist. Wo gehen wir jetzt hin? Ins »Suicide«, »Delicious Doughnuts« oder in den »Toaster«? Nirgendwo auf der Welt ist die Ausgehgegend so konzentriert wie in Berlin-Mitte. Im Prenzlauer Berg kann man hocken und Bier trinken, aber in der Mitte wird getanzt.

Ach, und Kreuzberg ... Da ist seit der Maueröffnung wirklich die Luft raus. Schon bevor David Bowie und Iggy Pop in den siebziger Jahren nach Berlin zogen, weil sie sich in London und New York langweilten, war das Nachtleben der größte Freizeitwert der Stadt. Zumindest für Künstler, Studenten, Hedonisten und drogensüchtige Saxophonisten, also achtzig Prozent der Bevölkerung unter dreißig Jahren. Die Partyindustrie, die das Dauerereignis Berliner Nachtlebens seit Jahrzehnten zu einem wichtigen Wirtschaftsfaktor gemacht hat, braucht natürlich auch ihre Unternehmer, die im Hintergrund die Fäden ziehen. Die einflußreichsten sind die Clubbetreiber vom »E-Werk«, deren Kollege Dimitri vom »Tresor«, DJ Dick und Westbam vom ›Low Spirit-Label‹, Jürgen Laarmann vom Techno-Magazin ›Frontpage‹.

Und Marc Wohlrabe. Er ist Herausgeber des DIN-A6-großen ›Flyers‹, benannt nach den bunten Flugblättern, die in Clubs verteilt werden, um auf die nächste Party hinzuweisen. Das Veranstaltungsmagazin erscheint alle zwei Wochen in Berlin, einmal im Monat in Hamburg, Nordrhein-Westfalen, Frankfurt und München; Leipzig, Wien und Kopenhagen folgen demnächst. Dort liegt es kostenlos in Clubwearläden, Musikgeschäften und bei Szenefriseuren aus und zeigt den Weg zu

Marc Wohlrabe

Acid-Jazz, Techno, Drum & Bass und HipHop. Ganz zu schweigen von Trance, Low-Fi, Easy Listening, Jungle und deren Unterarten und Vermengungen wie Trip Hop, Ambiente, Gabber ...

Marc Wohlrabe ist ein umtriebiger Macher. Wer ihm gegenübersitzt, in seine ruhigen braunen Augen blickt, fühlt sich bald in sein Netz der Verbindungen miteinbezogen. Es gibt niemanden in der gesamten deutschen Partyindustrie, der nicht schon mal mit dem großen Kommunikator zu tun hatte. Eine seiner Mitarbeiterinnen klopft mit der Faust in die Luft: »Das ist die typische Handbewegung von Marc.« Ist es ein Türklopfer oder sein Tanzstil?

Nachts sieht man ihn bei allen wichtigen Kino-Premieren, Eröffnungen und Parties. »Ich bin schon mit fünfzehn Jahren intensiv ausgegangen, bis sieben Uhr früh, und ich gehe immer noch gerne aus. Während die andern sich betrinken, sitz' ich vielleicht nur da und denke nach. In unserer Branche arbeitet man mit Ideen, und Ideen gehen nicht um acht Uhr ins Bett.« Seine Agentur »brainbox« ist ein luftiges, loftiges Großraumbüro. Über ein internes Mailsystem sind die Computer aller ›Flyer‹-Redaktionen in Deutschland verbunden. Von dort werden die Informationen und Termine nach Berlin übermittelt, wo die regionalen Ausgaben layoutet und gedruckt werden, wie beim Stadtzeitungskonzern ›Prinz‹. Glas- und Schiebetüren trennen Graphik, Redaktion, Buchhaltung, Photostudio und ein extrem umfangreiches und seltsam ordentliches Archiv von Szenemagazinen und Flugblättern. Eine wahre Fundgrube für jeden, der sich für das Design der letzten zehn Jahre interessiert. »Hier, das ist die erste Ausgabe von ›Frontpage‹. Nicht mal deren Redaktion hat die.«

Mit einem winzigen Büro und zwanzig-Stunden-Schichten fing es vor ein paar Jahren an, jetzt verdienen hier vierundzwanzig Menschen ihren Lebensunterhalt, zwei werden zum Verlagskaufmann ausgebildet. »Die meisten, die hier arbeiten, machen auch noch andere Sachen, sind DJs, Musiker oder Veranstalter. Ich erwarte Passion und Professionalität. Und Freundlichkeit. Wer hier mit so einer Flappe auftaucht, den kann ich nicht brauchen«, meint der vierundzwanzigjährige Arbeitgeber. Er sieht den ›Flyer‹ als Nachfolger der Stadtzeitungen, die mit ihren Machern gealtert seien. »Der ›Flyer‹ ist ein urban magazine. Wir vertreten die Generation der Achtzehn- bis Fünfundzwanzigjährigen. Monatlich erreichen wir 170 000 Leser in ganz Deutschland.« Der Titelschriftzug des ›Flyers‹ ist bei jeder Ausgabe anders gestaltet, mal im Design von Melitta, dann wie Alete, Osram oder die Falk-Pläne. »Für die war das ganz schlimm, Anarchie. Andere Firmen buchen bei uns, daß wir deren Schriftzug als Titel verwenden.« Dreißigtausend Mark kostet das.

Als hätte der gelernte Verlagskaufmann mit Werbeagentur, Verlag, Partyveranstaltungen und Label-Aktivitäten nicht genug zu tun, hat er nach dem Tod seines Vaters auch die Geschäftsleitung des Familienunternehmens übernommen. Schon sein Großonkel, Zahnarzt und Chef der Quäker in Deutschland, war Filmverleiher. »Jugendfilm ist der älteste deutsche Filmverleih, der größte unter den Independents. Wenn ich Scheiße baue, hänge ich drin, da steht keine Gesellschaft dahinter, die dann eine Million nachschiebt.« Mit zwölf half er seinem Vater bei der Arbeit im Filmverleih: »Klar, Papa, ›Ronja Räubertochter‹ ist toll.« David Cronenbergs ›Crash‹ ist der letzte Film, den mein Papa gekauft hat. Es geht um sexuelle Erregung bei selbstverursachten Autounfällen.« Marc grinst. »Wir haben ihn gemeinsam ausgesucht. Jetzt wird die Firma umgebaut. Jugendfilm war ein Wal, auf einen Patriarchen zugeschnitten. Ich bin für Teamwork. Als erstes habe ich überall Glastüren reingebaut.«

Nach einem Wasserschaden steht seine kleine Eigentumswohnung leer, und so wohnt er seit zwei Jahren bei seiner Freundin und deren zwei Kindern in Schöneberg, mit Kohleofen und ohne Dusche. Aus Zeitmangel bleibt die Wohnungssuche im Konjunktiv stecken. »Nach Sachwerten bin ich sicher Millionär, aber wie alle reichen Leute habe ich wegen permanenter Investitionen Schulden.« Sein Vater war Bundestagsabgeordneter der CDU und Präsident des Berliner Abgeordnetenhauses. Wäre Politik nicht auch was für ihn? Er lächelt, zögert, als wolle er einen Kindheitstraum oder ein Geheimprojekt nicht vorzeitig verraten. Er lächelt noch mal, als würde er gerade was Leckeres essen und schaut zur Decke: »Ja, hm. Ich habe schon darüber nachgedacht. Aber nicht die Ochsentour. Hm. Ja, hm ...«

Lorenz Schröter

Die Brandmauer

von Elke Schmitter

Keine Berliner Erfindung, aber hier in einer Häufung anzutreffen, die sie, neben den Trümmern der Gedächtniskirche, zu einem Wahrzeichen der Hauptstadt macht. Nirgendwo sonst bricht sich der Blick so oft an einer grauen Fläche, aus deren aufgeplatztem Firnis Ziegelsteine modernd grüßen, nirgendwo sonst hat die kompakte Öde von farblosem Putz eine solche Verbreitung aufzuweisen. Das hängt damit zusammen, daß nirgendwo sonst wie in Berlin Deutschland so offensichtlich seinen letzten Krieg verloren hat; hier weiß man es nicht nur, hier sieht man's auch. Überall gibt es noch Löcher, riesige, verschwenderische Hohlräume, die zu verbauen bis Ende 1989 nicht den rechten Profit abwarf.

In anderen Städten spricht man von Häuserzeilen, und aus den Fenstern schaut man auf andere Fenster; das hat etwas Urbanes, Nachbarschaftliches, was die Menschen sehr glücklich machen kann. Man sieht da Gardinen, Geranien, eine Gerda oder einen Gerhard, man fühlt sich irgendwie beheimatet und aufgehoben. In Berlin schaut man auf Löcher, zwischen den Löchern stehen Häuser, aus diesen Häusern schauen Fenster, aus denen Menschen auf Löcher schauen, die an einer Brandmauer enden. Eine kleine Unruhe auf dem Immobilienmarkt hat kürzlich erst dafür gesorgt, daß manche dieser Löcher Büropalästen weichen mußten: Auch das scheint nun wieder vorbei. Die Mauer ist gefallen, die Brandmauern aber, die bleiben. So daß man niemals vergißt, wo man ist.

Ein Spaziergang durch Berlin im Jahr 2010

Einschweben in die deutsche Hauptstadt: Der ICE hat sich auf seiner erhöhten Trasse durch Charlottenburg und das Hansaviertel gewunden. Wir überqueren bei Schloß Bellevue die Spree und schwenken in das neue Diplomatenviertel ein. Rechts auf dem Moabiter Werder schieben sich die luxuriösen Wohntürme heran, in denen die Bundestagsabgeordneten während der Sitzungsperioden wohnen. Dann fädelt sich der Zug in die gläserne Röhre des Hochbahnsteigs ein, die zwei Stockwerke über der Erde in einer sanften Kurve den Würfel des neuen Berliner Zentralbahnhofs durchstößt.

Eine der vielen Rolltreppen bringt mich rasch hinab in die zentrale Halle des Bahnhofs, von der aus weitere Rolltreppen und Aufzüge hinunterführen zur Nord-Süd-Schnellbahnstrecke und zu den neuen S- und U-Bahnlinien, die hier in kilometerlangen Tunneln das Berliner Zentrum durchqueren. Ich begebe mich hinaus auf den streng geometrisch gefaßten Platz vor dem Bahnhof. Auf der weiten Fläche versiegen die Ströme der Passanten rasch. In erschreckender Monotonie sind Einheitsblöcke am Platzrand aufgereiht. In diesem synthetischen Raumgebilde erfaßt mich das ungute Gefühl, als menschliches Versatzstück auf einem übergroßen Architekturmodell ausgesetzt worden zu sein; irgendwann wird die Hand des Architekten aus dem Himmel herunterstoßen und mich wie eine Schachfigur beiseiteschieben.

Dieser Platz am Spreebogen – er gibt den Blick frei auf die Regierungsbauten und das Bundes-Ei über dem Reichstag – trägt den Namen des »Kanzlers der Deutschen Einheit«. In den Jahren der »Mauer« endete die »Freie Welt« hier in einem trostlosen Ruinenverhau; heute kreuzen sich über und unter dem Helmut-Kohl-Platz inmitten eines gepflegten Stadtquartiers europäische Fernzüge und Regionalschnellbahnen im Minutentakt. Ich gehe über die Moltke-Brücke auf die beiden ausladenden Riegel zu, die sich wie Schranken im Parkgelände des Spreebogens querlegen. Den rechten Arm der »Regierungsmauer«

bildet das Kanzleramt. Eine skulpturale Landschaft von ausgeprägter Eigenart tut sich hier auf. Die Architektur ergeht sich nicht in Herrschaftsgesten, sondern in künstlerisch freien Formen. Die niederen Funktionen des Amts sind wohl in den langen Zeilenbauten entlang den Außenmauern untergebracht. Der Kanzlerturm steigt zwischen den flankierenden Längsriegeln in fast frivoler Formenunbekümmertheit auf die doppelte Höhe an und grüßt mit riesigen Glasfronten und eigenwillig geschnittenen Wandscheiben hinaus ins Land.

Das vom Kanzler-Riegel definierte »Band des Bundes« wird vom Alsenblock, dem Haus der Abgeordneten, linear fortgesetzt und beim Reichstag bis über die Spree hinüber verlängert. Die lange Stange beherbergt eine endlose Aufreihung von Büro- und Konferenzräumen und jenseits des Flusses die Parlamentsbibliothek. Dem Architekten ist es gelungen, diese Verwaltungskaserne geschickt zu rhythmisieren. Die lange Gebäudeflucht scheint zu atmen. Eine glasüberdachte Passage durchschießt als Korridor das Haus in ganzer Länge. Die beiden seitlich angelagerten Amtsstubentrakte ziehen sich in regelmäßiger Folge von der Außenkante zurück, sie mäandern um große abgesenkte Höfe herum. In diesen acht Höfen sind regionaltypische Gärten angelegt; sie sollen etwas von der natürlichen Vielfalt der deutschen Landschaften ins Haus der Volksvertreter hereinholen.

Vom Alsenblock schwenke ich hinüber zum Reichstag. Vor dem Besuchereingang stauen sich die Touristen, die den Politikern aufs Dach steigen und bei der Arbeit auf die Finger sehen wollen. Ein vom parlamentarischen Innenleben separierter Lift bringt die Neugierigen ins oberste Stockwerk vor die gigantischen Glaswände, die den Plenarsaal allseits umgeben. Von dort kann man hinunterschauen auf das müde Treiben der Partei-Lurche und -Chamäleons unten im Bundes-Terrarium.

Die Besteigung des Reichstags lohnt sich aber vor allem wegen der Aussicht von den Dachterrassen. Den Aufstieg auf die Kuppel könnte man sogar als alpine Sensation bezeichnen. In einer atemberaubenden Spirale führt der Weg in der gläsernen Schale des Riesen-Eis hinauf zu einer Plattform in der Kuppelspitze. Wer von dort oben einen Blick nach innen in die Tiefe des parlamentarischen Eierbechers riskiert, sollte sich festhalten. Er schwebt in luftiger Höhe über der Sitzordnung und über dem Bundesadler, der in mitleiderregender Kreuzigungspose unten an der Wand festgedübelt ist. Von den Aussichtsplattformen des Reichstags aus lassen sich die gewaltigen Gebäudemassen des neuen Regierungsviertels leicht definieren. Hinter dem Parlament schieben sich die Dorotheenblöcke in Richtung Friedrichstraße vor. Die weite Freifläche vor dem Reichstag – der Platz der Republik – wird erst als Einheit zu begreifen sein, wenn der Neubau des Bundesrats sich am andern Ende als Pendant aufbaut.

Nebenan im Spreebogen, beim Alsenblock und beim Kanzleramt, ist die deutsche Einheit schon jetzt stadträumlich wirksam. An dieser Stelle war Berlin fast ein halbes Jahrhundert lang durch die Mauer zerschnitten. Seit einigen Jahren verknüpft das »Band des Bundes« die beiden getrennten Hälften in architektonisch eindrucksvoller Weise miteinander: Die kräftige Spange schmiedet die auseinandergesprengten Stadtteile Mitte und Tiergarten wieder zusammen. Die Exekutive wirkt hier also nicht als Besatzer wie drüben in den engen Straßen der Friedrichstadt, sie stiftet mit ihren Bauten eine sichtbare Einheit, sie klärt die räumlichen Verhältnisse und formt eine neue symbolische Mitte.

Die problematischen Partien des neuen Berlin und der zweiten Gründerzeit sind also nicht hier im Parlamentsviertel zu suchen. Vom Reichstagsdach aus sind sie allerdings leicht zu orten. Die fetten Betonschollen, die sich im Süden des Tiergartens zusammengeschoben haben, lassen etwas von der stadträumlichen Havarie ahnen, die das Großkapital am Potsdamer Platz verursacht hat. Und drüben im Osten, am Alexanderplatz, scheint die Nadel des Fernsehturms der Herde ungeschlachter neuer Wolkenkratzer etwas wie Rhythmus beibringen zu wollen. Schauen wir's uns an.

Am Potsdamer Platz

Hätte Lessing, als er 1890 den Denkmalsockel am südlichen Rand des Tiergartens bestieg, geahnt, was sich im 20. Jahrhundert vor seinen Augen abspielen würde, hätte er sich wohl nicht ganz so entspannt in Pose gestellt. Erst wurden prächtige Stadthäuser gebaut, dann wurden sie zerbombt und abgetragen; dann wurde die gräßliche Mauer durch das leere Feld gezogen, später wurde sie wieder zertrümmert und weggekarrt; jetzt ragen glitzernde Bürohauswände gen Himmel. Und jeder, der vorbeikommt, fragt sich, warum ausgerechnet diese waghalsigen Massierungen, die gar nicht erst den Versuch machen, mit dem angrenzenden Park zu kommunizieren, hier stehenbleiben sollen.

Ich wage mich durch die Bellevue-Straße, in der sich die Großkonzerne dröhnende Architektur-Gefechte liefern, zu der chaotischen Straßenkreuzung namens »Potsdamer Platz« vor. Wer hier zu Fuß ankommt, hat Mühe, sich auf der zerstückelten Fläche zurechtzufinden. Sieben unterschiedlich definierte Straßenzüge münden ineinander. Auf den tortenartig spitzen Grundstücken zwischen den Straßen schieben Wolkenkratzer-Zwerge, heftig um Aufmerksamkeit buhlend, ihre spitzen Nasen nach vorn. Der eine lockt mit einer gekurvten Wange aus Glas, der nächste mit einer gekappten Chilehaus-Klinkernase, der dritte dringt mit einem irgendwie bebrillten Spitzerker auf den Gehsteig vor. Doch das wilde Grimassieren dieser Kopfbauten gilt nicht ihrem banalen Inhalt, sondern den Bauten dahinter. Wie die Türsteher in einem Rotlichtviertel versuchen die Türme die Vorbeikommenden von der Straße wegzulocken und nach hinten zu ziehen in die Etablissements im Innern des Blocks.

So winkt der Sony-Turm die Leute in eine überkuppelte ovale Riesenhalle hinein, die wie der Kontakthof eines Eros-Centers mit Kunstpalmen, Gummibäumen aller Art, mit Bars und Sitznischen pseudowohnlich aufgemöbelt und musikalisch aufdringlich beschallt ist. Hier hat der Konzern alles getan, um vom eigentlichen Zweck der im Kreis rotierenden Baumassen abzulenken und weltstädtisches Leben zu simulieren. Ein Hotel, ein Kinocenter, Läden und Restaurants sollen vergessen machen, daß diese architektonische Luxusschatulle eine der monströsesten Büroraum-Akkumulationen der Stadt ist.

Noch größer sind die Versprechungen, die das Daimler-Benz-Ensemble macht. Auf der Trasse der Alten Potsdamer Straße führt eine Allee diagonal bis zu einer »Piazza« und einem großen Entertainment-Komplex mit Spielbank und Musicaltheater. Diese grüne Achse erweist sich als Sackgasse; sie führt von den eigentlichen Sehenswürdigkeiten der Umgebung, den Museen, Konzertsälen und Bibliotheken am benachbarten Kulturforum weg: Der neue Theater-Casino-Bau grenzt mit dem Rücken an den undurchdringlichen Querriegel der Staatsbibliothek. Die Wege des Daimler-Debis-Blocks enden also vor einem doppelten Hindernis. Sie münden auf eine ehrgeizig gestaltete Piazza am Wasser, die schon deshalb kaum besucht wird, weil der künstliche See Automobile ausspeit: Mitten in der Wasserfläche öffnet sich der riesige Mund des Tiergartentunnels; die autobahnbreite Schnellstraße, die im Norden beim neuen Zentralbahnhof in den Untergrund geht, kommt hier, kurz vor dem Landwehrkanal, dröhnend wieder ans Tageslicht.

Architektonisch haben die Bauten des Daimler-Dreiecks durchaus Niveau. Doch gerade die Ballung architektonischer Intelligenz macht die absurde Diskrepanz zwischen Form und Inhalt deutlich. So differenziert die Hüllen auch sein mögen – jeder Bau enthält exakt die gleichen Normbüros wie sein Nachbar. Die als Herzschrittmacher implantierten Kultur- und Unterhaltungseinrichtungen bleiben Dekor in einer hochverdichteten Schreibtisch-Landschaft. Ihr Nutzen läßt sich etwa mit dem einer Designer-Krawatte beim Telephonieren vergleichen.

Die von Prokuristen erträumte Megastadt am Rand der City entwickelt also keine eigene Vitalität. Wer hier einen historischen Rückblick riskiert, kommt zu einem vernichtenden Fazit: Am neuen Potsdamer Platz gehen abends genau in dem Moment die Lichter aus, in dem am alten Potsdamer Platz das Leben begann.

Vom Alex zum Schloß

Berlin Alexanderplatz. Ich suche Franz Biberkopf. Vor neunzig Jahren hat er hier zwischen ratternden »Elektrischen« und klaffenden Baugruben Zeitungen verkauft. Wie sieht er heute wohl aus, der haftentlassene Transportarbeiter? Was könnte er hier auf dem marmorstrotzenden Platz zwischen den ragenden Hotel- und Bürotürmen oder unter den gläsernen Firmamenten der Shopping Malls verkaufen? Man hätte ihn wohl längst aus den streng bewachten Zonen des neuen Pseudo-Luxus vertrieben. Nicht einmal an den Lifts zur U-Bahn dürfte einer wie er die Hand aufhalten. Franz Biberkopf, das wird mir beim Herumgehen klar, wäre heute wohl einer der vielen, die sich mit Zeitungsresten unter der nahen S-Bahnbrücke häuslich eingerichtet haben.

Die Gegensätze sind schrill hier am neuen Alex. Dabei ist das, was sich vor mir als synthetisches neues Herz der City Ost aufbaut, keineswegs besonders eindrucksvoll. Wo sich in DDR-Tagen eine städtebaulich kaum gebändigte Freifläche zur Stalin-Allee hin öffnete, gruppieren sich heute zehngeschossige schwerfällige Büro- und Kaufhausklötze um ein verkehrsfreies Platzgeviert. Doch den Eindruck beherrschen nicht diese monoton gerasterten Figuranten der Berliner Traufhöhe im Vordergrund, sondern die Hochhaustürme, die über den vorgeschobenen Blöcken emporragen oder wie erhobene Zeigefinger durch die Lücken hindurchgrüßen.

Am Alexanderplatz hat Neu-Groß-Berlin sich also hinter vorgehaltener Hand amerikanisch zu artikulieren versucht, doch zu vernehmen sind nur Brocken im Berliner Dialekt. Die neue hauptstädtische Mittelmäßigkeit – hier feiert sie einen ihrer größten Triumphe. Hätten sich in den Blöcken nicht einige Kaufhäuser eingerichtet und in den gläsernen Galerien die notorischen Kettenläden, gäbe es für die Bewohner der umliegenden Quartiere keinen Grund, sich zwischen den abweisenden Bürohausmaschinen zu tummeln. In den Cafés am Platz sitzen jedenfalls nur Touristen, die nach den Resten der Alex-Legende Ausschau halten.

Ich werfe eine Münze in Biberkopfs Mütze und gehe unter der Bahn hindurch am Fernsehturm vorbei in Richtung Rathaus und Schloß. In diesem Bereich zwischen Bahnhof und Spree hat die DDR nach den schweren Kriegszerstörungen ein Stück Ur-Berlin abräumen lassen. Nur die gotische Marienkirche durfte als ein von Gott verlassener Altstadtrest irrational schräg am Rand der neuangelegten Rasengeometrie weitervegetieren. Diese gewaltsame Ausschabung im Zentrum hat damals nicht Licht und Leben in die Stadt gebracht, sondern einen weißen Fleck erzeugt, ein zugiges Stück Niemandsland, auf dem selbst Hunde nichts zum Schnuppern fanden. Wäre seinerzeit nicht die Ersatzidylle an der Nikolaikirche zusammengebastelt worden, hätte man das Mittelalter aus der Geschichte Berlins streichen können. Seither drängen die Besucher Ost-Berlins in die nachinszenierte Enge. Zum öde ausufernden Marx-Engels-Forum aber und zu den beiden Herren in Bronze, die dort als Pendant des Fernsehturms am Ende der gewaltsamen Grünachse an der Spree ausgesetzt worden sind, hat sich schon damals kaum jemand hinverirrt.

So war es fast selbstverständlich, daß sich nach der Wende die Planer hier um eine Korrektur, um eine urbane Rückverdichtung bemühten. Fast jedes Mehr an Bauten, jeder Schritt in Richtung »Neue Altstadt«, mußte als Gewinn empfunden werden. Doch was dann ersonnen wurde, ist nur auf dem Reißbrett verständlich. Die Leere wurde zerstückelt, doch nicht kontinuierlich gefüllt. Die verteilten Neubauten konzentrieren sich um wenige Brennpunkte; sie nehmen jeweils frontal Kontakt auf zu einem der historischen Solitäre, definieren mit ihm einen Platzraum, den es so nie gegeben hat. Mit ihren Rückseiten aber vermögen sie nicht klarzumachen, warum sie genau an dieser Stelle diese Figur bilden müssen. Sie verunklären die historischen Altstadt-Strukturen, die sie nachzuziehen vorgeben, hinterlassen ein Flickwerk aus Restflächen und -gärten, das keine urbane Qualität entwickelt.

Schon in der Rathausstraße nimmt mich die gebaute Groteske des Zwitters Kulturpalast/Kommerzschloß jenseits der Spree gefangen. Man muß um das Kalb mit den zwei Köpfen herumgegangen sein, um die Mißgeburt begreifen zu können. Hier hat jahrhundertelang das Berliner Stadtschloß gestanden; dann hat der Palast der Republik hier gestanden; und nun stehen beide Monumente nebeneinander und behindern sich gegenseitig.

Die Bauverantwortlichen von Berlin haben es also nicht gewagt, den real existierenden Kulturpalast der Sozialisten abzureißen; sie haben es aber auch nicht gewagt, das Luftschloß der Kapitalisten abzulehnen. Und so werden wir jetzt Zeuge einer monströsen Geburt: Aus der schmutzigbraunen Glasflanke des angejahrten modernen Palasts wachsen die leuchtenden Fassaden des nagelneuen Barockschlosses heraus. Für den Eosander-Trakt und den großen Hof des Hohenzollern-Schlosses hat der Platz vor dem Palast immerhin gereicht. Zwar bewegt sich hinter den zahllosen Fenstern des kaiserlichen Renditeobjekts derzeit noch recht wenig; doch als pompöse Eingangsinszenierung vor dem spröden sozialistischen Kulturhaus macht sich die frisch vergoldete halbe Preußen-Residenz ganz vorzüglich.

Irgendwann wird einer der beiden ungleichen Zwillingsbrüder wohl den anderen verschlingen. Wenn erst einmal Leben eingezogen ist in den feudalen Fluchten, wird irgendwann nachts ein grauenhaft gieriges Saug- und Schlinggeräusch zu hören sein; ein Splittern und Krachen von Stahlbeton, Glas und Asbest wird folgen; und am Morgen, nach einem letzten Rülpser, wird der Palast der Republik aus Berlin verschwunden sein, so wie das Preußenschloß eines Morgens aus der Stadtlandschaft verschwunden war, als die Sozialisten freie Sicht haben wollten.

Natürlich werden die neuen Schloßherren nach dieser kannibalischen Nachtaktion ihr Mietobjekt bis zur Spree verlängern; sie werden es dort, wo einmal die verwinkelten Renaissance-Trakte standen, in irgendwelchen geliehenen Barockformen zu Ende bauen, doch ohne würdigen Inhalt kann die aufgeblasene Hülle den prominenten Platz am Kreuzungspunkt der großen Stadtachsen nicht beleben. Die Verwaltungs- und Kommerz-Residenz zeichnet zwar die alte städtebauliche Figur nach, gibt der Straße Unter den Linden wieder ihr perspektivisches Ziel und dem Lustgarten seinen räumlichen Abschluß. Doch die Kulissenhaftigkeit der Inszenierung ist fast mit Händen zu greifen.

Wer hier auf der Spreeinsel etwas vom Glanz Alt-Berlins wiederfinden will, der muß durch den Lustgarten zu den Staatlichen Museen hinüberwandern; sie sind in den letzten Jahren umfassend restauriert, neu geordnet und untereinander geschickt verbunden worden. Selbst ein flüchtiger Rundgang durch die fünf architektonisch eindrucksvollen Schatzkammern macht schon klar, daß hier etwas gelungen ist, was die Schloßattrappe, die hilflosen Neubauten in der ehemaligen Altstadt und auch die halbherzigen Wolkenkratzer am Alex nicht geschafft haben: Auf der Museumsinsel ist im Miteinander von Alt und Neu ein Stück Weltstadt wiedererstanden.

Gottfried Knapp

Hundekacke

von Evelyn Roll

Woran man andernorts einwandfrei den Berliner erkennt? Zum Beispiel am Zickezacke. So vielleicht: In einem Verlag zu München arbeitet seit einiger Zeit eine junge Frau. Vor kurzem wurde sie von beherzten Kollegen schließlich doch einmal befragt, was sie denn da eigentlich immerzu für eine minirocksprengende Übung veranstaltet, wenn sie aus dem Auto aussteigt und warum sie sich überhaupt an jedem Grünstreifen als Weitspringerin beweise. Ja, habt ihr denn hier keine Dings, keine, wie soll ich sagen, keine Zickezacke Hundekacke, hat die junge Frau geantwortet. Und damit war's raus.

Bei ihr zu Hause hilft die Zickezacke-Slalom-Macke allerdings schon lange sowieso nicht mehr. In Berlin ist jetzt Reintreten sportlich. Und lustige Werbespots mit Reintreten sind auch ganz schrecklich in, für Hauptstadtzeitungen besonders. Weil das hier in Berlin sogar noch schlimmer ist als in Wiesbaden. Weil wir unsere Tölen hier noch etwas mehr liebhaben als unsere Bürgersteige. Und weil wir natürlich auch nicht jedesmal in den Wald fahren können, nur weil Lohengrin mal muß. Es soll zwar ein Gesetz oder eine Verordnung geben, durch die jedes Herrchen und Frauchen angehalten ist, mit Schaufelchen und Schippchen oder meinetwegen auch mit dem Taschentüchlein ... Macht nur keiner.

Eines Tages, wenn die Bonner da sind vielleicht, wird es bestimmt auch einmal eine kleine Abgeordneten-Anfrage geben an den Senat, nein, eine große, böse Anfrage wird das schon sein müssen. Und dann werden sie es uns ausrechnen in Tonnen pro Quadratmeter und Kilogramm pro Kopf. Bis dahin laufen wir ohne Berechnung und also unberechenbar weiter zickezacke. Blöd ist nur: Außerhalb fallen wir schon auf damit.

Bitte nicht füttern

»Mensch, is' ja ooch bloß rot, wa«, schnarrt es gleich nach der Abfahrt aus dem Lautsprecher des klimatisierten Stadtrundfahrt-Busses, und noch einmal: »Du blöder Idiot!« Dabei hat nur ein armer Fußgänger an der Kudamm-Ampel nicht richtig aufgepaßt. Doch das barsche Idiom der Eingeborenen ist scheinbar im Preis inbegriffen bei unserer »so-called ›Super-Berlin-Tour‹«. Die heißt so, weil nicht nur die einschlägigen Hauptstadt-Highlights vom Kaufhaus des Westens bis zum Friedrichstadtpalast auf dem Programm stehen. Wir blicken vielmehr auch noch tapfer – jetzt säuselt die Lautsprecherstimme wieder – »in Berlins ganz ungeschminktes Gesicht«.

Durch Straßen und über Plätze des Prenzlauer Bergs führt die vierstündige Tour, vorbei an Häusern und Ecken, »die sind so heruntergekommen, daß man sich kaum vorstellen kann, wie lange es noch dauern wird, bis es sich auch hier einmal einigermaßen angenehm lebt ...« Oder durchs Ostberliner Scheunenviertel, dessen Schilderung ebenfalls finsterstes Dunkeldeutschland verheißt: »Auch hier haben wir den Verfall.«

Das klingt spannend, exotisch, innen kühl, draußen heiß – da läßt auch der Stuttgarter Herr Oberstudienrat den Kugelschreiber fallen, mit dem er auf den Knien bisher sorgfältig die Streckenführung in seinem Falkplan protokolliert hatte, und drückt am Fenster die Nase platt. So wie die lauten Amerikaner in den vorderen Sitzreihen. Und das reife Pärchen vom Niederrhein: »Haste das gehört«, haucht sie ihm in der Oranienburger Straße ungläubig ins nahe Ohr, als wir die über und über graffitibesprühte Häuserwand des einst hausbesetzten, dann senatsgeförderten und später mit einem Privatinvestor ringenden Kulturzentrums »Tacheles« passieren: »Das *soll* so sein!« Kein Wunder, wohnen doch in den alten Gebäuden »hauptsächlich Studenten und Künstler«, wie unsere Reisebegleitung weiß, natürlich nur solche, »die dem Establishment noch nicht angehören, sondern dahin erst wollen.«

Gut, daß die Studenten und Künstler das nicht gehört haben. Denn ins Establishment wollen viele von ihnen erst mal gerade nicht, sondern, wie einer mit Rasta-Frisur und Ringel-T-Shirt meint, in den Hinterhöfen eines zwar renovierungsbedürftigen, dafür aber trotz beginnender Kommerzialisierung noch immer lebendigen Altbau-Stadtviertels »unbeobachtet quer zur Gesellschaft leben.«

Je heftiger aber die in diesen Sommertagen inflationär auftretenden Touristen mit Merian-Vorbildung auf die ach so schräge Berliner Mitte heiß gemacht werden, desto schwieriger wird das Leben der Bohème: Durchgängig geöffnet von neun bis vier Uhr früh, wird sie, gemeinsam mit den alteingesessenen Bewohnern, zum Ausstellungsstück.

»Morgens willst du in aller Ruhe draußen frühstücken«, sagt etwa die junge Serviererin im Café Silberstein in der Oranienburger Straße. »Aber rrrramm! kommen erst mal fünf Reisebusse vorbei, mit je fünfzig Köpfen am Fenster. Und anschließend hält noch ein Fußtrupp die Videokamera auf dich drauf. Da fühlste dich wirklich wie so'n fremdartiges Lebewesen im Zoo.« Wie dort guckt das Objekt der Begierde aber auch zurück, frei nach Paul Eippers Buchtitel der fünfziger Jahre ›Tiere sehen dich an‹: »Was von denen so rüberkommt, ist vor allem Nervigkeit. Die sind auf so 'ne eigenartige Art laut, so bienenhaft durcheinander« – das zierliche Mädchen läßt seine Handflächen in winzigen Bewegungen auf- und abflattern – »so summsumm ...«

»Ständig Hunderte kleiner Japaner und Männergruppen in kurzen Hosen, die deine kaputten Häuserwände abphotographieren«, bestätigt auch Maurice Weiss, der gleich hinter der Synagoge lebt, »das geht einem manchmal ganz schön auf den Senkel.« In seinem »Kunsthof« mit Biertischen und so etwas wie Skulpturen, wo unter abblätterndem Putz und verblichenen Inschriften offene Rohre auf Sinnsuche aus den Hauswänden lugen, machen sich viele der schnellen Durchläufer derart breit, daß der Photograph manchmal schon das Gefühl hat, er müsse sich »dafür entschuldigen, daß ich hier übrigens lebe. Wenn die so böse gucken, weil man nach Hause kommt ...« Dann fragen die Besucher ihn fassungslos, wie man in solchen Verhältnissen überhaupt wohnen kann. Weil sie eben nicht wissen, wie picobello viele Ostdeutsche ihre Höhlen hinter den Fassaden selbst hergerichtet haben. Doch auch die, die nicht fragen, kriegen das raus, unerbittlich: »Sogar die kultiviertesten Bewohner des Rhein-Main-Gebiets steigen ganz einfach mal in unseren Keller und wühlen alles durch, ob sie vielleicht etwas Originelles finden«, erzählt Weiss. »Mir sind auch schon welche im Hausflur begegnet. Dann stieren sie dich an, voller Angst. Stünde meine Wohnungstür auf – selbst da gingen sie noch rein ...« Eine Nachbarin habe das Schild schon gemalt: fünf Mark Eintritt.

»Bitte nicht füttern – danke!« das hat eine Hausgemeinschaft um die Ecke auf ihre Eingangstür gesprüht. Darunter, schon drastischer: »Nicht in den Flur pissen«, und darunter, wieder höflich im Dienste der Völkerverständigung: »Mit Verlaub.« Eine Anwohnerin fegt, da zum Szeneviertel auch die nächtliche Kneipengänger-Invasion inklusive Prostitution gehört, in ihrem günstig gelegenen Hausflur die Kondome zusammen. Zwei alte Damen im Kittel an der Ecke Krausnickstraße sind froh, »daß wir hier nur ab und zu zum Arzt müssen. Bloß nicht hier wohnen, bei dem Lärm! Früher, da war's ja ruhig jewesen ...« Doch jetzt ist Mitte eben »'ne gigantische Spielwiese«, sagt Maurice Weiss, »da darf man alles. Auch nachts rumgröhlen und die Türen knallen. Und dann fährt man nach Hause und ist wieder brav.«

Genervt machen manche die Touristen selbst für die steigenden Mieten mitverantwortlich. Und, schon eher berechtigt, dafür, daß in den Cafés und Kneipen alles teurer wird. Der krampfhaften Suche der Fremden nach der Verrücktheit entspricht eben auf der Seite der angeblich Verrückten die große Sehnsucht nach dem wärmend-heimeligen Kiez-Gefühl und ein zutiefst bürgerliches Ruhebedürfnis: Die ersten sind schon weggezogen. »Wenn ihr woandershin verreist, dann guckt ihr doch genauso«, hat Maurice Weiss ihnen allerdings mit auf den Weg gegeben. Und auch dies: Man kann nicht mitten in einer Metropole und noch dazu in schönen Häusern leben und alles für sich alleine haben wollen.

»Spießiger als ihre Eltern« findet denn auch der Verkäufer im Techno-Klamotten-Geschäft Hangar manche der jungen Leute, die ihr vor fünf Jahren entdecktes Revier nun gegen jeden Eindringling verteidigen.

Unter einer aus Alupapier gebastelten Bombe amüsiert sich der Ostberliner auch gern darüber, daß ihn Bayern und Badener ständig nach einer Bar fragen, in der möglichst wenig Touristen sind, ein Anliegen, das er mit ihnen teilt: »Das ist schon schade, daß man in seinen Stammlokalen heute gar nicht mehr die Leute trifft, die man kennt.«

Doch als Händler weiß er natürlich die Vorteile der ins Viertel fließenden Kaufkraft zu schätzen. »Endlich haben auch solche Geschäfte eine Überlebenschance, die etwas anderes anbieten als nur Dosensuppen und drei Sorten Kraut.« Der Menschenfluß biete zudem Abwechslung: »Neulich zum Beispiel habe ich hier im Laden mit einem Typen aus 'ner Würzburger Kaserne zwei Stunden lang Wein getrunken und über die Bundeswehr diskutiert.«

»Die sind oft furchtbar nett, die Leute« – die Erfahrung macht auch Helge Dumke im Nikolaiviertel, der mehr künstlichen als kunstvollen Legoland-Rekonstruktion des ältesten Berliner Stadtteils, einem anderen Touristen-Brennpunkt, den wir passieren. Der Mann ist gehbehindert und viel allein und schwärmt geradezu von den vielen Begegnungen mit Fremden: »Da blüh' ich dann richtig auf in der Masse.«

Aber daß es statt Schlachter und Gemüseladen für den Alltagsbedarf nur noch teure Boutiquen und Reisebüros gibt, das sei schon lästig. Auch die Straßenmusik in der Mittagspause und die vielen Bierlokale unter gußeisernen Laternen – Rüdesheim ist überall. Aber anders als im Scheunenviertel sei hier wenigstens alles elektronisch abgesichert, da kommt keiner rein. Und wenn man aus dem Fenster schaue, sagt auch Dumkes Nachbarin, Elisabeth Rosenthal, dann habe man in diesem musealen Viertel wenigstens mal was zu sehen. Unbeschreibliche Körper in Hawaiihemden und mit Prinz-Heinrich-Mützen beispielsweise, die sich schon in morgendlicher Stille gruppenweise übers Kopfsteinpflaster wälzen, dazu Damen Mitte sechzig in

X-large-Shirts, und alle hinter dem Leithammel her: »Die spazieren«, sagt Frau Rosenthal, »hier doch nur ganz friedlich herum.«

Auch die zwei Gören, die mit der 250er-Super-Soaker-Wasserpistole am Brunnen vor der Nikolai-Kirche herumspritzen, sehen in den Fremden eher eine Bereicherung: »Wenn wir Lust haben, was zu erleben, dann zeigen wir denen einfach den falschen Weg«, lacht der eine. Und der andere im klatschnassen roten Hemd: »Wir tun auch so, als wären wir Touristen, und fragen die nach ganz blöden Straßen: Bananenallee oder Schneewittchenweg oder so ...« Gar nicht so einfach, im Getümmel weitere Bewohner auszumachen. Der mit den riesigen Einkaufstüten muß einer sein: »Am Stachus in München muß ich doch auch erst bis zum Starnberger See fahren«, sagt der Mann, der sich als Koch im Springer-Verlag entpuppt, »ehe ich mal einen richtigen Münchner treffe.«

Christiane Grefe

Ostgeruch

von Hans-Jörg Heims

Die Schriftstellerin Monika Maron soll etwas geschafft haben, was ihre Landsleute nicht schafften. Sie sei ihren »Ostgeruch« losgeworden, schrieb kürzlich der ›Tagesspiegel‹. Die Erkenntnis hat uns Ostler ziemlich verunsichert, obwohl wir eigentlich dankbar sein müßten. Denn endlich ist der wahre Grund gefunden, warum Ost und West nicht zusammenfinden wollen: Die Ossis riechen. Oh, wie peinlich. Aber welche Duftmarke hinterlassen sie? Verstopft da etwa noch Arbeiter- und Bauern-Schweiß die Poren? Vorsichtig heben wir einmal den Arm und schnuppern in der Achselhöhle.

Doch unser Westdeodorant hat nicht versagt. Seit Süskinds Geschichte über den ›Parfüm‹-Mörder Jean Baptiste Grenouille wissen wir, wie schwierig die Wahrnehmung des eigenen Körpergeruches ist. Also fragen wir unsere freundlichen West-Mitmenschen, welchen Geruch der Osten denn so verbreitet. Säuerlich und nach abgestandenem Desinfektionsmittel habe es neulich auf einer PDS-Veranstaltung gerochen, erzählt eine Kollegin. Ein Freund sagt, wenn er mit der U-Bahn durch den Osten fahre, stinke es penetrant. An dieser Stelle widersprechen wir energisch. Denn eine Fahrt mit der Linie 1 durch Kreuzberg ist auch kein Vergnügen für die Nase.

Womit wir bei der Frage wären, was denn den Westgeruch ausmache? Zu DDR-Zeiten war das ganz einfach. Da ging man in den Intershop und atmete tief durch. Ein Duft aus süßlich riechender Kosmetik, Schokolade und Kaffee lähmte für kurze Zeit unsere Ost-Sinnesorgane. Heute ist das nicht mehr so einfach. Der Ost-Sinn ist dauergelähmt. Überall ist Intershop.

Und wenn es anders gekommen wäre?

Ein kleiner Junge im Prenzlauer Berg war Anfang 1990 der erste, der mir auf eine Frage, die ich vergessen habe, antwortete: »Ostberlin gibt's nicht mehr.« Darüber habe ich damals sehr gelacht. Dann hörte ich wenig später in einer Talkshow den Zwischenruf: »Osten is abjeschafft!« Ein Gast aus dem Westen hatte die adverbiale Bestimmung des Ortes »hier im Osten« gebraucht, und der Zwischenrufer fühlte sich offensichtlich in seiner östlichen Herkunft beleidigt. Keiner lachte damals über die abgeschaffte Himmelsrichtung. Der Sprecher aus dem Westen schaute etwas ratlos in die östliche Runde und tat etwas für Westler nicht gerade Typisches: Er schwieg.

Neulich bei einer Vorstellung unseres Kabaretts Distel in Frankreich wurden wir vorgestellt als Ostberliner Kabarett, und wieder protestierten einige deutsche Zuschauer. Der Gastgeber fragte mich etwas irritiert, ob Osten in Deutschland ein Schimpfwort geworden sei. Bei welchem Namen also soll man uns nun nennen? Ex-DDR-Bürger? Das klingt mir immer ein bißchen nach Ex-Mensch. Meine Mutter, die das Kaiserreich und die folgenden deutschen Reiche überlebt hat, ist nun zur Ex-DDR-Bürgerin geworden, ohne vorher eine Ex-Kaiserreich-Bürgerin gewesen zu sein. Das liegt daran, daß die früheren deutschen Zusammenbrüche gesamtdeutsch waren, und zusammen bricht es sich offensichtlich leichter. Wenn alle unten sind, ist Unten nicht so weit unten wie diesmal, da es doch ein eindeutig westdeutsches Oben gibt.

Besonders mitfühlende Westbürger zögern oft, bevor sie mich bei meiner ostdeutschen Herkunft nennen. Meist hab' ich dann das Gefühl, sie würden am liebsten erst mal »wir Menschen« sagen, bevor sie von mir als Ossi reden. Dabei bin ich inzwischen überzeugt, daß es genausowenig eine Schande ist, in der DDR geboren und geblieben zu sein, wie es auch kein Verdienst ist, im Westen geboren und aufgewachsen zu sein. Besonders gern habe ich es, wenn mir mein Westbruder auf die Schulter klopft und tröstend sagt, er sei sich gar nicht mal sicher, wie er sich verhalten hätte, wäre er statt meiner im Osten gewesen.

Ich schlage vor, so miteinander umzugehen, wie das die Bayern seit jeher mit den Preußen, also allen nichtbayerischen Landsleuten tun und umgekehrt. Die lieben einander doch auch nicht mehr als Ossi und Wessi. Wäre es anders gekommen, und ich schriebe eine Kolumne, sagen wir unter dem Titel ›Ecke Hofbräuhaus‹, für das in ganz Deutschland zur Pflichtlektüre gewordene ›Neue Deutschland‹, dann würde ich aufrufen: »Meine lieben sächsischen Genossen, laßt uns unsere Liebe zu den bayrischen Klassenbrüdern im nächsten Jahr um vier Prozent steigern!«

Peter Ensikat

Jahresendflügelfigur

von Regine Sylvester

Ich habe es mit eigenen Augen gesehen: Das Wort stand mit Stempeldruck auf dem Karton. Drinnen lag ein geschnitzter Engel aus dem Erzgebirge. Draußen war tiefe DDR-Zeit, in der sich oberste Sprachregler gerade entschlossen hatten, zu Weihnachten möglichst wenig Weihnachten vorkommen zu lassen. Mit der Trennung von Staat und Kirche sollten auch die christlichen Symbole verschwinden. Vom »Fest der Familie« war nun die Rede. Es gab keine Kerzen, kein Lametta, keinen Christbaumschmuck. Man konnte Schallplatten mit Liedern von Schneeflöckchen kaufen, aber längere Zeit keine mit der Heiligen Nacht. In meinem zweibändigen DDR-Lexikon von 1977 kommt das Stichwort Weihnachten gar nicht vor. Wovon man nicht sprach, das konnte es auch nicht geben. Vogel Strauß saß im Politbüro und hoffte auf die Kraft des stillen Vergessens, während der Staat eigene, absurde Rituale pflegte.

Man möchte die Leute kennenlernen, die damals mit devotem Eifer und bizarren Schöpfungen über die Wörter wachten. Die aus dem Schokoweihnachtsmann den »Schokoladenhohlkörper« machten. Aus der Baumbeleuchtung die »Lichtkette«. Und aus dem Engel eine »Jahresendflügelfigur«. Schon seinerzeit ohne größeren Erfolg als den im Kabarett. Ohne zu ahnen, daß ihnen Jahre später bei der Vertreibung aus ihrem Paradies ein Schutzengel fehlen würde. Sie haben ihn selbst vergrault.

Die Autoren

Michael Althen, geboren 1962 in München. Filmkritiker der ›Süddeutschen Zeitung‹.

Jakob Augstein, 1967 in Hamburg geboren, studierte Politologie in Berlin und Paris und ist seit 1996 Redakteur der ›Süddeutschen Zeitung‹ in Berlin.

Peter Ensikat, geboren 1941 in Finsterwalde. Nach dem Studium an der Theaterhochschule in Leipzig Schauspieler und Regisseur, ab 1974 freischaffender Kabarett- und Kindertheaterautor. Seit 1991 Gesellschafter des Ostberliner Kabaretts ›Distel‹.

Heiko Flottau, geboren 1939, Studium der Geschichte und Anglistik in Saarbrücken. Seit 1967 Mitarbeiter bei der ›Süddeutschen Zeitung‹, u. a. als Korrespondent in Frankfurt, Belgrad, Warschau und Kairo.

Michael Frank, 1947 in Mittenwald geboren, beobachtet für die ›Süddeutsche Zeitung‹ erst von Wien, jetzt von Prag aus mitteleuropäische Befindlichkeiten.

Christiane Grefe, geboren 1957 in Lüdenscheid, freie Autorin und Redakteurin bei ›Die Zeit‹, ›Wochenpost‹ und beim Magazin der ›Süddeutschen Zeitung‹. Zuletzt erschienen: ›Ende der Spielzeit – Wie wir unsere Kinder verplanen‹.

Mathias Greffrath, 1945 geboren, lebt und arbeitet als Autor und freier Journalist in Berlin.

Axel Hacke, Jahrgang 1956, seit 1981 Autor bei der ›Süddeutschen Zeitung‹. Mehrere journalistische Auszeichnungen, u. a. den Kisch-Preis (1987 und 1990). Zahlreiche Buchpublikationen, zuletzt ›Hackes Tierleben‹.

Hans-Jörg Heims, geboren 1963 in Dessau. Nach dem Journalistikstudium in Leipzig Redakteur beim ›Morgen‹, ab 1991 bei der ›Berliner Morgenpost‹. Seit 1993 Korrespondent der ›Süddeutschen Zeitung‹ in Berlin und Bonn.

Thea Herold, Jahrgang 1960, lebt als freie Autorin in Berlin.

Ingo Hermann, Jahrgang 1932, lebt als freier Autor in Berlin.

Marianne Heuwagen, geboren 1950, nach dem Studium von Geschichte und Germanistik freie Journalistin in den USA. Seit 1986 arbeitet sie für die ›Süddeutsche Zeitung‹ in Berlin.

Albrecht Hinze, 60 Jahre, gelernt beim ›Tagesspiegel‹, danach Reporter für Agenturen (AP, Reuter) in Berlin und Bonn. 1984 bis 1990 DDR-Korrespondent der SZ in Ostberlin, seither Redakteur im Berliner SZ-Büro

Marc Kayser, 1961 in Potsdam geboren. Von 1989 bis 1992 Redakteur der ›Süddeutschen Zeitung‹ in München. Seit 1993 leitender Redakteur der ARD-Talkshow ›Boulevard Bio‹.

Gottfried Knapp, geboren 1942, ist im Feuilleton der ›Süddeutschen Zeitung‹ für Architektur verantwortlich. Zahlreiche Publikationen über Städte und Häuser, Engel und Menschen, Essen und Trinken.

Stephan Lebert, geboren 1961, als Reporter seit 1985 bei der ›Süddeutschen Zeitung‹. Hat zusammen mit Evelyn Roll das Konzept für die Berlin-Seite entworfen.

Martin Lengemann, geboren 1969 in Kassel, 1991 bis 1994 Photograph für die Verlagsgruppe ›Frankfurter Allgemeine Zeitung‹ in Frankfurt am Main, Erfurt und Berlin (zuletzt ›Neue Zeit‹, Berlin). Seit 1994 als freier Photograph tätig.

Birk Meinhardt, geboren 1959 in Berlin, Journalistikstudium, Sportredakteur bei der ›Wochenpost‹, ›Junge Welt‹, ›Süddeutsche Zeitung‹. Seit 1996 Redakteur im Berliner Büro der ›Süddeutschen‹. Autor von ›Boxen in Deutschland‹ (1996).

Claus Heinrich Meyer, geboren 1931 in Essen, Autor der ›Süddeutschen Zeitung‹, Kulturgeschichte, Fotografie, Streiflicht, ›Die begehbare Frau‹, Fabeln & Bilder, lebt in München und Berlin.

Herbert Riehl-Heyse, Jahrgang 1940, studierter Jurist. Seit 1968 Journalist, zur Zeit leitender Redakteur der ›Süddeutschen Zeitung‹ in München. Zahlreiche journalistische Auszeichnungen, Autor mehrerer Bücher, zuletzt ›Götterdämmerung‹ (1995).

Evelyn Roll, Jahrgang 1952, arbeitet seit 1983 bei der ›Süddeutschen Zeitung‹, zunächst in München und Frankfurt, jetzt als Leiterin der Berliner Redaktion.

Rüdiger Schaper, geboren 1959, lebt seit 1980 in Berlin. Er ist Kulturkorrespondent und Theaterkritiker der ›Süddeutschen Zeitung‹.

Elke Schmitter lebt als freie Journalistin in Berlin.

Lorenz Schröter, 1960 in München geboren. Studium, Weltumradlung, zwei Jahre Korrespondent in Hongkong, seit 1996 in Berlin. Mehrere Buchpublikationen.

Anke Sterneborg, 1960 geboren, studierte Kunstgeschichte, Theaterwissenschaften und Publizistik in München und Berlin. Seit 1984 Texte über Film und Kunst, unter anderem für den ›Tagesspiegel‹, die ›Süddeutsche Zeitung‹, den SFB. Diverse Buchbeiträge.

Martin E. Süskind, geboren *1944* in Ambach am Starnberger See. Ein halbes Leben Redakteur bei der ›Süddeutschen Zeitung‹, schließlich seit 1997 Chefredakteur des ›Kölner Stadt-Anzeiger‹.

Regine Sylvester, geboren in Ostberlin, Journalistin, Moderatorin, Film- und Fernsehautorin. Stellvertretende Chefredakteurin der ›Wochenpost‹, Leiterin des Berliner ›Stern‹-Büros, Redakteurin bei der ›Berliner Zeitung‹.

Adalbert Zehnder, geboren 1965, studierte Kommunikationswissenschaft, Anglistik, Politik und Recht in München. Er ist Volontär bei der ›Süddeutschen Zeitung‹.

Renée Zucker, 1954 in Essen geboren, lebt als freie Autorin in Berlin. Letzte Veröffentlichung ›Berlin ist Anderswo‹ (1995).